Bye bye altes Haus, hallo neues Haus

Bye bye altes Haus, hallo neues Haus
in neun Monaten mit Kleinkind um die Welt

Nadine Schultens

Bibliografische Information der Deutschen Nationalbibliothek: Die Deutsche Nationalbibliothek verzeichnet diese Publikation in der Deutschen Nationalbibliografie; detaillierte bibliografische Daten sind im Internet über dnb.dnb.de abrufbar.

©2021 Nadine Schultens

Herstellung und Verlag: BoD – Books on Demand, Norderstedt

ISBN: 978-3-752-67138-4

Inhalt

Einleitung 11
Januar bis September 2017 13
September bis Oktober 2017 – Mauritius 31
Oktober 2017 – Singapur 49
Oktober bis Dezember 2017 – Thailand 57
    Bangkok 57
    Ayutthaya 69
    Chiang Mai und Chiang Rai, Nordthailand bis zum Goldenen Dreieck 75
    Phuket 96
    Ko Lanta 101
Dezember 2017 bis Januar 2018 - Australien 107
    Sydney 107
    Ostküste Australiens 122
Januar bis Februar 2018 – Neuseeland 141
Februar bis März 2018 – Argentinien, Uruguay 168
    Buenos Aires 170
    Montevideo 179
    Iguazú 182
    Cordoba 189
    Mendoza 195

März 2018 – Chile 205
    Atacama 205
    Santiago de Chile 215
April 2018 – Kuba 224
April bis Juni 2018 - USA und Kanada 261
    Florida 261
    Las Vegas 273
    Kalifornien 279
    Niagarafälle, Kanada 293
    New York 298
Juni 2018 - Düsseldorf und Leverkusen 307
Juni 2018 bis heute 310
Finanzen 317
Fazit und persönliche Highlights 326

Einleitung

Heute ist der 28.09.2020, Mittagszeit. Ich habe aufgeräumt, etwas gegessen und Toni, der kleine Bruder des Weltreisenden, schläft. Schon länger habe ich mit dem Gedanken gespielt, mich in diesen seltenen, ruhigen Zeiten mal hinzusetzen und über unsere Reise zu schreiben. Statt nach halbherziger Erledigung des Haushalts mit dem Handy zu daddeln oder ein Buch zu lesen, möchte ich mich erinnern. Erinnern an die wohl schönste Zeit in meinem Leben. Schön, weil intensiv, spannend, abwechslungsreich, emotional, irre lang und doch so kurz. Eine Zeit, in der wir drei - unser Sohn Levi, der seinen zweiten Geburtstag am anderen Ende der Welt feierte, mein Mann Marius und ich - uns so nah waren wie nie zuvor und vermutlich niemals wieder sein werden. Es gab nur uns. Wir waren auf Weltreise.

Unser Aufbruch ist heute drei Jahre und neun Tage her. Höchste Zeit, mit dem Schreiben zu beginnen damit die Zeit nicht in Vergessenheit gerät. Ich stelle oft fest, dass ich mich sehr gut auch an Kleinigkeiten erinnere, mein Mann Marius an deutlich weniger (wirklich sehr deutlich weniger). Und Levi war natürlich noch viel zu klein. Also liegt es an mir, diese Zeit zu sichern. Für uns drei und besonders auch für unseren jüngeren Sohn Toni, der seit einem guten Jahr der Vierte im Bunde ist.

Besonders in der jetzigen, so stark durch die Corona-Pandemie geprägten Zeit, weiß ich unsere Erfahrung unheimlich zu schätzen. Wir waren so frei. Haben heute entschieden, wo wir morgen hinreisen, in welches Flugzeug wir steigen und was wir die nächsten Wochen erleben wollen. Wir hatten Zeit, wir hatten uns. Natürlich hatten wir auch das nötige Kleingeld, ohne geht es nicht.

Es war eine einmalige Gelegenheit, etwas richtig Tolles zu erleben – etwas, das unser Leben nachhaltig prägen wird. Heute, wenn ich nach gut drei Jahren auf den Start zurückblicke, bin ich sicher: Es war zu hundert Prozent die richtige Entscheidung und wir haben die Gelegenheit so gut genutzt, wie es nur ging. Ich bin unheimlich dankbar, das alles erlebt zu haben. Wenn ich Fotos der Reise anschaue, bin ich glücklich. Ich erinnere mich an ein lachendes, glückliches Kleinkind und das Wort, das mir am häufigsten in den Sinn kommt: „unbeschwert". Im wahrsten Sinne. Kein Alltag, keine Termine, kein Druck, keine Verpflichtungen. Durch nichts beschwert, ohne Last. Nur wir, die tun, worauf sie Lust haben. Und wo wir möchten. Neun Monate lang. Luxus? Und ob. Das wissen wir und sind dankbar dafür. Dankbar auch, dass wir uns entschieden haben, unser Erspartes auf den Kopf zu hauen, Risiken einzugehen, anderen Menschen, die uns und besonders den kleinen Mann vermisst haben, Kummer zu bereiten und etwas zu riskieren.

Aktuell hat der Herbst kalt und nass Einzug gehalten. Ich sitze am Tisch im Wohnzimmer, habe kalte Füße, aber keine Lust, aufzustehen um Socken zu holen. Und ich gucke in den Regen. Dies ist der Versuch, mich wegzuträumen, zu erinnern an eine tolle Zeit in der warmen Ferne. Kommt ihr mit?

Januar bis September 2017

Das neue Jahr ging nicht gut los. Marius war im Oktober 30 geworden. Wir hatten zusammengelegt und ihm, unserem Sohn und mir eine Woche Wellness-/ Kinderhotel geschenkt. Nach Weihnachten, über Silvester. Soweit, so gut. Die Idee war nicht schlecht. Tatsache war aber, dass dieser „Urlaub" unheimlich anstrengend für uns war. Die Krönung nach einem kräftezehrenden Herbst mit zahnendem, dauerkrankem Baby und müden, genervten Eltern. Vor Weihnachten lagen wir drei mit einem Magen-Darm-Virus flach, zum Fest dann meine armen Eltern Bärbel und Roland. An den Feiertagen hatte ich immer noch keinen Appetit, war müde und schlapp. Da kamen die paar Tage Erholung doch genau recht –dachten wir. Um es kurz zu machen: Das war der anstrengendste Urlaub unseres Lebens. Sohnemann war furchtbar drauf (Zähne, Schub, Phase, alles zusammen?) und schrie nächtelang das Hotel zusammen. Ich hatte einige Wochen vorher abgestillt und fragte mich im Nachhinein, ob das der verspätete Protest war, denn das Abstillen an sich hatte Levi auffällig emotionslos und äußerst kooperativ hingenommen. Wie auch immer: Wir gingen am Stock und hatten tatsächlich schon Angst, aufgrund der nächtlichen Lärmbelästigung aus dem Hotel geworfen zu werden. Nachts trugen wir unseren brüllenden, frisch gebackenen Einjährigen durch das Hotelzimmer, tagsüber schoben wir ihn im Kinderwagen durch die Gegend. Wenigstens dann schlief er und somit war Ruhe. Geschlafen haben wir abwechselnd in Form von „power naps". Am letzten Tag schleppte ich mich der Form halber – wir hatten schließlich extra ein Wellnesshotel gebucht – zur Gesichtsbehandlung. Ich hatte die Hoffnung, nicht sofort einzuschlafen oder wenigstens keine lauten Schlafgeräusche von mir zu geben. Als ich nach maximal 60 Minuten zurück Richtung Zimmer ging, kam mir unser Sohn entgegengelaufen. Klingt im ersten Moment nicht allzu besonders, aber er war kurz zuvor noch gekrabbelt. Seine ersten Schritte – und das waren direkt einige – machte er also, während die Mama bei der Kosmetikerin weilte. Vielleicht hatte ihn das um den Schlaf und uns beinahe um den Verstand gebracht.

Nachdem wir in der oben beschriebenen Verfassung mehr schlecht als recht ins neue Jahr rutschten, zogen wir zu Hause ein Resümee. Der kleine Mann war schon eins. Wo war die Zeit und vor allem wo mein Mann geblieben? Marius hatte zu der Zeit anderthalb Jobs, war in der Woche in der Regel von 8:30 bis 21 Uhr unterwegs, dazu kamen einige Stunden am Wochenende. Nicht selten fühlte ich mich alleinerziehend. Das mag im ersten Lebensjahr noch gehen; für mich war die Konstellation „Mama und Baby" weitestgehend in Ordnung. Für das zweite Jahr jedoch war es für uns undenkbar. Marius stellte fest, kaum etwas von seinem Sohn gehabt zu haben. Zack, weg war die so kostbare Babyzeit. Was also tun? Wir müssten mehr Zeit haben. Also weniger oder gar nicht arbeiten. Aber dann zu Hause sitzen? Wäre es woanders, in der Ferne, nicht viel intensiver? Und – die Gedanken kamen ja im kalten Januar – sicherlich auch schöner und wärmer. So waren tatsächlich die ersten Gedankengänge zum Thema Weltreise. Gemeinsame Zeit zu verbringen war unser primäres Anliegen. Das Reisen schloss sich irgendwie als Konsequenz an. Nachdem wir zu dem Zeitpunkt schon mehr als ein Jahrzehnt ein Paar waren, wollten wir uns nun als Familie finden.

Überlegungen, einen Auslandsaufenthalt mit dem Job zu verbinden oder berufsbedingt ins Ausland zu gehen, verwarfen wir schnell wieder. Fand ich es in der Heimat schon nicht schön, so viel allein mit Kind zu sein – hier hatte ich wenigstens die Großeltern, unsere Geschwister und Freunde um uns herum, hier besuchten wir Schwimm- und Sportkurse. In einem fremden Land mit arbeitendem Mann hätte ich mich umso einsamer gefühlt. Das hätte alles nur verlagert, aber nicht gelöst.

Ich muss ganz ehrlich sagen, dass wir in den Monaten davor viel stritten, so wie es vielen Paaren mit Baby geht. Ich glaube, besonders mit dem ersten. Alles war neu und wunderbar, aber auch so anstrengend. Schlafmangel, Zweifel und ein auf den Kopf gestelltes Leben forderten bei uns ihren Tribut. Sobald der Gedanke an eine Reise kam, hielten wir ihn fest. Eine gute Freundin sagte damals zu mir: „Nadine, nicht dass das alles nur verschiebt, aber nicht löst. Nicht, dass während der Reise alles gut ist und hinterher wieder nicht. Denn danach kommt wieder Alltag. Ihr könnt nicht im Urlaub eure Probleme lösen und dann den Alltag weiterleben, wie er war." Damit hatte sie vollkommen Recht und auch darüber sprachen wir. Die Reise sollte ein Start in eine gleichberechtigtere Zukunft mit besserer „Work-Life-Balance" sein. So der Plan.

Wir hatten bis dahin beide viel gelernt und gearbeitet. Abitur, Ausbildung, berufsbegleitendes Studium, Arbeitgeberwechsel, Fort- und Weiterbildungen. Und wir waren, Anfang 2017, erst 29 bzw. 30 Jahre alt. Privat war es ebenfalls rundgegangen – Eigentumswohnung gekauft, geheiratet, Kind bekommen. Keine Zeit zum Durchatmen. Keine Zeit zum Reflektieren, kaum Zeit zum Genießen. Allerhöchste Zeit, um auf die

Bremse zu treten, innezuhalten, das Hamsterrad zu stoppen. Vor dem Haus und dem zweiten Kind eine Auszeit zu nehmen.

Unser erstes Gespräch ging einen Abend lang, wahrscheinlich eher einen halben. Im Nachhinein konnten wir nicht mehr beantworten, von wem die Idee stammte. Sie war ein Gemeinschaftsprodukt. Wir beschlossen unser Gespräch mit der Abmachung, das Thema eine Woche ruhen zu lassen und dann weiter darüber zu sprechen und zu klären, ob wir es ernst meinten. Ganz ehrlich? Ich ging kurzentschlossen am nächsten Tag ins Reisebüro. Nichts war mit „ruhen lassen". Ich war aus dem Nichts Feuer und Flamme. Glücklicherweise mein Mann ebenso. Ich erwischte ihn doch tatsächlich beim Googeln zu diesem Thema. Eine Woche später sprachen wir erneut und waren uns sofort einig: Wir machen es. Und zwar schnell. Bevor Levi in den Kindergarten geht und ich wieder ins Berufsleben einsteige. Bevor noch mehr Zeit verloren geht. Wann wir in den folgenden Wochen die Details planten, weiß ich nicht mehr genau. Ich erinnere mich jedoch noch sehr genau daran, dass wir dieses zweite Gespräch mit dem Vorhaben beschlossen, jeder mit einer Person seiner Wahl über unsere Idee zu sprechen. Ansonsten sagten wir noch nichts, um keine Pferde scheu zu machen. Es war ein bisschen unser kleines Geheimnis. Mein Mann und ich griffen zum Hörer und riefen unsere Brüder an: Marius seinen großen, Christoph, ich meinen kleinen Bruder Jan (hab nur den). Sie reagierten sehr ähnlich: Echt? Ihr? Krass? Hätte ich gar nicht gedacht... Naja, verdient hättet ihr es definitiv (Danke). Tut euch bestimmt gut. Klar, macht das doch! Zum Ende der Telefonate waren sie ebenso wie wir Feuer und Flamme.

Anschließend diskutierten wir Dinge wie Dauer, Route und Kosten. Wir sammelten Infos im Internet, in Reisebüros. Ich kaufte das tolle Buch „Die Welt" des Lonely Planet-Verlags über die Länder dieser Erde und las mich fest. Ein Jahr Auszeit wollten wir nehmen. Ein Jahr Auszeit würde in etwa zehn Monate Reisezeit ergeben, inklusive Vor- und Nachbereitung. Für mich war klar, dass ich nicht zu meinem alten Arbeitgeber zurückgehen würde. Der Chef meines Mannes reagierte fantastisch. Er unterstützte unsere Idee von Anfang an und sorgte dafür, dass Marius für ein Jahr freigestellt wurde und nicht kündigen musste, um reisen zu können. Eine große Erleichterung für uns. Nachdem wir an diesem Punkt waren, hatten wir noch eine Hürde zu nehmen, die besonders mir sehr schwerfiel: Wir erzählten unseren Eltern von dem Plan. Unseren Eltern, die es gewohnt waren, uns und vor allem ihr einziges Enkelkind sehr regelmäßig zu sehen – mindestens wöchentlich, eher häufiger. Ihnen zu sagen, dass wir uns ein knappes Jahr nicht sehen würden, ist mir unheimlich schwer gefallen. Im Leben eines ein- bzw. zweijährigen Kindes ist das eine wahnsinnig lange Zeit. Schnell kam die Idee, dass sie uns ja besuchen könnten. Haben sie auch gemacht.

Natürlich haben wir über Geld geredet und gerechnet. Wir hatten viel gespart, durch viel Arbeiten und verhältnismäßig günstiges Leben. Wir beschlossen eine finanzielle Obergrenze, rechneten auf Monate, dann auf Wochen runter. Wie viel können wir ausgeben? Was können wir uns leisten? Welche Fixkosten können wir sparen? Dabei achteten wir darauf, einen kleinen Puffer für die Zeit nach unserer Rückkehr zu lassen. Zu wissen, dass mein Mann wieder in seinen Job zurückkehren konnte, hat uns natürlich unheimlich geholfen. Aber gemacht hätten wir es selbst ohne diese Sicherheit.

Nach einigem Hin und Her entschieden wir uns für die Vermietung unserer Wohnung. Zuerst war ich dagegen gewesen – hauptsächlich, weil ich für den Fall der Fälle eine Anlaufstelle in Deutschland haben wollte. Ich wollte mit der Sicherheit reisen, jederzeit, sollte etwas vorfallen, nach Hause in meine Wohnung kommen zu können. Irgendwann ist das ein Rechenexempel. Es wäre purer Luxus gewesen, knapp ein Jahr lang eine leer stehende Wohnung zu finanzieren. Außerdem wollten wir unseren Eltern, die freundlicherweise die Pflege übernahmen, so wenig Arbeit wie möglich machen. Und einer bewohnten Wohnung geht es vermutlich besser als einer unbewohnten. Den Part der Vermietung übernahm mein Mann. Über eine Agentur boten wir die Wohnung warm und möbliert zur zeitlich begrenzten Miete an. Da wir uns dazu jedoch erst sehr kurz vor Abreise entschieden und die Wohnung mit vier Zimmern nicht so einfach zu vermieten war (in der Regel werden diese Mietangebote von Einzelpersonen wahrgenommen) war sie zum Zeitpunkt unserer Abreise noch nicht vermietet. Wir hatten dennoch Glück und die Agentur fand für uns ganz tolle Mieter, die fünf Monate in unserer Wohnung die Stellung hielten. Nach der Reise haben wir uns persönlich kennengelernt und uns noch einige Male getroffen.

Unsere beiden Autos vermieteten wir an Freunde, sodass auch diese gut versorgt waren, über die Nutzung unserer Garage freute sich ein Nachbar.

Ein sehr wichtiger Punkt ist das Thema Gesundheit. Sobald wir eine ungefähre Idee der Route hatten und uns detailliert über Gebiete mit

Zikavirus, Malaria, Gelbfieber und Denguefieber informiert hatten, machten wir einen Gesprächstermin bei unserer Kinderärztin. Sie war sofort Feuer und Flamme und bestätigte uns ganz entschieden in unserem Vorhaben. Mit ihrer Aussage, so viel Zeit mit Mama und Papa verbringen zu können, sei ein einmaliges Geschenk an Levi, traf sie meiner Ansicht nach voll ins Schwarze. Und ein großes Geschenk an uns selbst natürlich auch. Eine tropenmedizinische und detaillierte Impfberatung erhielten wir im Klinikum Leverkusen. Ich hatte telefonisch einen Termin vereinbart und bereits die grobe Reiseroute durchgegeben. Diese sah im Frühjahr 2017 so aus:

Mauritius oder Seychellen, Thailand und / oder Vietnam, Australien, Neuseeland, Südamerika, Kuba, USA, Europa.

Wir achteten dabei darauf, dass uns natürlich primär das Reiseziel zusagt. Wo wollten wir immer schon einmal hin? Was wollen wir erleben? Welches Land oder Gebiet passt klimatisch und geografisch in unseren Reisezeitraum und zur Route? Ebenso wichtig war es uns, dass mindestens einer von uns die Landessprache spricht. Da wir beide gute Englischkenntnisse haben, mein Mann gute Spanischkenntnisse und ich zumindest rudimentäre Französischkenntnisse, konnten wir hier fast aus dem Vollen schöpfen. Insbesondere die Spanischkenntnisse meines Mannes würden sich als sehr wichtig herausstellen. Länder mit einer für unsere Bedürfnisse nicht ausreichenden Gesundheitsversorgung schlossen wir aus. Ebenso zunächst einmal Länder mit Gelbfiebervorkommen... Politisch unsicheres Terrain wollten wir nicht betreten. Relativ schnell und in großer Einigkeit erarbeiteten wir also die oben genannte, vorläufige Route mit ungefähren Aufenthaltsdauern.

Die reisemedizinische Beratung war wirklich sehr gut. Wir waren vorbereitet und unser Gesprächspartner ebenso. Schnell kamen wir überein, unseren Impfstatus auf Vordermann zu bringen. Bei mir war alles vollständig, Marius hatte etwas geschlampt. Zusätzlich vereinbarten wir Termine für Impfungen unter anderem gegen Tollwut und Hepatitis. Unseren Sohn Levi ließen wir durch die Mitarbeiterinnen der Kinderarztpraxis impfen. Wir entschieden uns zu der Zeit gegen eine Gelbfieberimpfung, da Levi noch so klein war. Obwohl noch etwa sechs Monate bis zur geplanten Abreise waren, war es höchste Zeit, loszulegen. Einige Impfungen erfolgen in drei Dosen, die einen gewissen Mindestabstand zueinander und zu den anderen Impfungen haben sollen. Klar: Sollte es unbedingt notwendig sein, kann gestrafft geimpft werden, ist aber nicht empfehlenswert. Neben der Impfberatung erhielten wir wertvolle Tipps zu Medikamenten, die wir einpacken sollten. Diese waren zum Teil freiverkäuflich, zum Teil wurden sie durch unseren Haus- bzw. Kinderarzt verschrieben. Übrigens übernahm alles unsere Krankenkasse, problemlos. Die Kosten für die Beratung und die Impfstoffe (da kamen mehrere hundert Euro zusammen) mussten wir auslegen, bekamen aber alles anstandslos und zeitnah erstattet. Ein letzter Punkt zum Thema Gesundheit ist die Auslands-Reisekrankenversicherung. Auch hierzu erhielten wir Informationen und Tipps bei der reisemedizinischen Beratung. Zunächst fragten wir bei unserer Krankenversicherung an, fanden aber sehr schnell eine deutlich günstigere und bessere Alternative. Es lohnt sich, genau zu vergleichen: Häufig nehmen Versicherungen einen hohen Aufschlag, wenn die USA als Reiseziel eingeschlossen werden sollen. Der Anbieter, den wir schlussendlich wählten, machte das nicht und war somit konkurrenzlos günstig. Wir schlossen die Versicherung für ein volles Jahr mit der Zusicherung ab, nach Rückkehr die zu viel gezahlten Tage oder Wochen erstattet zu bekommen. Es hat super funktioniert.

Neben den Themen Finanzen und Gesundheit geht es natürlich auch um Einreisebestimmungen. Wo kannst du wie lange bleiben, wofür benötigst du besondere Einreisepapiere? Unsere Recherchen ergaben, dass in vielen Ländern die Grenze bei 30 Tagen liegt. Solange darfst du dich dort ohne Visum aufhalten.

Mittlerweile hatten wir uns intensiver mit einzelnen Ländern beschäftigt und festgestellt, dass wir in Thailand länger bleiben möchten. Also vereinbarte ich einen Termin beim Konsulat der thailändischen Botschaft in Essen. Mit unseren Reisepässen und der Vollmacht meines Mannes konnte ich den Termin alleine für uns drei wahrnehmen. Gegen eine kleine Gebühr erhielten wir jeder ein Visum, mit dem wir einige Wochen in Thailand urlauben durften. Dieses wurde direkt in den Pass eingetragen.

Für unseren Aufenthalt auf Mauritius benötigten wir nur unsere Reisepässe, die mindestens noch ein halbes Jahr Gültigkeit haben sollten, das ist eine Bedingung in nahezu allen Ländern. Übrigens stellte ich bei der Recherche fest, dass Inhaber eines deutschen Reisepasses zu den Glücklichen gehören, die in so viele Länder reisen dürfen wie kaum andere Nationalitäten. Wir haben es schon gut. Wer nach Kuba reist, sollte sich etwas intensiver vorbereiten. Eine Touristencard ist zwingend notwendig, ebenso eine englische Versicherungspolice der Auslands-Reisekrankenversicherung für alle Reisenden. Die Police forderten wir an und erhielten sie ohne Probleme. Kuba war allerdings erst für das Frühjahr 2018 geplant und die Touristencard konnte nicht so weit im Voraus ausgestellt werden. Darum – wie auch um die Einreisen nach Australien, Neuseeland, die südamerikanischen Länder und die USA – würden wir uns von unterwegs kümmern müssen.

In den Monaten März bis September 2017 waren wir also damit beschäftigt, Impftermine wahrzunehmen, Packlisten zu schreiben, Medikamente zu beschaffen und die Route weiter zu planen. Tatsächlich begannen wir auch zu buchen. Die erste Buchung war die der Flüge Köln – Mauritius. Es wurde klar: wir machen es wirklich! Bei Flügen lohnt es sich natürlich unheimlich, Preise zu vergleichen. Hier kann man mit etwas Flexibilität, was den Reisetag angeht, richtig Geld sparen. Wir achteten darauf, für längere Strecken Nachtflüge zu wählen. Übrigens haben die sogenannten „Around the World Tickets", mit denen man für einen Festpreis mehrere Flüge buchen kann, keinen Sinn für uns gemacht. Viele kleinere Fluggesellschaften machen nicht mit und man muss streng darauf achten, in eine Richtung zu fliegen. Klar: Wollen wir grundsätzlich auch. Klappt aber nicht immer zu einhundert Prozent. Wir rechneten hoch und entschieden uns, alle Flüge einzeln zu buchen.

Ebenfalls von Deutschland aus buchten wir drei verschiedene Unterkünfte auf Mauritius, Flüge von Mauritius nach Singapur und von Singapur nach Bangkok. Singapur ergab sich zufällig, da es keine Direktflüge von Mauritius nach Thailand gab. Hier bot sich ein Zwischenstopp in Singapur an. Von Thailand sollte es nach Sydney gehen, und zwar vor Levis zweitem Geburtstag um Kosten für seinen Flug zu sparen. Babys und Kleinkinder unter zwei Jahren fliegen in der Regel kostenlos, haben dann aber keinen Anspruch auf einen eigenen Sitzplatz. Ich bin nicht sicher ob wir diese Flüge schon buchten, geplant waren sie jedenfalls für Anfang Dezember.

Definitiv buchten wir unseren Aufenthalt in Australien. Wir stellten schnell fest, dass Australien, insbesondere Sydney, erstens teuer und zweitens zu der Hauptreisezeit im Dezember und Januar heiß begehrt ist. Fast täglich „verschwanden" verfügbare Unterkünfte aus dem Onlineangebot oder die Preise stiegen. Also machten wir Nägel mit Köpfen und buchten sowohl ein Appartement in Sydney als auch einen kleinen Camper für die Strecke Sydney – Brisbane an der australischen Ostküste mehrere Monate im Voraus. Ebenso buchten wir eine Kreuzfahrt durch den Panamakanal. Diese Buchung tätigten wir weit, sehr weit im Voraus – für April / Mai 2018 von Fort Lauderdale (Florida) nach San Diego (Kalifornien). Grund hierfür war, dass wir Marius` Bruder Lukas und seine Frau Mira in Kalifornien treffen wollten, außerdem reizte uns die Idee, einen Teil der Route mit dem Schiff zurückzulegen. Die geplante Strecke durch den Panamakanal mit den interessanten Stopps klang toll. Ob, wie und wann wir in San Diego eingetroffen sind, dazu später mehr.

Wir machten uns weiter mit den Preisen vertraut und entwickelten ein Gefühl dafür, was ein Appartement auf Mauritius, ein Hotelzimmer in Brisbane oder ein thailändischer Inlandsflug kosten. Auch die thailändischen Unterkünfte buchen wir weitestgehend. Das hätten wir im Nachhinein definitiv noch nicht machen müssen.

Unterdessen lief natürlich unser Alltag weiter. Ende März wurde ich 30 und bekam beispielsweise Globetrotter-Gutscheine und Reiseführer geschenkt. Wow, wir machen das wirklich! Wo feiere ich wohl meinen 31. Geburtstag? Diese Frage ging mir an dem Tag häufig durch den Kopf.

Zuvor waren wir Anfang März im Krankenhaus gelandet. Levi hatte einen fürchterlichen Magen-Darm-Virus und musste stationär aufgenommen und mit Flüssigkeit und Elektrolyten versorgt werden. Da es mich auch erwischt hatte, ging mein Mann mit. Levi ging es wirklich schlecht und ich konnte nicht bei ihm sein. Und immer wieder schlich sich der Gedanke ein: Wir sind in Deutschland, wir sind zu Hause. Wir kennen uns aus und sprechen die Sprache. Wir haben eine tolle Versorgung. Was, wenn einer, schlimmstenfalls der kleine Mann, unterwegs ernsthaft krank wird? An unseren Plänen gezweifelt habe ich dadurch nicht, aber etwas mulmig wurde mir schon.

Außerdem besuchten wir einige Kindergärten. Die Besichtigungen wären für den Kindergartenstart 2018 normalerweise später gewesen, freundlicherweise durften wir aber überall, wo wir wollten, vorher vorbeischauen. Die Anmeldungen erledigten wir dann auch direkt.

Ebenfalls besorgt haben wir internationale Führerscheine. Im Endeffekt haben wir sie nicht benötigt, es hätte aber je nach Autovermietung so sein können. Gegen eine kleine Gebühr erhielten wir sie schnell und problemlos beim Straßenverkehrsamt.

Ostern und das erste Mal richtig Eier suchen mit Levi – auch hier wieder die Frage: Wo verstecken wir sie nächstes Jahr?

Währenddessen entwickelten mein Mann und ich uns zu Experten für verschiedene Reiseetappen, ganz nach unseren Vorlieben. Ich freute mich unheimlich auf Australien, plante daher viel in und um Sydney und las mich in die geplante Camper-Route ein. Mein Mann schwärmte von Argentinien (na klar, Fußball...) und Kuba und wurde unser Experte hierfür.

Wir erweiterten und aktualisierten ständig unsere ganz zu Beginn eröffnete Liste mit Wünschen, Plänen und Sorgen: Ich wollte Tiere und Natur erleben, hatte allerdings etwas Bedenken bezüglich Krankheiten. Marius freute sich darauf landestypisch zu essen, Sorgen hatte er keine. Uns beiden war es wichtig neue Menschen zu treffen. In dieser Liste hielten wir unsere Gedanken fest, worauf wir uns freuten, was wir erleben wollten, worauf wir verzichten können (Marius: Komfort. Nadine: eher nicht so...) und nicht verzichten konnten (Nadine: eine eigene Toilette, haha...). Und wir vereinbarten ganz fest, dass wir, sollte einer von uns nach Hause wollen, die Koffer packen und gemeinsam abreisen. Auch Wünsche und Gedanken für die Zeit nach der Reise hielten wir fest, diese waren aber nicht in Stein gemeißelt. Tatsächlich holten wir unsere handschriftlichen Notizen immer wieder hervor um sie zu lesen oder zu ergänzen.

Im Juni verbrachten wir den 60. Geburtstag meines Schwiegervaters Bruno mit der Familie auf Mallorca. Es ist eine Pause von der Planerei, die uns guttut. Marius arbeitet nach wie vor viel, ich habe mehr Zeit und verrenne mich zum Teil in Details. An manchen Stellen droht mir eine Überplanung. Hatten wir doch abgemacht es langsam angehen zu lassen und nicht zu viel zu planen, wollten lieber spontan bleiben. Also einen Schritt zurück: Wir werden sehen wie es läuft und von Tag zu Tag leben.

Im Juli verreisen Levi und ich für ein paar Tage mit meinen Eltern und Jan. Diese entspannte Konstellation von vier Erwachsenen und einem Kleinkind werden wir bald für lange Zeit nicht mehr haben... Immer wieder merke ich, wie sehr meinen Eltern, besonders meiner Mama, unsere Reisepläne zu schaffen machen. Sie hängen unheimlich an unserem Sohn, ihrem Enkel. Mir tut Leid ihnen mit etwas, das für uns so großartig und mit so vielen Erwartungen und Vorfreude verbunden ist, Kummer zu bereiten. Ist es egoistisch, dass wir trotzdem reisen werden? Die Zeit mit Levi ist für sie verloren, für immer. Er wird nur einmal zwei Jahre alt und sie werden nicht dabei sein. Dürfen wir unsere Bedürfnisse über den Trennungsschmerz (im Übrigen auch meinen) stellen? Damals wie heute glaube ich, dass wir die richtige Entscheidung getroffen haben. Und auch den richtigen Reisemoment. Levi braucht mit seinen anderthalb Jahren seine Eltern. Punkt. Und die bekommt er. So intensiv und geballt und entspannt und ohne Druck wie nie wieder. Wir bekommen uns als Familie. Das ist es wert. Werden wir auch Zeiten als Paar bekommen? Die Frage stellte mir eine Freundin. Wir werden schließlich weit weg von potentiellen Babysittern wie Großeltern sein. Rund um die Uhr, 24 Stunden am Tag, über Wochen und Monate hinweg werden nur wir zwei für unser Kind da sein. Zeit für Zweisamkeit? Geht das? Wir wissen es nicht, sind aber bereit, es zu versuchen.

Zurück zum Reisemoment. Natürlich wollten wir nach unserem Entschluss schnellstmöglich los. Es machte aber auch eben genau jetzt Sinn. Levi war noch nicht im Kindergarten, ich war noch in Elternzeit und anschließend wollte ich mich beruflich neu orientieren. Unsere Eltern waren jung, fit und gesund. Meine Oma ließ mich manchmal nachdenklich werden – sie war Mitte 80. Würde sie nach unserer Rückkehr noch da sein und wenn (hoffentlich) ja, bei welcher Gesundheit? Dennoch, es passte einfach. Die Fixkosten für die Wohnung konnten wir stemmen, für ein Haus, das wir in ein paar Jahren hoffentlich anschaffen würden, wäre das nicht so einfach. Und das Thema zweites Kind? Mit zwei Kindern würde es vermutlich nicht einfacher. Vor allem, weil dann auch bald Levis Einschulung anstünde. Und reisen, wenn unsere Kinder selbst erwachsen sind? Klar, unbedingt. Doch wie geht es dann unseren Eltern? Haben wir dann vielleicht bald selbst Enkel? Wir blieben dabei – der Zeitpunkt ist goldrichtig.

Die ersten Monate nach unserem Entschluss haben sich für mich ewig gezogen. Ich hatte so viel im Kopf das zu tun war, aber Monate vor der Abreise noch keinen Sinn machte. Plötzlich war nur wenig Zeit übrig. Wir trafen schnell noch so viele Freunde und Familie, wie es ging. In den letzten Tagen vor der Abreise waren wir in der Wohnung beschäftigt, packten Kleidung und andere persönliche Dinge in Kisten und verstauten sie bei Eltern und Schwiegereltern. Machten alles fertig für den Fall einer Vermietung. Das unterschied sich sehr von den üblichen Urlaubsvorbereitungen und war echt viel Arbeit. Marius hatte die zwei Wochen vor der Abreise schon frei. Die Zeit verflog dennoch und war anstrengend. Hatten wir aber erwartet und daher ganz bewusst Mauritius als erstes Ziel gewählt, an dem wir ankommen, uns erholen und weiter planen wollten. Ein „Urlaub" vor der Reise. Ein erstes „Einreisen" sozusagen. Mittlerweile war auch klar, dass wir Besuch bekommen würden. Gleich zu Beginn, eine Woche nach uns, werden meine Eltern nach Mauritius kommen. Dort werden wir gemeinsam den 60. Geburtstag meines Papas verbringen. Meine Schwiegereltern Birgit und Bruno hatten sich für Thailand angekündigt und ihrerseits schon eine Rundreise dort geplant. Christoph wollte nach Australien kommen, Lukas und Mira wie erwähnt in die USA. Wir waren somit also in diesem Jahr mitverantwortlich für die Urlaubspläne der ganzen Familie.

In den letzten Tagen vor Abflug kamen ein Journalist und ein Fotograf der Rheinischen Post vorbei, um einen Artikel mit Marius als Fußballer und uns als Weltreisefamilie zu schreiben. Über dieses tolle Andenken freue ich mich nach wie vor.

Wir packten. Im Grunde war es gar nicht so viel mehr als für einen zweiwöchigen Urlaub. Wir hatten gelernt, dass man mit Baby bzw. Kleinkind jede Menge Zeug mitschleppt. Aber eben auch für drei Tage Kurzurlaub in Deutschland. Wir packten Kleidung für alle für etwa zehn Tage ein. Danach müssen wir waschen. Zum Glück sollte es überall warm sein. Dennoch hatten wir einen Regenanzug für Levi und dünne Jacken für uns dabei. An Schuhen kamen nur Flipflops für uns und Badeschuhe für Levi ins Gepäck. Turnschuhe zogen wir an. Neben den üblichen Kosmetika waren es etwas mehr Medikamente als sonst. Ebenso Desinfektionsmittel und Mückenschutz. Außerdem drei Handtücher aus Bambus, die sich super klein zusammenfalten lassen. Wäscheleine, Taschenmesser, Powerbank und eine kleine Sammlung mit Fotos von Familien und Freunden gaben dem Ganzen dann doch noch den Abenteuer-Touch. Außerdem deutlich stärker vertreten als sonst: Schreibzeug. Unsere Schreibblöcke mit der „was wir uns wünschen"-Liste, Finanzplanung und anderen Notizen samt Kugelschreibern. Diese mehr oder wenige Loseblattsammlung war das Ergebnis monatelanger Recherche und Gespräche. Natürlich hatten wir noch ganz viel mehr im Kopf. Wir packten auch Reiseführer ein – so viele wie passten. Da wir entschieden hatten, Fotos mit unseren Handys zu machen, kam an technischem Gerät nur das I-Pad hinzu. Und dann jede Menge Kram für Levi: Windeln natürlich und feuchte Tücher. Schwimmärmchen. Regenverdeck (warfen wir relativ schnell weg, zu wenig Nutzen vs. nahm zu viel Platz im Koffer weg) und Sonnensegel sowie Moskitonetz für den Kinderwagen. Unsere Trage – die würden wir unheimlich viel nutzen. Und natürlich Spielzeug: einige kleine Autos, Murmeln, eine Puppe, Flummis, ein paar Pixiebücher und ein, zwei Kleinigkeiten. Viel war es wirklich nicht. Aber mehr als genug, gab es doch bald Wasser, Sand, Stöcke, Steine und so viel mehr. Unser Gepäck verteilten wir auf einen mittelgroßen Rollkoffer und einen großen Rucksack als aufzugebende Gepäckstücke. Zusätzlich hatten wir einen Rucksack fürs Handgepäck (hauptsächlich Essen und Getränke, Wechselkleidung, Windeln) und Levi hatte einen kleinen eigenen Kinderrucksack. Mehr ging nicht. Wir mussten das alles plus Kinderwagen und Kind ja auch von A nach B bekommen. Und C, D, E und so weiter. Wir fühlten uns gut mit unserem Gepäck.

An die letzten ein, zwei Tage vor der Abreise kann ich mich im Detail nicht erinnern. Ich glaube, sie waren einfach alltäglich. Besonders aufgeregt war ich nicht. Wir waren sicher, alles erledigt zu haben. Es stellte sich eher eine gewisse Gelassenheit und Entspannung ein. Der Abschied von meinem Bruder Jan ist mir schwergefallen – auch, weil er uns nicht besuchen kommen würde. Meine Eltern sahen wir einen oder zwei Tage vorher, es ist ja ein „bis bald auf Mauritius". Das fällt leicht. Am Tag der Abreise war meine Schwiegermutter Birgit morgens da und spielte mit Levi, wir trafen allerletzte Vorbereitungen.

Und dann, irgendwann gegen Mittag, gehen wir. Schließen die Türe ab und werfen den Schlüssel in den Briefkasten, meine Eltern nehmen ihn später an sich. Wir fahren mit dem Aufzug nach unten und müssen auf dem kurzen Weg zur Bushaltestellt das erste Mal beweisen, dass wir mit Gepäck und Kind sowie Kinderwagen klarkommen. Klappt. Es ist durchschnittliches Frühherbstwetter. Irgendwie ist alles wie immer. Levi freut sich auf den Urlaub. Er weiß, es wird einen Pool und das Meer geben, das kennt er noch von Mallorca. Der Bus zum Bahnhof ist pünktlich und alles ist so unspektakulär. So ein ähnliches Gefühl hatte ich auf dem Weg zu unserer Hochzeit: Alles ist wie immer. Dabei haben wir so etwas Großes, Besonderes vor. Es sind Wege, die wir schon so oft gefahren sind, alles ist total vertraut und so normal. Dann wird es doch spannend (hätte ich mir das mal nicht gewünscht): Wir stranden vorübergehend in Köln-Deutz. Irgendwas ist los, die Bahn kommt nicht. Jetzt sollte man meinen, wir hätten für diesen Fall genügend zeitlichen Puffer eingeplant. Hatten wir aber nicht. Zumindest nicht genug, um entspannt zu bleiben. Es ist halt auch kein Flug nach Mallorca, sondern eine Fernstrecke. Endlich am Flughafen angekommen, brauchen wir irre lang für Sicherheits- und Passkontrollen. Es wird relativ knapp. Entspannt ist anders. Es bleibt gerade noch genug Zeit, um Levi ein paar Bahnen hin und her flitzen zu lassen. Unser Plan, den Mittagsschlaf zu Gunsten einer langen, erholsamen Flugzeugnacht ausfallen zu lassen, ist erst einmal aufgegangen. Gegen 16 Uhr geht der Flug pünktlich los. Wir haben die beste Kategorie gebucht, um mehr Beinfreiheit zu haben. Schließlich haben wir nur zwei Plätze für zweieinhalb Leute – und das zwölf Stunden lang. Wir sitzen ganz vorne. Schnallen uns an. Und lächeln. Es geht los.

September bis Oktober 2017 – Mauritius

Bevor ich mit dem Schreiben dieses Kapitels beginne, habe ich mir als Einstimmung die Fotos angesehen. Zum Glück hatten wir davon reichlich geschossen, sie im Herbst nach unserer Rückkehr sortiert und jede Menge entwickeln lassen. Ich blättere also ganz klassisch im Fotoalbum mit Einsteckklaschen. Das finde ich viel schöner als nur digital zu schauen. Ganze sieben Alben haben wir mit Bildern von der Reise insgesamt gefüllt und jede Menge Collagen und Bilder aufgehängt. Sowohl wir als auch Besucher bleiben regelmäßig davor stehen und somit haben wir ein kleines Stück Reise in unseren Alltag integriert. Unsere Familie und Freunde haben wir über unseren Instagram-Account (Lev_i_on_tour) auf dem Laufenden gehalten, hier haben wir immer wieder Fotos hochgeladen.

Noch in Deutschland hatten wir uns über unser erstes Reiseziel schlau gemacht und Folgendes gelernt: Mauritius ist eine parlamentarische Republik, die im Jahr 1968 ihre Unabhängigkeit vom Vereinigten Königreich erlangte. Auf Mauritius leben in etwa 1,2 Millionen Menschen auf einer Fläche von rund 2.000 km². Zum Vergleich: Mallorca hat circa 900.000 Einwohner, die sich auf eine Fläche von ungefähr 3.600 km² verteilen. Die Insel Mauritius liegt im indischen Ozean, rund 1.800 Kilometer östlich des afrikanischen Kontinents. Bekannt vor allem für die wunderschönen Strände und das angenehme Klima mit durchgängigem Badewetter, ist Mauritius ein tolles Fernreiseziel. Neben den Stränden befinden sich im Landesinneren mehrere Nationalparks – wir würden eine Fahrt durch Teile des „Black River Gorges National Park" machen. Hauptstadt und zugleich einwohnerstärkste Stadt – hier leben 150.000 Menschen – ist Port Louis an der Westküste. Der Flughafen befindet sich gegenüber an der Ostküste, auf der anderen Seite der Insel in Mahebourg. Zahlen werden wir mit der Mauritius-Rupie, ein Euro entsprach im Herbst 2017 in etwa 45 Mauritius-Rupien.

Mauritius sollte unser Einstieg in die Reise sein, wir wollten entspannen, das hoffentlich gute Wetter am Strand genießen und weitere Etappen planen. Der Flug Köln – Mauritius dauerte fast zwölf Stunden und verlief insgesamt gut. Leider scheint es diesen Direktflug ab Köln heute nicht mehr zu geben, schade.

Viele fragten uns, ob wir uns das denn echt zutrauen mit Kind? Levi war zum Start der Reise ziemlich genau 21 Monate alt. Die langen Flüge, das Wetter, die Zeitverschiebung von drei Stunden und überhaupt. Tatsächlich hatten wir uns um das Thema Flug keine großen Sorgen gemacht. Auch der längste Flug – mit einer Dauer von zwölf Stunden starteten wir direkt mit einem der längsten – ging mal vorüber. Wir waren mit Levi schon zweimal auf Mallorca, alle Flüge verliefen problemlos. In den ersten Stunden war Levi wach und wir erkundeten die nähere Umgebung. Natürlich hatten wir auch etwas Spielzeug mit an Bord genommen. Dann gab es Essen, Getränke oder der Wagen mit dem Bordshop kam vorbei. Außerdem gab es eine kleine Geschenketüte für jedes Kind. Wir mussten wickeln und liefen ein paarmal auf und ab. Die Zeit verging – Achtung, Wortspiel – wie im Flug. Dann wurden wir müde und waren der Meinung, Levi könnte schlafen. Er sah das anders. Alles war zu aufregend, zu laut, zu hell. Blöderweise auch zu kalt. Kennt ihr das? Wir frieren auf jedem Flug. Grundsätzlich sind wir warm angezogen. Wir haben auch heute immer Jacken und Tücher mit an Bord, für die Kinder auch Kopfbedeckungen. Es gibt jede Menge Fotos von Levi im Flugzeug mit Kapuze. Naja, ärgerlich, aber darauf waren wir eingestellt. Levi war länger wach als gedacht, dann war es halt so. Wir sahen das entspannt. Die Stewardessen waren super nett und boten immer wieder Hilfe an. Sie fragten, ob wir etwas brauchten und machten uns die Milchflasche warm. Irgendwann schlief Levi schließlich bei mir auf dem Arm ein. Netterweise hatte uns die Airline ein mobiles Babybett zur Verfügung gestellt, das vorne vor unseren Sitzen eingehakt werden konnte. Die Idee fand ich super, wir hatten schließlich nur zwei Sitzplätze. Allerdings war Levi fast schon zu groß und zu schwer, das Bett war nicht so kuschelig wie Mama und Papa und überhaupt. Also schlief er ziemlich gut und uns wurden abwechselnd die Arme lahm.

Wir landeten in den frühen Morgenstunden, nach deutscher Zeit war es noch mitten in der Nacht. Sah Levi auch so und schlief einfach weiter, während wir mit dem Gepäck und den Einreiseformalitäten beschäftigt waren. Klappte alles wunderbar. Wir ließen uns am Gepäckband fotografieren, Levi schlief im Kinderwagen. Einen Tag zuvor hatten wir uns zu Hause an der Bushaltestelle fotografieren lassen. Ich verglich die Fotos und stellte fest: Irgendwie sah man uns den großen Schritt nicht an. Seltsam. Wir verließen das Flughafengebäude und freuten uns über die angenehme Wärme. Es war leicht bewölkt, T-Shirt-Temperaturen. Da wir uns vorgenommen hatten, so viel wie möglich mit öffentlichen Verkehrsmitteln zu reisen um die Reisekasse zu schonen, aber auch um Land und Leute intensiver zu erleben, fragten wir uns durch und gingen zur Bushaltestelle. Etwa alle zwei Minuten hielt ein Taxi und der Fahrer bat uns, einzusteigen. Wenn wir freundlich verneinten, ließ er nicht locker, sondern fragte weiter nach dem Ziel und nannte Preise. Außerdem käme der

Bus gar nicht. Wir warteten. Zeit hatten wir ja. Sowieso und auch gerade, da wir erst mittags in unsere Unterkunft konnten. Irgendwann kam der Bus, einer von vielen, mit denen wir auf Mauritius fuhren. Sie waren kunterbunt, laut und stanken. Der Zustand war völlig in Ordnung, wir saßen gut – allerdings erst, nachdem wir uns und vor allem das Gepäck durch den sehr schmalen Gang gequetscht hatten. Den Kinderwagen mussten wir auseinanderbauen. Nach einigen weiteren Busfahrten stellten wir fest, dass es hinten an den Bussen eine Art Kofferraum gab. Hätten wir das mal gewusst oder hätte uns das mal einer gesagt... So waren wir damit beschäftigt, Koffer, Rucksäcke, Kind und den jetzt zweiteiligen Kinderwagen zu halten. Die anderen Fahrgäste und der Busfahrer waren total nett und geduldig. Am Flughafen hatten wir Geld aus dem Geldautomaten gezogen und zum Glück einige Flaschen Wasser gekauft, sodass wir Kleingeld zum Bezahlen der Fahrt hatten. Bezahlt wurde nicht beim Fahrer, sondern seinem Beifahrer, der regelmäßig durch den Bus ging und Geld einsammelte. Welche Strecke wie teuer war, hatte ich nicht genau verstanden. Jedenfalls war es günstig. Um zu unserem ersten Ziel, einem Ferienhaus in einer kleinen Anlage in Flic-en-Flac zu kommen, mussten wir vom Flughafen ein ganzes Stück fahren und zweimal umsteigen. Alles klappte gut, dank der freundlichen Hilfe der Busfahrer und Passanten. Übrigens immer auf Englisch. Puh, musste ich meine beschränkten und sehr eingerosteten Französischkenntnisse gar nicht bemühen. Levi fand Busfahren super und schaute aus dem Fenster. Einmal stiegen wir an einem größeren Busbahnhof um und hatten etwas Mühe, uns oder unser Gepäck im Gedrängel nicht zu verlieren. Insgesamt waren wir sicherlich drei Stunden unterwegs. Zeit für mich, um ein wenig zu träumen – nicht wirklich, auch wenn ich etwas müde war nach dem wenigen und leichten Flugzeugschlaf. Warum Mauritius? Wir wollten für den Start ein Reiseziel wählen, das uns vor allen Dingen Erholung versprach. Und Strand und gutes Wetter. Es sollte noch kein großes Sightseeing stattfinden oder viel „Rumgereise". Wir wollten uns von den letzten Wochen vor der Abreise erholen und uns einstimmen. Mauritius lag ungefähr auf dem Weg. Von dort aus kamen wir über Singapur prima nach Thailand, wo wir unbedingt hin wollten. Kurz hatten wir über die Seychellen als Alternative nachgedacht, aber wegen der vielen kleinen Inseln hätte das für die geplanten vier Wochen Inselhopping bedeutet. Nein, wir wollten nach Mauritius. Besonders spannend fand ich, dass hier eine bunte Mischung verschiedener Kulturen und Religionen lebt. Stand im Reiseführer. Wir waren gespannt. Unsere Unterkünfte in Flic-en-Flac, Trou aux biches und Trou d´Eau Douce hatten wir bereits aus Deutschland gebucht. Wir starteten im Westen der Insel, zogen ein Stück nördlich an der Küste entlang Richtung der größeren, touristischen Stadt Grand Baie (angeblich gibt es hier die schönsten Strände) und würden dann einmal die Insel durchqueren und an der Ostküste wohnen (wieder näher am Flughafen).

An den Moment, in dem der Bus abbog und wir den traumhaften weißen Sandstrand sahen, kann ich mich noch gut erinnern. Wir fuhren ein Stückchen die Küstenstraße entlang, dann gab uns der Busfahrer ein Zeichen zum Aussteigen. Wir hatten nur etwa fünf Minuten Fußweg durch ein Wohngebiet vor uns, weg vom Strand. Dann waren wir angekommen. Unsere erste Unterkunft war schön, ein guter Start. Eine Anlage mit Ferien-Reihenhäusern und einem netten Pool in der Mitte. Wir hatten drei Schlafzimmer, zwei Badezimmer und eine gut ausgestattete Küche. Alles sah gepflegt und sauber aus. Levi durchkreuzte unseren Wunsch nach Schlaf – obwohl die Betten echt einladend waren – also packten wir etwas aus und gingen zum Strand. Wir waren die einzigen Gäste, die anderen acht oder neun Häuser waren leer. In einer Woche würden meine Eltern in das Haus neben unserem ziehen. Überhaupt war es sehr ruhig auf der Insel, touristisch gesehen. Die Saison beginnt erst im Oktober, in etwa zwei Wochen, Hauptsaison ist von November bis Februar. Gerade über Weihnachten ist es sehr voll – und sehr teuer. Klimatisch nahmen wir das Ende der Regenzeit mit, mal sehen.

In den ersten Tagen ließen wir es ruhig angehen. Waren am Strand, machten Urlaub. Levi fand großen Gefallen an den bunten Bussen, die auf der Straße in Strandnähe fahren. Häufig musste einer von uns mit ihm auf einer Mauer sitzen und stundenlang Busse gucken, anstatt am Strand zu liegen. Aber auch dafür hatten wir genug Zeit. Wir entdeckten fußläufig einen Supermarkt mit einer guten Auswahl. Meistens kochten wir selber, ab und an aßen wir ein Nudelgericht von einem Wagen am Strand. Da es aber noch leer war, war die Auswahl an Streetfood sehr begrenzt, das würde sich noch ändern. Eine vernünftige W-LAN-Verbindung hatten wir nur in einer Ecke am Pool. Machte aber nichts, wir wollten sowieso weniger Zeit am Handy verbringen. Während der gesamten Reise nutzten wir fast ausschließlich W-LAN. Nur in Australien kauften wir eine Handykarte wegen der Auswahl und Buchung der Camper-Stellplätze von unterwegs aus. In Deutschland hatten wir bereits einzelne Regionen bei „Google Maps" heruntergeladen und waren die nächsten Monate sehr viel mit diesen Karten unterwegs, das ging dann auch wunderbar ohne Internetverbindung.

Es war ziemlich bewölkt, regnete aber nur selten – wenn, dann allerdings richtig. Innerhalb weniger Sekunden warst du komplett durchnässt. Aber genauso schnell hörte es auch wieder auf. Nach ein paar Tagen beschlossen wir, einen ersten Ausflug in die Hauptstadt Port Louis zu machen. Wir stiegen in den Bus und in Hafennähe wieder aus. Hier gab es eine schicke Einkaufsstraße (uninteressant, da kein Platz im Gepäck) und einige Restaurants. Außerdem das Briefmarkenmuseum, in dem die Blaue Mauritius ausgestellt wird. Wir warfen einen Blick darauf – allerdings nur auf eine Kopie. Das Original wird nur zu bestimmten Zeiten kurz gezeigt, um es vor Lichteinfall zu schützen. Aber sind wir mal ehrlich – wer will denn den Unterschied erkennen? Anschließend ließen wir uns treiben, schlenderten umher. Dann wollten wir zur Pferderennbahn, zum „Champ de Mars". Zu Fuß war es ein Stück, machte aber gar nichts. Wir gingen sehr gerne und sehr viel zu Fuß- du bist einfach flexibler und entdeckst viel mehr. Und wir hatten Zeit.

Beim Pferderennen war es irre laut und voll. Levi war gerade im Kinderwagen eingeschlafen, wir blieben außerhalb und guckten nur aus der Ferne. Auffällig war, dass wir fast nur Männer unter den Zuschauern entdeckten. Das Ganze war nicht zu vergleichen mit einem ruhigen Rennsonntag auf der Kölner Galopprennbahn. Die Zuschauer wetteten alle und waren unheimlich emotional. Es schien zu kochen und zu brodeln, Spannung und Hektik lagen in der Luft. Mit dem Kinderwagen war kaum ein Durchkommen. Wir aßen eine Kleinigkeit an einem der Essensstände und machten uns dann auf den Rückweg in unsere Unterkunft. Levi gegenüber nannten wir es immer „Urlaubshaus". Zu Hause, das war und blieb Deutschland. Bei den Wechseln der Unterkünfte sagte Levi in der ersten

Zeit immer „Bye bye altes Haus, hallo, neues Haus". Eine Frage, die er mit der Zeit stellte, war die nach einem Pool und dem Meer. Und mindestens eins von beidem hatten wir fast immer. Was für ein Luxus.

Während ich jetzt die Fotos von Mauritius durchsehe, fallen zwei Dinge auf: Erstens werden wir immer brauner, zweitens gibt es so gut wie keine Fotos, auf denen wir Schuhe tragen.

Noch bevor meine Eltern ankamen, machten wir einen Tagesausflug und schauten uns die bekanntesten Sehenswürdigkeiten an. Dies aber mit dem Taxi. An „unserem" Strand hatte uns schon häufiger ein Fahrer angesprochen. Wir verabredeten uns schließlich für den nächsten Morgen. Den ganzen Tag ein privates Auto mit Fahrer – und wir zahlten wirklich nicht viel. Ich kann es nicht beschwören, meine aber, es waren nicht mehr als 50 oder 60 Euro. Wir starteten früh, wie immer auf Mauritius. Es wurde früh hell, gegen fünf Uhr etwa, und um 18 Uhr war es stockdunkel. Bei uns in der Gegend war nichts los, daher übernahmen wir einfach den scheinbar landestypischen Rhythmus. Wir waren morgens früh wach und abends früh im Bett. Abgesehen davon kamen mit der Dunkelheit die Moskitos und die waren echt fies. Jedenfalls ging es an diesem Morgen zeitig los. Wir besichtigten den „Chamarel-Wasserfall" im Südwesten von Mauritius – an dieser Stelle stürzt der „Rivière de Cap" fast 100 Meter in die Tiefe. Wir fuhren weiter zur siebenfarbigen Erde – einer Region, in der die Erde besonders gefärbt ist. Und wir verbrachten viel Zeit in dem kleineren Tierpark „La Vanille", in dem als Hauptattraktion zahlreiche Riesenschildkröten leben, deren Gehege man betreten darf. Und die Schildkröten waren wirklich riesig! Alles in allem war es ein netter Tag und unser Fahrer machte das super. Er war sehr zuverlässig und das Auto war sauber und in einem guten Zustand. Wir konnten uns gut auf Englisch verständigen. Für eine Tour quer über die Insel, wie wir sie gemacht haben, ist ein Fahrer unbedingt zu empfehlen. Mit dem Bus hätte es ewig gedauert und sowohl der Wasserfall als auch die Aussichtsplattform, von der aus wir über die siebenfarbige Erde blicken konnten, lagen sehr weit außerhalb. Hierher gab es keine Busverbindung.

Ebenfalls von der ersten Unterkunft aus fuhren wir mit dem Bus nach Pamplemousse in den botanischen Garten. Inzwischen waren meine Eltern neben uns eingezogen und wir genossen den Urlaub, den eine Kinderbespaßung durch Oma Bärbel und Opa Roland mit sich brachte. Am Strand wurde es etwas voller und an den Wochenenden waren sehr viele Einheimische da. Toll für Levi, der mit anderen Kindern spielte. An diesen Tagen wurde auch deutlich mehr Streetfood angeboten, das meistens gut schmeckte und günstig war. Die LKW, besonders die Eiswagen, waren kunterbunt und gaben am weißen Strand vor dem türkisblauen Meer ein tolles Bild ab. Der Strand war wirklich wunderschön. Feiner weißer Sand, kaum Wellen – und das Wasser war angenehm warm und flach abfallend. Die öffentlichen Toiletten waren in Ordnung und die Benutzung kostete nur eine kleine Gebühr. Mit der Verständigung gab es keine Schwierigkeiten. Insgesamt war Mauritius ein guter, leichter Start in unsere Reise. Einen Abend gingen mein Mann und ich ohne Levi essen – der blieb bei Oma und Opa. Das Restaurant war über dem Supermarkt, ein anderes, geöffnetes fanden wir nicht. War aber in Ordnung. Wir unternahmen ein oder zwei Ausflüge nach Grand Baie, eine größere, touristische Stadt. Hier gab es ein riesiges, neues Einkaufszentrum. Wir erinnern uns – shoppen konnten wir sowieso nicht. Aber es gab auch einige kleine Spielplätze und riesige Supermärkte mit einer viel größeren Auswahl als in unserem. Hier bekamen wir wirklich alles, ich würde sagen im Schnitt etwas teurer als in Deutschland. In unsere letzten Strandtage in Trou aux Biches fiel ein hinduistischer Feiertag. Ich recherchierte online – es wird das Fest „Dusshera" oder „Dasara" gewesen sein. Ein Großteil der Bevölkerung auf Mauritius ist Anhänger des Hinduismus, somit war viel los. Der Strand war voll mit Einheimischen, die alle bunte Gewänder trugen. Es sah toll aus. Sie sangen und tanzten und wenn wir es richtig verstanden hatten, brachten sie den Göttern Opfergaben, indem sie Götterstatuen mit Booten aufs Meer ruderten und dort versenkten. Es war toll das Spektakel mit anzusehen. Ganz selbstverständlich wurden wir eingeladen, uns wurde Essen in die Hand gedrückt. Auf den Fotos sehe ich Levi mit einem Stück Brot und Marius mit einem in bunte Servietten eingeschlagenen Reisgericht. Gegessen wurde es mit der Hand.

Nach 14 Tagen zogen wir um, das erste Mal. Normalerweise wäre das der Tag unserer Rückreise, wir hatten bisher maximal zweiwöchigen Urlaub gemacht. Es war so toll, bleiben zu dürfen. Wir teilten uns diesmal mit meinen Eltern ein größeres Taxi und setzten sie zuerst an ihrer Unterkunft ab. Wir wohnten etwa fünf Minuten entfernt an der Grenze von Trou aux Biches und Mont Choisy. Auch hier trafen wir es gut an. Ein freistehendes Haus, diesmal ohne Pool. Aber den hatten wir ohnehin kaum genutzt, da wir tagsüber am Strand waren und es ab Dämmerung von Moskitos nur so wimmelte. Dauernd erwischte es ausgerechnet den armen Levi. Einheimische empfahlen, ihn mit Kokoswasser einzureiben, das sollte den Juckreiz lindern. Ob es funktionierte, kann ich nicht sagen. Aber wir kauften sowieso täglich Trinkkokosnüsse am Strand (lecker) und Levi fand die Matscherei toll. Schadete ja nicht. Der Strand in Mont Choisy gefiel mir noch besser. Er war wunderschön. Einer meiner Lieblingsstrände der ganzen Reise.

Es war nach wie vor leer. Einzelne Liegen standen im Sand und wurden auf Anfrage vermietet, aber es waren vielleicht eine Handvoll. Während der Hauptsaison, erzählte uns der Vermieter, stehe der ganze Strand voll, Liege an Liege. Okay, das ist dann nicht mehr so schön. Denn wir genossen gerade den Platz zum Buddeln und Toben. Der Strand von Flic-en-Flac war lang und gerade, Mont Choisy eher eine Bucht. Das Schöne war, dass es hier keine Straße in der Nähe gab, die Promenade bestand aus einer Allee dichtgewachsener Bäume, die wunderbar Schatten spendeten. Inzwischen kam der Sommer, es war kaum noch bewölkt, es wurde wärmer und wir waren froh, erstens unempfindlich und zweitens vorgebräunt zu sein. Es folgten weitere, wunderschöne Strandtage. Abends oder wenn Levi mittags schlief, planten wir die Reise weiter. Wir entspannten oder joggten abwechselnd den traumhaften Strand entlang. Gegessen wurde diesmal auswärts, im Schatten der Bäume gab es jede Menge Streetfood, auch internationale Gerichte. Levi freute sich über Pommes. Wobei er wirklich alles aß, da hatten wir großes Glück, denn es erleichterte das Reisen ungemein. Aus Deutschland hatten wir einige abgepackte Fertiggerichte für ihn mitgebracht, bisher aber noch nicht gebraucht. Diesmal hatten wir leider keinen Supermarkt fußläufig, wir mussten mit dem Bus fahren. Und die Wasserflaschen zu transportieren war echt anstrengend. Ganz bewusst hatten wir keinen Mietwagen genommen. Wir wollten Geld sparen und er war im Grunde durch das Busnetz auch nicht notwendig. Irgendwann beschlossen wir, ganz einfach mit dem Taxi zurückzufahren, wenn wir viele Einkäufe hatten. Das war wirklich sehr günstig und sehr viel komfortabler. Etwas später erfuhren wir, dass ab einem gewissen Einkaufswert die Einkäufe kostenfrei zur Unterkunft gebracht wurden. Noch besser! Zwei Bushaltestellen weiter, in Trou aux Biches Zentrum, wohnten meine Eltern. Dort gab es eine tolle Bäckerei mit leckeren Croissants. Wir trafen uns mal bei uns, mal bei ihnen am Strand. Am 7.10. hat Marius Geburtstag und wir gingen abends eine leckere Pizza bei uns um die Ecke essen. Von hier aus fuhren wir erneut nach Grand Baie und auch zum nördlichsten Punkt der Insel, Cap Malheureux. Hier stand eine schöne Kirche und wenn ich mich recht erinnere, gibt es Erzählungen von verunglückten Seefahrern an dieser Stelle.

Wir unternahmen einen Ausflug in einen Zoo, den „Casela Nature Parks", der uns überhaupt nicht gefiel. Die Tiere waren in winzigen Gehegen untergebracht und sahen ungepflegt und zum Teil schlecht ernährt aus. Der Eintritt war völlig überteuert, Speisen und Getränke ebenso. Da waren der kleine Tierpark und der botanische Garten viel, viel schöner. Immerhin gab es einige Spielgeräte, das war aber auch das Einzige, was mir positiv in Erinnerung blieb. Besonders schockierte uns die Touristenattraktion, bei der Besucher in das Tigergehege gelassen wurden und mit den Tigern posierten, diese anfassen und streicheln konnten. Man kann sich vorstellen, unter welchem medikamentösen Einfluss ein Tiger stehen muss, damit so etwas möglich ist... Wenige Tage nach Marius hat mein Vater Roland Geburtstag und wurde 60. Wir besuchten meine Eltern, aßen ein Stück Geburtstagstorte (vorbestellt durch meine Mutter in besagter Bäckerei / Konditorei und wirklich super lecker) und verbrachten den Tag am Strand. Es war der letzte gemeinsame Tag für eine sehr lange Zeit, am nächsten Tag zogen wir weiter. Es hieß Abschied nehmen. Diesmal fiel es mir irre schwer.

Unsere letzte Etappe auf Mauritius war Trou d`Eau Douce im Osten der Insel. Glaubt man den Reiseführern, ist der Westen der große Touristenmagnet, sicherlich auch aufgrund der langen Sandstrände. Im Osten soll weniger los sein. Wir fuhren wieder mit dem Taxi, mit dem ganzen Gepäck war es einfach zu anstrengend. An dieser Stelle eine nette Anekdote zum Thema Taxi: Levi hatte einen kleinen, roten Bus mit. Und er liebte ihn. Auf genau dieser Taxifahrt blieb der Bus im Taxi liegen, wir waren zu sehr mit unserem Gepäck beschäftigt. Glücklicherweise hatten wir die Karte mit den Kontaktdaten des Taxifahrers und riefen ihn an. Er kam sofort und brachte den Bus vorbei. Geld als Aufwandsentschädigung lehnte er kategorisch ab. Er habe selbst kleine Kinder und könne das gut verstehen. Total nett. Das sind Momente, an die ich mich gut und gerne erinnere.

Diesmal hatten wir nicht so ein Glück mit der Unterkunft – ausschlaggebend für unseren Nicht-Einzug war neben diversen Kleinigkeiten eine tierisch steile, ungesicherte Treppe in unserem Appartement. Das war leider so nicht aus dem Angebot zu ersehen und uns einfach viel zu gefährlich. Was nun? Wir standen mit Gepäck ohne Bleibe da. Levi und ich gingen dorthin, wo man auf Mauritius so hingeht – an den Strand. Mit einem Blick auf die abgestellten Koffer warfen wir Steine ins Wasser. Dieser Strand war nicht besonders schön, sondern steinig und dreckig – kein Vergleich zu den Stränden im Westen der Insel. Marius machte sich zu Fuß auf, eine Unterkunft zu suchen. Er suchte nach Schildern, klopfte an Türen und schaute Wohnungen an. Viele waren für uns nicht kurzfristig genug zur Vermietung fertig, die Saison würde erst noch starten. Schließlich wurde er außerhalb des Ortes fündig: Ein freistehendes Haus in einer kleinen Anlage mit direktem Zugang zum Strand. Mit dem Taxi waren wir schnell da und konnten sofort einziehen. Jetzt hatten wir den Strand vor der Tür, dafür keine Gelegenheit, einzukaufen. Die Busverbindung war deutlich schlechter, als wir es kennengelernt hatten. Der Strand jedoch war wieder traumhaft. Das Meer war auf dieser Seite viel wilder, es gab Wellen und es war deutlich steiler abfallend. Außerdem gab es einige sehr steinige Stellen, es wirkte naturbelassener. Die Strände in Flic-en-Flac, Trou aux Biches und Mont Choisy waren touristisch, beispielsweise wurde jeden Morgen Müll eingesammelt und der Sand geharkt. Das war hier nicht der Fall, gerade das war aber auch schön.

Nach ein paar Tagen in unserer letzten Unterkunft vermisste Marius einige Kleidungsstücke. Auch nachdem wir mehrfach alles aus- und wieder eingepackt und durchsucht hatten, fehlten sie. Wir kontaktierten den Vermieter unserer zweiten Unterkunft und tatsächlich – die Sachen hingen noch in einem Schrank, den wir vergessen hatten, auszuräumen. Der nette Vermieter bot sofort an, sich mit uns auf dem Weg zum Flughafen zu treffen, so würden wir beide Weg sparen. Wir waren ihm sehr dankbar. In seiner Hilfsbereitschaft und Gastfreundschaft wollte er für seine Umstände auf gar keinen Fall Geld annehmen.

In der näheren Nachbarschaft unserer dritten und letzten Unterkunft gab es einige größere Ferienhäuser. Keine Restaurants, kein Streetfood. Zum Einkaufen fuhren wir mit dem Taxi, in den kleinen Ort mit dem Bus. Von hier starteten wir auch unseren letzten Ausflug auf Mauritius: mit dem Boot zur „Ile aux cerf". Morgens ging es zeitig los. Zum Glück hatten wir an die Schwimmärmchen gedacht, Schwimmwesten gab es nämlich nicht. Mit dem kleinen Motorboot waren wir nicht lange unterwegs. Wir erkundeten zunächst die Insel, in vielleicht einer Stunde hatten wir sie zu Fuß umrundet. Gegen Mittag holten wir etwas zu essen im einzigen Restaurant, anschließend genossen wir den Strand. Das Wasser schien noch klarer und wärmer zu sein, Wahnsinn. Soweit ich mich erinnere, wurde Wassersport angeboten, wir nahmen aber nicht teil. Leider fuhr das letzte Boot schon früh am Nachmittag zurück, sodass es eher ein Halbtagesausflug war.

Marius war in den letzten Tagen schon etwas unruhig geworden, er wollte weiter. Hatte genug von Strand und Faulenzen. Und dann kommt der Tag der Abreise, wir fliegen weiter nach Singapur. Unser Mauritius-Fazit? Es war schön und genau richtig, um anzukommen. Wir haben nette Menschen getroffen, uns wurde immer gerne weitergeholfen. Es war keine so überschwängliche Freundlichkeit wie wir sie in Thailand oder auch Argentinien oder Chile erleben würden, aber ich erinnere mich nur an nette Begegnungen. Unsere Unterkünfte waren gut, wir konnten kaufen was wir brauchten, hatten gutes Wetter und tolle, ruhige Strandtage. Wir haben viel von der Insel gesehen und fanden besonders die Riesenschildkröten spannend. Oft wurden wir von Einheimischen gefragt, ob wir denn auch wiederkommen. Ehrlich gesagt? Keine Ahnung. Im Gegensatz zu anderen Zielen steht Mauritius nicht ganz oben auf meiner Wunsch-Wiederholungsliste. Warum? Im Sommer können wir Strandurlaub in Europa machen. Das ist einfacher, günstiger und nicht so klimabelastend wie der zwölfstündige Flug. Im Winter soll es sehr, sehr voll sein. Wäre nichts für uns. Unser Fazit: es war schön, es war toll, aber jetzt geht es weiter. Auf zu neuen Abenteuern.

Der Flug von Mauritius nach Singapur dauerte in etwa sieben Stunden, eine doofe Zwischenzeit, fanden wir. Längere Flüge waren uns tatsächlich lieber, die Chance auf ein paar Stunden zusammenhängenden Schlaf war einfach größer. Der Flug war ein Nachtflug, wir ließen uns nachmittags mit dem Taxi an der Unterkunft abholen. Im Packen waren wir schon sehr routiniert, noch war – auch dank des netten Vermieters der Unterkunft, in der Marius einige Kleidungsstücke vergessen hatte – nichts weggefallen oder hinzugekommen. Die auf Mauritius gekauften Sandspielzeuge verschenkten wir weiter, dafür war kein Platz. Pässe, Handys – alles da, los ging es. Es klappte alles problemlos, nur der Flug wurde unheimlich anstrengend. Wir hatten wenig Platz, die Maschine war voll und es war laut, Levi schlief kaum und wir gar nicht. Für uns der anstrengendste Flug der ganzen Reise. Dennoch, Mitte Oktober 2017 landeten wir morgens – allerdings ziemlich gerädert – in Singapur.

Levi mit Riesenschildkröten im „La Vanille Nature Park", Mauritius

Wasserfall „Charamel", Mauritius

Strand Mont Choisy, Mauritius

Eiswagen am Strand, Mauritius

Oktober 2017 – Singapur

In einem Reiseführer hatte ich gelesen, dass Singapur das Land des „stopovers" sei. Am Flughafen gibt es ein Schwimmbad und ein Gewächshaus mit Orchideen. Viele Reisende halten sich hier nur für wenige Tage oder Stunden auf, angeblich zu unrecht. Wir werden sehen. Laut Reiseführer ist der Stadtstaat Singapur eines der reichsten Länder weltweit und gilt als eine der Städte mit den höchsten Lebenshaltungskosten. Oh je, das könnte teuer werden... Auf einer vergleichsweise kleinen Fläche von rund 725 km² – das entspricht in etwa Hamburg – leben rund 5,7 Millionen Menschen. Und jedes Jahr kommen geschätzte elf Millionen Besucher dazu. Platz ist Mangelware, deshalb ist die Gewinnung von neuem Land ein wichtiges Thema. Um mehr Fläche zu schaffen, wird Erde von Bergen, dem Meeresboden oder Nachbarstaaten genommen und vor Singapur im Meer angeschüttet. Auf diese irgendwie verrückte Art und Weise konnten bereits über 140 km² Land gewonnen werden, bis 2030 sollen es weitere 100 km² werden. In Singapur ist es das ganze Jahr warm mit Temperaturen um die 30 Grad Celsius und es gibt im Schnitt 22 Regentage im Monat. Wir rechnen mit einem entsprechend schwülen, feuchten Klima und sind dann doch noch überrascht, wie hoch die Luftfeuchtigkeit tatsächlich ist. Zahlen werden wir mit dem Singapur Dollar, zum Zeitpunkt unseres Aufenthaltes bekommen wir für einen Euro etwa 1,5 Singapur Dollar. Und wie wir zahlen werden, es ist ein teurer, aber lohnenswerter Aufenthalt...

Unser Start war holprig. Müde, wie wir nach dem anstrengenden Flug waren, traf uns der Klimaschlag noch härter. Es herrschte die bereits vermutete unglaubliche Schwüle. Gefühlte (oder sogar tatsächliche) 80-90

Prozent Luftfeuchtigkeit. Und es war heiß. Auf Mauritius war ein wunderbar mediterranes Klima, immer ein wenig Wind und tolle frische Luft. Die suchten wir hier vergeblich. Im Nachhinein sind wir uns einig, dass das Wetter nirgendwo so anstrengend war wie in Singapur. Obwohl, der andauernde Regen in Neuseeland vielleicht... Jedenfalls wurde unsere Euphorie ein wenig ausgebremst. Getreu unserem Vorhaben stiegen wir mutig in den öffentlichen Nahverkehr ein – und verfuhren uns total. Hatten null Durchblick. Die Leute rannten alle durch die Gegend – kaum jemand war greifbar, um ihn nach dem Weg zu fragen. Wenn wir doch jemanden erwischten, wurden wir total erstaunt gefragt, warum wir kein Taxi nehmen würden. Wir fühlten uns ein wenig verloren. An der Stelle sei gesagt, dass unser nicht mal zweijähriger Sohn alles ohne Murren und gut gelaunt (besser als ich) mitmachte. Nachdem wir eine Ewigkeit in und um einen Bahnhof geirrt waren, gaben wir schließlich auf – es gibt zig Stockwerke und Ein- und Ausgänge, wir blickten bei den Straßennamen nicht durch und fanden einfach nicht den Weg. Wir versuchten, uns ein Stück zu Fuß durchzuschlagen, denn das Hotel musste ganz in der Nähe sein. Dummerweise gab es aber keinen Fußweg, sondern nur Schnellstraßen mit zig Spuren und Baustellen über Baustellen, die alles noch weiter erschwerten. Ich erinnere mich genau daran, wie wir an einer Kreuzung standen: Alles blinkte und blitzte, Levi war total geflasht und wir ebenso. Wir hatten vier Wochen Ruhe und Entspannung hinter uns und hier wirkte plötzlich so viel auf uns ein. Nach einigen Versuchen, dem Hotel zu Fuß näher zu kommen, gaben wir klatschnass geschwitzt auf und winkten ein Taxi heran. Ja, hätten wir auch vorher machen können. Im Taxi war es eiskalt. Nicht bloß etwas kälter – der Temperaturunterschied betrug bestimmt 15, vielleicht 20 Grad. Kein Wunder, dass der Taxifahrer einen dicken Pullover trug. Noch bevor ich unsere Jacken, Tücher oder Sonstiges hervor gekramt hatte, waren wir da. Es waren tatsächlich nur noch wenige hundert Meter gewesen, zu Fuß hätten wir diesen Weg aber definitiv nicht nehmen können. Wir hatten Glück und unser Zimmer war schnell fertig. Der Flug und das Klima taten ihr Übriges – wir schliefen erst einmal ein paar Stunden tief und fest. Das Hotel war sehr groß und sehr sauber. Wie alles in Singapur. Alles sieht neu aus (ist es vermutlich auch) und überall wird noch gebaut. In den nächsten Tagen haben wir oft festgestellt, dass es insgesamt künstlich wirkt und irgendwie nicht von Dauer. Als würden Gebäude und Straßen permanent überarbeitet oder neu gebaut. Es war schön nach den drei Unterkünften auf Mauritius in einem Hotel zu wohnen, das ist schon komfortabler. Am ersten Abend gingen wir wieder – in Singapur das letzte Mal – zu Fuß los, um in einer nahegelegenen Mall zu Abend zu essen. Anschließend verbrachten wir eine schöne Zeit am Hotelpool. Es war stockdunkel, aber zum Glück gab es hier keine Moskitos. Die Zeitverschiebung war überschaubar, sodass wir später gut in den Schlaf fanden und am nächsten Morgen erholt wach wurden. Levi freute sich ganz besonders über die Riesenbaustelle auf die wir aus unserem Zimmer einen super Blick hatten. Gebaut wurde rund um die Uhr, im Dunkeln mit Flutlicht. Dennoch drang kein Geräusch ins Zimmer, super isoliert.

War das schön, am ersten Morgen in Singapur zum Frühstücksbuffet zu gehen. Es gab alles Mögliche und noch viel mehr und sogar eine Spielecke für Levi, sodass wir ganz in Ruhe ausgiebig frühstücken konnten. Singapur betreffend hatten wir uns auf Mauritius eingelesen und einige Ziele geplant. Los ging es mit einer Tour mit dem Hop-on Hop-off-Bus. Das wurde schnell zur Tradition. Levi fährt total gerne Bus, man lernt die Stadt auf eine gemütliche Art kennen und kann aussteigen, wo man möchte. In Singapur entschieden wir uns allerdings dafür im klimatisierten Teil des Busses zu bleiben – es war einfach zu heiß. Aus der Taxifahrt vom Vortag hatten wir gelernt, sodass wir alle immer warme Kleidung dabei hatten. Auf ziemlich vielen Fotos aus Singapur tragen wir also Jacken – das sind Bilder aus Innenräumen. Auf den übrigen sind wir klatschnass geschwitzt. Wir hielten am botanischen Garten und gingen eine kleine Runde, brachen aber ab – ihr ratet es: zu warm. Dabei sind wir nun wirklich nicht empfindlich. Nach einiger Zeit waren wir auch etwas besser akklimatisiert. Auch in Singapur wurde es gegen 18 Uhr stockdunkel – allerdings ging es hier dann erst los. Machte auch Sinn, denn ohne die Sonne war es etwas angenehmer. Wir schliefen also aus, Levi machte einen späten Mittagsschlaf und dann waren wir abends lange unterwegs.

In den folgenden Tagen besuchten wir die Formel 1-Strecke (nur ein Blick aus der Ferne), fuhren mit einem Riesenrad, waren in einem ganz tollen Indoorspielplatz direkt neben unserem Hotel, damit Levi sich mal bei angenehmen Temperaturen bewegen konnte, und schlenderten abends im Dunkeln viel im Zentrum umher.

Eines Abends sahen wir eine tolle Licht- und Wassershow, die vor einem der zahlreichen Luxushotels, dem Marina Bay Sands, veranstaltet wurde. Das war ein schöner Moment. Bei angenehmen Temperaturen saßen wir gemütlich auf einer großen Steintreppe und hatten einen tollen Blick - und das sogar kostenlos.

Da wir keine Kochmöglichkeit hatten, aßen wir – vom Frühstück abgesehen – auswärts und staunten nicht schlecht über die heftigen Preise.

Singapur war echt nicht günstig. Weder das Essengehen noch die Eintrittsgelder für die Attraktionen. Alles war teurer als in Deutschland. Günstig dagegen war das Taxifahren – im Vergleich dazu lohnte sich die Nutzung des öffentlichen Nahverkehrs finanziell kaum und dauerte viel, viel länger. Die Erfahrung mussten wir aber erst einmal machen. Wir starteten mit dem Bus in den Zoo. Die Strecke zog sich unglaublich. Es war viel Verkehr, wir mussten diverse Male umsteigen, hierfür quer durch die riesigen Busbahnhöfe laufen und unseren Anschlussbus suchen. Der Zoo liegt ein Stück außerhalb und das erste Mal entdeckten wir auf dem Weg dahin nicht ganz so makellos saubere Ecken. Im Zoo selbst sah es dann wieder aus wie geleckt. Der Zoo an sich gefiel uns gut. Durch die vielen Glasfronten kamen wir sehr nah an die Tiere heran. Ansonsten erinnere ich mich hauptsächlich daran, dass es ständig bergauf und bergab ging, wir den Kinderwagen schoben und – ja, richtig – schwitzten ohne Ende. Mittags aßen wir in einem klimatisierten Zoorestaurant – war das erholsam! Levi ließ den Mittagsschlaf ausfallen und schlief dafür beim Abendessen vor dem Zooeingang ein. Sein Kopf fiel einfach auf den Tisch. Schlafend verfrachteten wir ihn dann ins Taxi – jawohl, Taxi statt Bus auf dem Rückweg – und anschließend ins Bett. Der Ausflug war anstrengend gewesen, wir waren auch total erledigt. Überhaupt schaffte uns Singapur ziemlich. Wir hatten aber auch – entgegen unserer Vorsätze – ein recht straffes Programm, denn es gab schon viel zu sehen und zu erleben. Alles würden wir nicht schaffen, begriffen wir sehr schnell, und strichen zum Beispiel eine Hafenrundfahrt von unserer To do-Liste. Über die Menschen in Singapur kann ich kaum etwas sagen. Eilig hatten sie es, wie in fast jeder Großstadt, die wir erlebt haben. Es waren unheimlich viele Touristen unterwegs oder Leute mit Zweitwohnsitz in Singapur.

Am letzten Tag vor der Weiterreise besuchten wir Sentosa Island, diesmal mit dem Taxi. Sentosa Island ist eine künstlich angelegte Insel vor Singapur. Ausgelagerter Spaß und Belustigung sozusagen. Kein Platz mehr auf dem Festland, also schnell was angeschüttet. Über eine Brücke fährt man direkt in ein riesengroßes Parkhaus. Aus der Erde hervorgekommen, geht es los. Aber wie! Hier gibt es nichts, das es nicht gibt. Restaurants, Geschäfte, Kinos, Hotels. Frisöre und Kosmetikstudios, Bowlingbahnen, Indoor- und Outdoor-Spielplätze, Wasserparks und sonstige Vergnügungsstätten. Eine einzige Vergnügungsinsel. Auch hier alles neu, alles sauber, alles irgendwie unecht. Wir waren wie erschlagen. Entschieden uns dann für einen Wasserpark als Einstieg. Der Eintritt war ziemlich heftig, lohnte sich aber. Tolle Rutschen und Becken für jedes Alter. Als Levi müde war, bummelten wir weiter über Sentosa Island bis zum Strand. Hier gefiel es uns noch besser, ein leichter Wind kam auf und wir verbrachten ein paar schöne Stunden am Strand mit Wasserrutschen und netten Cafés. Levi war total begeistert von einem großen Piratenschiff mit jede Menge Rutschen und anderer Action, Eintritt frei. Hätten wir uns den Wasserpark sparen können. Zum Abschluss liefen wir über eine Hängebrücke zum ausgewiesenen südlichsten Punkt des asiatischen Festlands.

Abends gingen wir nochmal in ein Restaurant am Clarke Quay - eine Gegend mit sehr vielen netten Läden, Restaurants und Cafés – in dem es uns bereits sehr gut geschmeckt hatte. Teuer war es, aber dass man in Singapur mit der Absicht, sparsam zu sein, nicht weit kommen würde, hatten wir schon festgestellt. So sparsam wir auf Mauritius lebten, so viel mehr hauten wir in wenigen Tagen Singapur auf den Kopf. Somit war es ganz gut, dass es weiterging. Und zwar mit dem Flugzeug nach Bangkok. Fazit Singapur? Toll. Unwirklich. Überwältigend. Super für ein paar Tage, aber dann reicht es auch. Für einen erneuten Zwischenstopp sehr gerne, aber kein alleiniges Urlaubsziel für uns. Heute kann ich mich kaum daran erinnern, in welcher Stimmung wir zu dem Zeitpunkt waren. Ich glaube, in Singapur waren wir einfach so überwältigt, hatten so viel gesehen und zu verarbeiten, dass keine Zeit für Stimmung blieb. Wir planten auch nichts weiter, sondern waren voll und ganz mit Singapur beschäftigt. Mit dem Taxi ging es dann wieder zum Flughafen, diesmal nur eine Kurzstrecke um die Mittagszeit. Und auf geht's, Thailand, wir kommen!

Singapore Zoo

Singapur bei Nacht vor dem Marina Bay Sands Hotel

Oktober bis Dezember 2017 – Thailand

Bangkok

Zufällig habe ich kürzlich beim „Rumzappen" Teile einer Reportage über Bangkok gesehen. Mein erster Gedanke: Nee, da musst du nicht unbedingt noch mal hin. Oder zumindest nicht unter den Umständen, die wir dort erleben würden...

Bangkok, mit seinen über acht Millionen Einwohnern im Zentrum und rund 14,5 Millionen Einwohnern in der Metropolregion eine der größten Städte unserer Reise, ist bekanntlich die Hauptstadt Thailands und dessen Dreh- und Angelpunkt. Im gesamten Königreich Thailand mit rund 70 Millionen Einwohnern beträgt die Bevölkerungsdichte gerade einmal 135 Menschen pro km². In Deutschland sind es 233 Einwohner pro km², in Bangkok sage und schreibe 5.270 Menschen pro km². Wir reisten eher zufällig hin, aufgrund der Flugverbindung. Und das machen mehr als 20 Millionen Menschen jedes Jahr auch. Es könnte also voll werden. Noch ahnten wir nicht, wie voll... Auf unserem Plan stand die Besichtigung einiger der über 400 Tempelanlagen. Unsere Reise fiel kalendarisch in die Regenzeit, die von Mai bis Oktober dauert. Warm sein sollte es dennoch: Im Jahresmittel beträgt die Temperatur mehr als 32 Grad Celsius, sie variiert von Dezember mit etwas über 31 Grad bis zum wärmsten Monat, dem April, mit durchschnittlich 34,9 Grad. Frieren würden wir vermutlich nicht. Überall wurden die Umweltprobleme erwähnt, mit denen Bangkok zu kämpfen hat. Hauptgrund sind die Abgase des wirklich sehr, sehr hohen Verkehrsaufkommens. Viele Menschen trugen Atemschutzmasken – und das vor Corona... Das, was ich vorab gelesen hatte, reizte mich bis auf die Tempel zugegebenermaßen eher wenig. Mal sehen, vielleicht würde ich ja positiv überrascht. In Reiseberichten hatten wir gelesen, das Leben in Bangkok solle recht günstig sein. Das würde uns guttun nach dem Aufenthalt in Singapur. Zahlen wollten wir mit thailändischen Baht, ein Euro entspricht etwa 35 Baht. Ich erinnere mich, dass wir häufig Getränke für 20 oder 30 Baht kauften, beispielsweise einen Kaffee am Straßenrand oder eine Trinkkokosnuss. Das war also wirklich günstig.

Aber erst mal ankommen. Der Flug ging pünktlich und lief gut. Anschließend standen wir in etwa so lange auf dem Rollfeld, wie der Flug dauerte. Der internationale Flughafen Bangkoks ist riesig und es war unheimlich viel los. Minütlich sahen wir Flugzeuge landen und starten. Levi war eingeschlafen, somit war alles ganz entspannt. Der Weg vom Flugzeug zum Gepäckband und zur Taxistation (ja, wir sind lernfähig und unternahmen zu diesem Zeitpunkt keinen Versuch, mit Sack und Pack den öffentlichen Nahverkehr zu nutzen) dauerte ewig. Ein richtiger Fußmarsch. Wir stiegen in ein offizielles, registriertes Taxi und achteten darauf, dass der Fahrer die Uhr einschaltete. Das ist in Thailand echt empfehlenswert, denn ein angebotener Festpreis ist in der Regel höher. Wir fuhren los – und standen im Stau. Die Fahrt dauerte ewig. Nichts ging mehr. Rushhour in Bangkok, später Nachmittag. Wo sich Roller, Tuk Tuks und andere Verkehrsteilnehmer durch Lücken manövrieren konnten, steckte unser Taxi fest. Wer es nicht kennt: Ein Tuk Tuk ist ein kleines, dreirädriges Motorrad mit Ursprung im Japan der 50er-Jahre. Heute sehen sie in Thailand aus wie motorisierte Rikschas, sind laut und stinken. Aber sie brachten uns immer zuverlässig und schnell ans Ziel.

Nach einer gefühlten Ewigkeit kamen wir an unserem Hotel an und waren positiv überrascht – Taxifahren war sehr günstig. Ich kann mich nicht an den genauen Preis erinnern, aber für über eine Stunde Taxifahren war es definitiv nicht viel. Mit unserer Unterkunft waren wir insgesamt zufrieden. Wahrscheinlich wäre eine Lage näher am Wasser, am Ufer des Chao Phraya, schöner und praktischer gewesen. Dieser große Fluss ist aus Bangkok kaum wegzudenken. Es herrscht sehr viel Schiff- und Bootsverkehr und viele der Top Sehenswürdigkeiten liegen in Ufernähe, sodass sie wunderbar mit dem Boot zu erreichen sind. Wir wohnten im Urbana Sathorn und hatten so einen etwa 30 minütigen Fußweg bis zum Fluss. Allerdings gewöhnten wir es uns sowieso schnell an, vor dem Hotel in ein Taxi oder Tuk Tuk zu steigen. Bangkok, zumindest unsere Gegend, ist keine Fußgängerstadt und schon gar nicht mit Kinderwagen. Schade, erster Minuspunkt. Aber das war nicht anders zu erwarten. Das Hotel an sich war jedenfalls völlig in Ordnung, das Zimmer geräumig, alles sauber, das Frühstück gut und der Pool richtig toll – den haben wir sehr viel genutzt. Das Personal war freundlich, hatte allerdings wenige Infos zu Sehenswürdigkeiten oder Ausflugtipps. Machte nichts, die holten wir uns auf der Dachterrasse des Sofitels.

Am ersten Abend standen wir am bodentiefen Fenster unseres Zimmers und schauten hinaus in die Dunkelheit auf unzählige Lichter – Stau. Wir blickten auf eine achtspurige Straße. Und es bewegte sich nichts. Nach einem kurzen Spaziergang erreichten wir eine kleine Mall, in der wir etwas aßen. Auf dem Weg dahin begegneten uns einige der vielen Polizisten oder Security-Männer. Die sieht man in Bangkok vor jedem Hotel. Etwas einschüchternd mit ihren Uniformen, fingen sie alle sofort an zu strahlen, sobald sie Levi sahen. Die Thais, die wir erlebt haben, waren unheimlich kinderfreundlich. Und dann so ein süßer, kleiner, blonder Junge. Levi hatte zum Glück keine Berührungsängste und lächelte immer freundlich zurück. Berührung übrigens im wahrsten Sinne des Wortes: Sehr oft wurde Levi angefasst. Für uns war das total in Ordnung, weil es für Levi in Ordnung war.

Obwohl wir acht lange Tage in Bangkok waren, gibt es gar nicht so sehr viele Fotos aus der Zeit. Woran das liegt? Ich weiß es nicht genau. Gesehen haben wir jede Menge. Allerdings war oft keine Zeit für Fotos, da fast immer Gedränge herrschte, es gab einige Stellen, an denen das Fotografieren verboten war und vermutlich haben wir häufig gezögert unser Handy auszupacken, damit es nicht abhandenkam. Ebenso gingen wir kaum zu Fuß – Fotos aus einem Taxi oder Tuk Tuk sind halt nicht so toll. Verglichen mit Singapur ist wohl jede Stadt dreckig. Bangkok kam uns daher noch extremer vor: Müll, überall Müll. Die Bürgersteige und Straßen waren oft in schlechtem Zustand. Und es stank.

Am nächsten Tag, unserem ersten kompletten Tag in Bangkok, wundern wir uns zunächst über die Ruhe. Dann stellen wir fest, dass die Geschäfte an unserem Hotel geschlossen sind. Es ist eine seltsame Ruhe auf die von zahlreichen Riesenpostern der verstorbene König blickt. König Bhumibol Adulyadej starb am 13. Oktober 2016, also vor einem Jahr, im Alter von 88 Jahren. Die Bevölkerung trägt schwarz, sämtliche Fahnen hängen auf Halbmast. Auf Nachfrage im Hotel erfahren wir, dass unser Aufenthalt voll in die Zeit der einwöchigen Staatstrauer anlässlich der geplanten Einäscherung am 26. Oktober 2017 fällt. Der Leichnam Bhumibols war etwa ein Jahr lang im Königspalast aufgebahrt worden. Die

Mitarbeiter im Hotel raten uns, ebenfalls schwarz zu tragen, wenn wir uns Tempeln nähern - als Zeichen des Respekts. Das machen wir natürlich auch. An diesem Tag geht fast nichts. Alles ist geschlossen, die Menschen gehen nicht arbeiten. Sie sollen den Tag mit Trauern verbringen – und das, nachdem bereits unmittelbar nach dem Tod eine 30-tägige Staatstrauer angeordnet und zelebriert worden war. Es ist kaum vorstellbar, aber ganz Bangkok steht erneut still.

Wir waren viel am Pool, spielten im Zimmer und fuhren ein wenig mit dem Skytrain herum. Hier die nächste Überraschung: Der Automat nahm an diesem besonderen Tag kein Geld. Eine Mitarbeiterin erzählte uns, dass heute alles kostenlos sei. Niemand müsse für irgendetwas bezahlen. Tatsächlich nahm auch der Taxifahrer kein Geld. Ich hoffe, er bekam den Tag irgendwie entlohnt. Oder machte er das auf eigene Kosten? Wie auch immer: Er weigerte sich, Geld anzunehmen. Von ihm ließen wir uns zum besagten Sofitel fahren, die Empfehlung hatte Marius aus einem Reiseblog. Eine gute Idee. Denn es hat geöffnet, auch das Restaurant für externe Besucher. Und das war wirklich toll: Eine Dachterrasse mit einem super Blick.

Der Blick über einen Teil von Bangkok half uns unheimlich, uns etwas besser zu orientieren als nur auf den Straßen zwischen den Hochhäusern. Die Kellner im Sofitel sprachen ein deutlich besseres Englisch als das Personal in unserem Hotel und klärten uns weiter über den Feiertag, eher die Feierwoche auf. Ebenso erhielten wir zahlreiche Ausflugstipps. Das Essen war gut und für nationale Verhältnisse teuer, vergleichbar mit dem deutschen Niveau. Aber das war es, gepaart mit der Aussicht und den Auskünften, wert. Überhaupt freute ich mich über die internationale Speisekarte.

Mag eine Sünde sein, aber ich habe sowohl in Bangkok als auch in Singapur unter anderem bekannte Fast Food Ketten besucht. Für mich war das ein Stück Heimat: Das kenne ich, das mag ich. Und gut. Mein Mann schüttelte jedes Mal den Kopf, er probierte sich lieber an den Streetfood-Angeboten durch. Das machte ich auch, aber ergänzend dazu freute ich mich einfach sehr über bekannte Gerichte. Levi aß alles. Eines Mittags hatten wir vor ihm gegessen als er schlief, und ein Nudelgericht für ihn mitgenommen. Nachdem er jede Menge davon gegessen hatte, sagte er: „Ist ein bisschen scharf." Ich probierte einen Bissen – und es war nicht ein bisschen, sondern für meinen Geschmack sehr, sehr scharf. Levi hat es unbeschadet überstanden, ich hätte keine zwei Gabeln essen können. Ganz toll war das Angebot an frischem Obst. Überall gab es Stände, an denen man für sehr wenig Geld sehr, sehr leckeres Obst erhielt. Und natürlich Kokosnüsse, die durften nicht fehlen. Großen Hunger hatte ich mittags meistens nicht, es war heiß, es war dreckig und stank. Da hatte ich wenig Lust, ein am Straßenrand zubereitetes, warmes Gericht zu essen. Machte nichts, das Frühstück war reichlich und über den Tag verteilt holen wir hier und da kleine Portionen für unterwegs. Wir fanden in der Gegend unseres Hotels wenige bis keine schönen Restaurants außerhalb von großen Hotels. Die Einheimischen scheinen eine ganz andere Esskultur zu haben: Sie essen, um den Hunger zu stillen. Und das machten sie überall mal zwischendurch. Gemütlich sitzend sahen wir sie sehr selten essen. Neben Streetfood-Ständen gab es in den zahlreichen Malls mehr oder weniger einladende Angebote, beispielsweise Garküchen. Auch hier war nichts mit gemütlich sitzen. Cafés haben wir in der Gegend unseres Hotels überhaupt nicht gesehen, abgesehen von großen Ketten in den ganz großen Malls. Wir wurden immerhin satt und waren ja nicht primär zum Essen hier. Die wirklich tolle thailändische Küche lernten wir später auf unseren anderen Stationen kennen.

Wir fanden Bangkok ziemlich schnell ziemlich anstrengend – die Hitze, der Lärm, der Dreck. Verglichen mit Singapur war die Infrastruktur deutlich schlechter. Die Bürgersteige waren oft in einem Zustand, der die Benutzung mit Kinderwagen unmöglich machte. Nach ein oder zwei Fahrten mit dem Skytrain ließen wir es - den Kinderwagen jedes Mal zig Stockwerke hochzutragen, da kein funktionierender Aufzug vorhanden war, machte bei 35 Grad keinen Spaß. Schnell beschlossen wir, uns nur halbe Tage in der Stadt zuzumuten, wir hatten ja acht Tage Zeit. Die andere Hälfte verbrachten wir am tollen Pool und im Hotelzimmer. Levi schlief mittags lang, auch ihn schaffte Bangkok. Wir hatten also Zeit, in der Mittagspause weiter zu planen, machten uns mehr und mehr mit Thailand vertraut und buchten weitere Unterkünfte. Acht Tage Bangkok waren lang. Aber da wir sie halbierten, war es in Ordnung. An einem Vormittag gingen wir mit Levi zum Frisör: Der erste Haarschnitt auf der Weltreise. Der Frisör machte das großartig, kinderfreundlich halt – und sehr günstig.

Wirklich sehr gut gefallen haben uns die Tempel. Im Nachhinein weiß ich nicht mehr, welche wir alle angesehen haben. Erinnern kann ich mich zum Beispiel noch an den liegenden Buddha, Wat Pho. Wir lachten sehr, als wir Levis Missverständnis in Sachen Buddha/Butter aufklärten. Die Tempel, in denen sich die großen Statuen befinden, sind alle mitten in der Stadt, im Getümmel. Wir fuhren Boot, das gefiel uns gut. Es war etwas ruhiger und etwas mehr Platz. Auch die Tuk Tuks entdeckten wir für uns, sie kamen deutlich schneller als die Taxen ans Ziel, waren günstiger und ohne Gepäck recht komfortabel. Trotz Trauerwoche waren die Tempel geöffnet. Lediglich der Königspalast war nicht zugänglich oder nur für Einheimische, da bin ich nicht sicher. Während einer Bootsfahrt erzählte uns eine seit Jahrzehnten in Deutschland lebende Thai, sie sei extra wegen der Feierlichkeiten nach Bangkok gereist – laut ihrer Aussage ebenso wie Millionen (!!!) anderer Thais. Kein Wunder, dass es voll war. Die Tempel durfte man alle nur mit langen Sachen betreten, zusätzlich trugen wir schwarz. Levi musste das nicht, bei Kindern sei das kein Problem. Gut so, er hatte auch nichts Schwarzes dabei. Marius und ich hatten jeder genau ein schwarzes Oberteil, also wuschen wir sie jeden Abend mit der Hand durch. Ein Tempel am Fluss gefiel mir sehr gut, er war etwas ruhiger gelegen und ziemlich weitläufig. Wat Arun heißt er, Tempel der Morgenröte.

Die Gegend auf der anderen Seite des Flusses sah schön aus, vielleicht wären wir besser da drüben abgestiegen. Aber es war auch so in Ordnung. Allerdings war ich in Bangkok hauptsächlich auf der Suche nach Ruhe und Platz. Auch hier wird es am frühen Abend dunkel, ähnlich wie in Singapur tut das dem Leben aber keinen Abbruch, es geht eher erst richtig los. Wir waren lange unterwegs. Der Rhythmus, den wir schon aus Singapur kannten und lebten, bewährte sich. Ein schöner Tempel, um ihn im Dunkeln zu besichtigen, ist der Wat Traimit, Tempel des goldenen Buddhas. Eine fünf Meter hohe goldfarbene Buddhastatue steht im Zentrum des Tempels und wird im Dunkeln wunderschön angestrahlt. Die Tempelanlagen haben allesamt sehr großzügige Öffnungszeiten, sodass es kein Problem war sie bei Dunkelheit zu betreten. Im Nachhinein bereue ich ein wenig, mich nicht intensiver auf Bangkok, insbesondere die Kultur und Geschichte, vorbereitet oder keine geführte Tour mitgemacht zu haben. Bestimmt beim nächsten Mal. Beeindruckend waren die Tempel trotzdem.

Nach einigen Tagen hatten wir dennoch genug von Tempeln, die zugleich immer Händler mit sich brachten. Sie wollten einem alles verkaufen: Lebensmittel, Taxi- oder Tuk Tuk-Fahrten, maßgeschneiderte Kleidung, Sightseeingtouren und und und... Schnell verstanden wir, dass viel mit Provision gearbeitet wird – die Tuk Tuk Fahrer setzten die Touristen an bestimmten Orten ab und kassierten eine Provision der dortigen Händler. Es lohnte also sich gut zu überlegen wohin man möchte - und das klar zu äußern. Unser Vorhaben, immer auf ein Einschalten der Taxiuhr zu bestehen, mussten wir eines Abends über Bord werfen, als der Fahrer sich schlicht weigerte. Alternativlos fuhren wir also so mit und zahlten etwas mehr, allerdings weniger als befürchtet. Bei aller Beharrlichkeit waren die Händler allesamt freundlich und akzeptierten eine Absage.

An einem der letzten Tage fuhren wir in eine der riesigen Malls und gingen ins Sealife. Sehr schön, Levi hatte viel Spaß. Es war allerdings mit umgerechnet über 40 Euro Eintritt ziemlich teuer, kein Vergleich zu den anderen thailändischen Preisen. Übrigens fiel uns das nicht nur hier auf: Ausländer zahlen deutlich mehr als Einheimische – im Falle des Sealife Eintritts fast das Dreifache. Das würde beispielsweise auf Kuba ebenfalls sehr oft der Fall sein. Später erfahren wir, dass Bangkok innerhalb Thailands sehr günstig ist – insbesondere in Sachen Taxi, Eintrittsgelder und Essen. In den nicht so dicht besiedelten Gebieten und besonders auf den Inseln war es etwas teurer, aber immer noch extrem preiswert. An unserem letzten Tag in Bangkok war der Königspalast wieder geöffnet. Wir überlegten hin und her – und entschieden uns dann doch dafür, ihn zu besichtigen. Wir fuhren wieder mit dem Boot. Das ist ein tolles Verkehrsmittel, da schnell, sauber und nicht so voll. Eine Unterkunft nahe am Fluss war also unbedingt empfehlenswert. Am Palast angekommen, erwartete uns eine lange Schlange. Einer der Security-Männer verlangte unsere Pässe – die waren aber im Hotel, gut und sicher aufbewahrt im Safe. Zum Glück hatten wir sie abfotografiert auf dem Handy. Das reichte aus und wir durften den Palast betreten. Das Gelände ist sehr, sehr weitläufig und es war erwartungsgemäß sehr voll. Wir wollten ohnehin nur kurz schauen, mieden die größten Menschenmengen und ließen uns treiben. Zu einer bestimmten Uhrzeit findet immer eine kleine Parade statt, von der wir allerdings mehr etwas hörten als sahen. Trotzdem hat es sich gelohnt.

Auf der Rückfahrt mit dem Boot sahen wir am Flussufer zahlreiche Warane. Obwohl sie für Menschen nicht gefährlich sind, war ich froh, ihnen nicht zu nahe kommen zu müssen. Reptilien sind nicht meins und diese hier waren ziemlich groß. Sicherlich an die zwei Meter lang.

Am letzten Abend saßen wir noch einmal gemütlich auf der Dachterrasse des Sofitel und ließen unseren Aufenthalt in Bangkok Revue passieren. Es ist schwer zu sagen, inwieweit die Feierlichkeiten unsere Zeit dort beeinflussten. Ich glaube, sehr. Und die acht Tage, besonders mit Kleinkind, waren sehr lang. Von vielen höre ich, dass sie Bangkok als „Stopover" nutzen und nach zwei, drei Tagen wieder abreisen. Alles in allem war es eine spannende Zeit, unser Start in Thailand. Eine Situation ist mir in Erinnerung geblieben: Bei unserer zweiten Fahrt mit dem Skytrain mussten wir natürlich ganz regulär bezahlen. Wir fragten uns durch in dem riesigen Bahnhof, um das richtige Gleis zu finden. Die Fahrtkarten kauften wir an einem Automaten und mussten dann eine große Strecke im Bahnhof zurücklegen. Kurz bevor wir in den Zug einstiegen, kam eine Thailänderin laut rufend hinter uns her gelaufen, völlig außer Atmen. Wir hatten vergessen, unser Wechselgeld aus dem Fahrscheinautomaten zu nehmen. Für umgerechnet etwa 50 Cent war die Frau durch den halben Bahnhof hinter uns her gelaufen – und das in einer Stadt, die so unpersönlich wirkt. Wir freuten uns riesig und waren sehr dankbar.

Am nächsten Tag ging es vormittags weiter. Wir fuhren mit dem Zug nach Ayutthaya. Mit dem Tuk Tuk waren wir zuvor schon mal am Bahnhof vorbeigefahren und ließen uns am nächsten Tag dort absetzen. Wir hatten genug Zeit eingeplant, um noch die Tickets zu kaufen. Wir erstanden Dritte-Klasse-Tickets für umgerechnet weniger als zwei Euro – für uns drei inklusive Gepäck für eine dreistündige Zugfahrt. Wir waren gespannt, was uns erwartete... Mit Bangkok bin ich persönlich nicht so richtig warm geworden. Die Staatstrauer hat unseren Aufenthalt massiv beeinflusst. Auf der einen Seite war es toll solch eine Feierlichkeit miterleben zu können, auf der anderen Seite war es einfach extrem voll. Die nicht optimale Lage unserer Unterkunft kam dazu. So empfanden wir Bangkok anstrengender als es vermutlich ist. Dennoch: Wir hatten ein paar gute Tage und waren gut in Thailand angekommen. Jetzt ging es weiter. Auf nach Ayutthaya.

Blick von der Dachterrasse des Sofitels, Bangkok

Links: Warten auf das Boot, Ufer des „Chao Phraya" Bangkok,
Rechts: Goldener Buddha „Wat Traimit", Bangkok

Ayutthaya

Alles war pünktlich. Wir fanden uns gut zurecht und stiegen in den Zug, der schon am Gleis stand. Das Abteil sah aus wie das einer älteren deutschen S-Bahn. Völlig ausreichend. Der Zug war gut gefüllt, alle waren sehr freundlich und spaßten mit Levi. Aus dem Fenster blickend, sahen wir viel Landschaft, sehr viel überflutete Landschaft. Die Regenzeit hatte kurz vor unserem Eintreffen ihrem Namen alle Ehre gemacht. Aus Bangkok kann ich mich nur an ein oder zwei kurze Schauern erinnern. Während der Fahrt gingen viele Thais mit einem kleinen Bauchladen durch den Zug – Streetfood im Zug. Es schmeckte gut. Levi schlief schließlich ein, es war seine Mittagsschlafzeit. Der Zug war nicht klimatisiert, bei geöffnetem Fenster war es aber gut auszuhalten.

Dann kommen wir in Ayutthaya an. Die Idee, dorthin zu reisen, stammte von mir. Ayutthaya ist der alte Sitz des Königspalasts, liegt etwa 80 Kilometer nördlich von Bangkok und laut Reiseführer gibt es hier viel Kultur zu erleben. In Ayutthaya leben nur etwas über 50.000 Menschen – kein Vergleich also zu Bangkok. Das Nationalmuseum soll sehr empfehlenswert sein, doch wir schafften leider nicht, es zu besuchen. Machte nichts: Der Geschichtspark bot viel Sehenswertes, sodass sich unser Aufenthalt in jedem Fall lohnen würde.

Der Bahnhof ist klein und gemütlich mit nur wenigen Gleisen. Neben dem Bahnverkehr spielt auch hier der Fluss aus Bangkok, der Chao Phraya, eine wichtige Rolle in der Infrastruktur.

Wir steigen aus dem Zug und freuen uns sehr, frische Luft anstelle von Großstadtmief einzuatmen. Alles ist viel, viel ruhiger, genau richtig in diesem Moment. Mit einem Tuk Tuk lassen wir uns vom Bahnhof zu unserer Unterkunft im Zentrum bringen. Wir hatten ein einfaches Hostel gebucht. Das Zimmer war in Ordnung – nicht zu vergleichen mit dem tollen Standard unseres Hotels in Bangkok, aber viel günstiger. Apropos Geld: Auch Bangkok hat wieder ordentlich zugeschlagen, die Reisekasse betreffend. Auch viele kleine Beträge läpperten sich – richtig ins Geld gingen aber unsere Mahlzeiten im Sofitel und der Sealife-Besuch. Also war jetzt ein wenig Sparen angesagt. Ganz klar: Grundsätzlich gaben wir in den Großstädten auf unserer Reise mehr Geld aus. Die Unterkünfte waren teurer und du unternimmst einfach mehr das Geld kostet. Die Stadthotels hatten außerdem in der Regel keine Zimmer mit Möglichkeiten selbst zu kochen. Aber noch war finanziell alles im grünen Bereich. Die Unterkunft in Ayutthaya hatte sogar einen kleinen Pool der allerdings ziemlich schmuddelig war. Egal: Wir waren ohnehin nur drei Tage da – und die nicht zum Schwimmen.

Als wir am frühen Abend des ersten Tags unsere Unterkunft verließen und ein wenig durch die Gegend schlenderten, wurde es schon dunkel. Die Reste des oder der Paläste und der Statuen waren schön angeleuchtet. Der Geschichtspark Ayutthaya ist sehr weitläufig. Überall gibt es Reste von Palästen, buddhistischen Tempeln und Statuen zu sehen (mehr oder weniger gut erhalten). Im Jahre 1350 gegründet, war Ayutthaya mit rund 400 Tempeln lange Zeit eine bedeutende Stadt. Heute ist es eine der wichtigsten historischen Stätten Thailands. Es wirkte ein bisschen so, wie ich mir eine halb ausgegrabene, historische Stadt vorstelle. Voller Ehrfurcht achten wir zunächst darauf, dass Levi keine Steine anfasst. Und wir gucken penibel, wohin wir treten. Das wird hier aber wohl nicht so eng gesehen.

In den nächsten Tagen beobachteten wir viele Besucher – auch Einheimische - die einfach quer über die alten Bauten liefen. Und einmal sahen wir einen Golfspieler, der seinen Abschlag von einem Stein eines historischen Tempels übte. Es wirkte fast ein wenig zu nachlässig für mich wie hier mit diesem kulturellen Wert umgegangen wurde. Es gab kaum Personal und niemand schützte die Anlage besonders.

Wir überlegten eine Bootsfahrt auf dem nahegelegenen Fluss zu unternehmen. Die dauert allerdings mehrere Stunden und das wäre in einem der kleinen Boote (ohne die Möglichkeit, aufzustehen) zu lang für Levi. Beim nächsten Aufenthalt mit älteren Kindern würde ich das definitiv nachholen. Auf den Fotos aus Ayutthaya sehe ich viele, viele rote Steine und Gebäudereste. Besonders im Sonnenuntergang sieht es wunderschön aus. Die Anlagen sind allesamt sehr weitläufig und nicht stark frequentiert, Levi konnte sich endlich noch mal frei bewegen. Ein Highlight war der „Wat Mahathat", ein Buddha im Baum - ein uralter Baum mit dem Gesicht eines Buddhas, der uns aus dem Baum hinaus entgegenblickte. Diese Sehenswürdigkeit ist durch einen Zufall entstanden, denn vor etwa 60 Jahren drückten die Wurzeln des Baums den Kopf der Statue zurück an die Oberfläche. Zuvor war er wie der Rest der Statue völlig vom Wurzelwerk umschlossen und verschwunden. Dieser Buddha soll zu den am meisten fotografierten Sehenswürdigkeiten Thailands zählen. Auch wir knipsten direkt drauf los.

Am nächsten Tag gingen wir in der Parallelstraße zum Hotel frühstücken – ein leckeres und reichhaltiges internationales Frühstück. Nebenan entdeckten wir einen Fahrradverleih. Da sie sogar einen Kindersitz und einen Helm für Levi hatten, war es beschlossen: wir erkundeten Ayutthaya in den nächsten beiden Tagen mit dem Fahrrad. Es war toll! Wir ließen uns einfach treiben, hatten viel Spaß und viel Bewegung an der angenehm frischen Luft. Auch hier ernährten wir uns größtenteils von Streetfood: Mein Mann entdeckte Padthai für sich, ein Gericht auf Nudelbasis mit Meeresfrüchten und Gemüse, immer mal anders zubereitet, anders gewürzt. Er schwärmt heute noch vom besten und günstigsten Padthai in Ayutthaya. Übrigens war hier abends nichts los. Kurz nach Einbruch der Dunkelheit gab es auch nichts mehr zu essen. Am ersten Abend erwischten wir die letzte Pizza im gerade schließenden Laden, für die folgenden Tage wussten wir dann besser Bescheid. Wir brachen also früh auf, genossen den Tag und waren früh und müde wieder im Hostel. Eines Abends gab es auf dem Platz ein paar Meter neben unserer Unterkunft eine Art „Aerobic-Kurs" im Freien. Levi war begeistert, er hat gelacht und getanzt. Das wiederum begeisterte alle anderen, wir hatten richtig Spaß. Auch in Ayutthaya besichtigten wir einen liegenden Buddha, den „Wat Lokayasutharam". Während die vergoldeten Statuen in Bangkok alle sehr gepflegt waren und neu aussahen und es überall glitzerte und blinkte, war diese hier aus Stein und Mörtel hergestellt. Sie war etliche hundert Jahre alt und zurückhaltend renoviert beziehungsweise restauriert, im Sinne des ursprünglichen Zustands. Das gefiel mir sehr gut.

Die Tage in Ayutthaya haben uns gut getan und eine ganz andere Seite von Thailand gezeigt. Knapp drei Stunden Zugfahrt – und es wirkte wie eine andere, irgendwie magische Welt. Unser Aufenthalt war zu kurz, um alles sehen und erleben zu können. Aber es hat sich definitiv gelohnt.

Am nächsten Tag ging es wieder zurück nach Bangkok, wieder mit dem Zug. Aber wir stiegen etwas früher aus – am nationalen Flughafen, um nach Chiang Mai zu fliegen. Innerhalb Thailands flogen wir mehrmals mit den nationalen Billigfliegern und waren zufrieden. Das Preis-Leistungsverhältnis stimmte in jedem Fall und für kurze Strecken war es ausreichend komfortabel. Von Ayutthaya oder Bangkok konntest du auch mit dem Nachtbus nach Chiang Mai fahren. Das war noch günstiger als die Flüge, dauerte allerdings tatsächlich die ganze Nacht – was uns mit Kleinkind zu anstrengend war. Erfreulicherweise was auch dieser Flug wieder pünktlich. Wir standen allerdings wieder einige Zeit auf dem Rollfeld, diesmal vor dem Abflug. Der kleinere nationale Flughafen war ebenfalls sehr hoch frequentiert. Dann ging es los in den Norden, nach Chiang Mai.

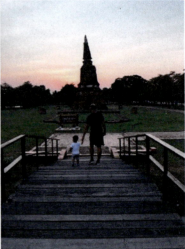

Links: Tuk Tuk, Rechts: alte Tempelanlage im Geschichtspark, Ayutthaya

Links: Buddha im Baum „Wat Mahathat", Rechts: Liegender Buddha „Wat Lokayasutharam", Ayutthaya

Chiang Mai und Chiang Rai, Nordthailand bis zum Goldenen Dreieck

Über Chiang Mai, Chiang Rai und den Norden Thailands hatten wir vorab einiges gelesen und ich freute mich sehr auf diese Region. Da wir die Chance hatten mehrere Wochen in Thailand zu verbringen, wollten wir unbedingt auch diesen Teil des Landes kennenlernen. Viele steuern als erste Wahl den Süden an, die Inseln. Wir würden aber bald erfahren, dass Thailand so viel bietet mehr als tolle Strände. Wenn wir heute an Thailand denken erinnern wir uns hauptsächlich an den Norden und die tollen Erlebnisse dort.

Inzwischen war November und ein großer Feiertag stand bevor: Loi Krathong, ein Lichterfest, das besonders im Norden zelebriert wird. Wir waren gespannt und freuten uns zum richtigen Zeitpunkt in Chiang Mai zu sein.

Chiang Mai ist die Hauptstadt des Nordens, mit rund 135.000 Einwohnern eine thailändische Großstadt. Während unseres gut einstündigen Flugs von Bangkok bewältigten wir etwa 1.600 Höhenmeter – so hoch über dem Meeresspiegel, im Flusstal des Mae Nam Ping, liegt Chiang Mai nämlich. Laut Reiseführer gibt es rund 200 Tempel zu sehen. Wir freuten uns darauf. Noch viel mehr würde uns allerdings die Landschaft begeistern.

Gut gelandet, fuhren wir mit einem Tuk Tuk ins Zentrum zu unserem Hostel. Chiang Mai ist rechtwinklig angelegt und wird von einem Kanal umschlossen. An vielen Stellen steht noch die alte Stadtmauer. Unsere sehr günstige Unterkunft lag zentrumsnah in einer kleinen Seitenstraße.

Die Zimmer waren einfach eingerichtet und konnten die eine oder andere Renovierungsarbeit vertragen. Dennoch gab es den obligatorischen Pool, der für uns wichtiger war als ein tolles Zimmer. Im Zusammenhang mit dem Pool erinnere ich mich an eine Situation, in der wir die sonst so freundlichen Thais aufgebracht erlebten. An einem Nachmittag warf Levi aus Übermut einen Badeschuh in den Pool. Zuvor hatte er Bälle geworfen, dann eben den Schuh. Bevor ich ihn rausfischen konnte, kam eine Hotelangestellte angerannt, schimpfte mit Levi und angelte den Schuh heraus. Sie war richtig aufgebracht. Im Nachhinein meine ich sie zu verstehen: Schuhe sind in Thailand etwas Schmutziges. Beim Betreten sämtlicher Tempel beispielsweise müssen diese ausgezogen werden. Vermutlich war ein Schuh im Pool in ihren Augen schlimmer als in unseren. Levi war ziemlich erschrocken, hatte aber gelernt. Die thailändische Ansage war mit Sicherheit deutlich fruchtbarer, als es ein Nein seiner Eltern gewesen wäre.

In unserem kleinen Badezimmer war die Lampe kaputt. Wir gingen mit Handytaschenlampe duschen und zur Toilette, es fiel kaum Tageslicht hinein. Levi fand es toll, wir gaben an der Rezeption Bescheid. Es wurde allerdings bis zu unserer Abreise sieben Tage später nichts unternommen. Naja, war nicht so schlimm. Eins hat die Reise bei mir definitiv schon bewirkt: Ich bin gelassener geworden. Kein Stress, keine Hektik – der Urlaub vom Alltag macht sich bemerkbar, positiv bemerkbar. Von unserem Aufenthalt im Norden Thailands gibt es eine Menge Fotos und auf allen sehen wir braun gebrannt und entspannt aus. Das war eine sehr gute Zeit. Im Nachhinein stellten wir fest, dass uns die Reiseabschnitte mit viel Natur unheimlich gut getan haben. Die, in denen wir unser Ding machen konnten – unabhängig, weil wir zu Fuß oder mit dem Mietwagen unterwegs waren, uns ganz auf uns konzentriert haben. Der Norden Thailands war solch ein Abschnitt. Doch zunächst war noch keine Natur angesagt, Chiang Mai war natürlich deutlich kleiner als die Metropole Bangkok, aber trotzdem groß. Am ersten Abend liefen wir ein wenig umher und fanden ein Restaurant, in dem es total leckeres Padthai gibt. Hier würden wir einige Male essen. Überhaupt: Es gab Restaurants und Bars. Und zwar jede Menge, ganz anders als in Bangkok (zumindest in den Gegenden, in denen wir unterwegs waren) und in Ayutthaya. Allerdings war die Verpflegung somit auch teurer als beim Streetfood. Dennoch: Wir genossen es draußen zu sitzen, uns bedienen zu lassen und in Ruhe zu essen. Da immer viel zu gucken war, haben wir tatsächlich in Ruhe gegessen. Levi war abgelenkt und blieb gerne lange sitzen. Schon an diesem ersten Abend liefen die Vorbereitungen für Loi Krathong auf Hochtouren: Rund um den Kanal wurden Lampions an Bäumen befestigt und Teelichter aufgestellt. Es müssen zigtausende gewesen sein.

In den nächsten Tagen erkundeten wir Chiang Mai weitestgehend zu Fuß. Es gab hier unserem Empfinden nach eine deutlich höhere „Tempeldichte" als in Bangkok. Immer wieder stießen wir auf einen weiteren den wir gerne besichtigten. Ein ganz besonderer Moment war unser Ausflug zu einem Tempel auf einem Berg etwas außerhalb der Stadt, dem Wat Phra That Doi Suthep. Nach einem ziemlich beschwerlichen Aufstieg – erst Wege bergauf, dann Treppen – bot sich uns eine fantastische Aussicht über Chiang Mai und die Umgebung. Allein hierfür lohnte sich der Besuch der Tempelanlage. Unbedingt empfehlenswert!

Wir entdeckten einen Spielplatz in einem kleinen Park und Levi genoss den Kontakt mit anderen Kindern sehr. Hier kamen dann doch noch meine Französischkenntnisse zum Tragen – wir trafen französische Auswanderer, die seit mehreren Jahren in Chiang Mai leben. Das könnte ich mir hier auch fast vorstellen, jedenfalls deutlich eher als in Bangkok. Überhaupt trafen wir sehr viele Menschen aus allen möglichen Ländern, meist junge Leute. Es war viel los in Chiang Mai, auf eine sehr angenehme Art. Es war bunt und es war laut, aber nicht zu voll oder erdrückend. Für die zahlreichen Backpacker wurden ebenso zahlreiche Unternehmungen an den Tourenschaltern angeboten: Klettern, Raften und – vor allem – Elefanten sehen. Das wollten wir auch, unbedingt. Im Internet hatten wir bereits ein Elefantencamp gefunden, das artgerechten Umgang mit den Tieren verspricht. In erster Linie heißt das, dass nicht auf den Elefanten geritten wird. Wir buchten eine Halbtagestour.

Am Abend der Feierlichkeiten zu Loi Krathong, das immer auf den ersten Vollmond im November fällt, war viel los. Vermutlich kommt das Fest aus Indien und es soll als Hindufest der Göttin Ganges danken. Wir gingen früh los. Am Pool hatten wir erfahren, dass von einer Brücke am großen Fluss ein toller Blick möglich ist. Unterwegs gab es jede Menge Streetfood und andere Straßenstände. Levi hat eine komplette Mango in Windeseile aufgegessen. Auch hier war das Obst lecker und frisch. Sämtliche Lampions und die Teelichter brannten – muss das eine Arbeit gewesen sein- Wahnsinn. Die Menschen waren bunt gekleidet und noch besser gelaunt als sonst. Die Stimmung war super, die ganze Stadt schien unterwegs zu sein. Auf unserem Weg zum Fluss kamen wir an vielen Händlern vorbei, die Blumengestecke mit Wunderkerzen und Laternen verkauften. Die

Blumengestecke wurden später wie kleine Boote auf den Fluss gesetzt; Hiermit sollen sich aller Ärger, Groll und Verunreinigungen der Seele lösen. Die Laternen stiegen in den Himmel – dies eine lokale Besonderheit in Chiang Mai.

Wir nehmen beides mit, ein Blumengesteck und eine Laterne. Zunächst findet aber die Parade statt, eine Art Karnevalsumzug mit bunten Papierdrachen und jeder Menge Gesang. Nach der Parade wird es voll, alle wollen zum Fluss. Wir lassen uns treiben. Von einem kleinen Steg aus schicken wir unser leuchtendes Blumenschiff auf die Reise und wünschen uns dabei etwas ganz fest. Obwohl so viel ist war, läuft alles total entspannt und gesittet ab. Niemand ist aggressiv, alle warten geduldig, bis Platz am Wasser ist. Oder auf der Brücke – denn von da werden die Laternen in den Himmel geschickt. Unsere auch: Und wieder wünschen wir uns etwas. Das waren magische Momente der Reise, es war wunderschön. Eine tolle Mischung aus Einheimischen und Besuchern, die alle strahlten und den Lichtern hinterher schauten. Es war schon spät, dennoch waren überall kleine Kinder dabei. Levi saß die meiste Zeit auf Marius' Schultern damit er auch etwas sehen konnte. Den Kinderwagen hatten wir schon vor einigen Querstraßen stehen lassen, es wurde zu voll. Ein paar Stunden später fanden wir ihn unbeschadet genau da wieder. Irgendwann waren alle Lichter auf ihrer Reise, es wurde getanzt, gefeiert und gelacht. Auf dem Rückweg machten wir einen kleinen Abstecher über einen für Thailand typischen Nachtmarkt. Wir kauften eine Elefantenhose für Levi – eine weit geschnittene, lange, dünne Hose, schwarz, mit weißen Elefanten. Er würde sie noch oft tragen. Und sie kam mit nach Deutschland, von ihr kann ich mich bis nicht trennen.

Am nächsten Morgen schliefen wir lange und gingen dann im German Biergarten direkt an unserem Hostel frühstücken. Es war ein von einem deutschen Auswanderer betriebenes Restaurant mit sehr gutem Frühstück. Wir sind alle Brot- und Brötchenesser. Das gab es in Thailand mit Ausnahme von großen Hotels aber kaum. Höchstens labbriges Weißbrot. Hier waren wir im Paradies – richtige Brötchen und dunkles Brot. Wir kamen häufiger hin obwohl die Preise für thailändische Verhältnisse sehr hoch waren. Naja, die Backwaren sowie Wurst und Käse mussten auch erst einmal irgendwo beschafft werden. Gut gestärkt starteten wir also in unsere Tage in Chiang Mai. Schlenderten durch die Straßen und Parks, schauten uns Tempel an. Mittags schlief Levi im Kinderwagen, wir saßen vor dem Hostel und tranken Kaffee. Dann ein paar Stunden am und im Pool, abends ging es wieder los. Es waren schöne Tage. Uns ging es gut, in Deutschland war schmuddeliges Novemberwetter. Eine Freundin schickte mir ein Foto ihres Sohnes und ich überlegte besorgt, ob er krank sei. Dann fiel mir auf: Er war einfach nicht so braungebrannt wie unser kleiner Mann, sondern besaß die typische deutsche Novemberblässe. Deutschland war weit weg, sehr weit. Mit unseren Eltern und Geschwistern waren wir über eine Whats-App-Gruppe in Kontakt, schickten immer wieder Fotos. Ab und an telefonierten wir auch mit Videofunktion. Aber wir schalteten auch ab, dachten nur an uns. Das tat gut.

Dann kommt er, der Tag unseres Ausflugs in den Elephant Nature Park. Wir müssen früh raus und stellten uns einen Wecker, das erste Mal seit Wochen. Dann werden wir am Hostel abgeholt und sammeln einige weitere Passagiere ein. Das Camp liegt ein gutes Stück außerhalb. Dort angekommen, wird uns einiges über die Arbeit im Camp und die tierischen

Bewohner erzählt. Alles in einem sehr gut verständlichen Englisch. Überhaupt klappt es für uns in Chiang Mai besser mit Englisch als in Bangkok oder Ayutthaya. Jetzt geht es los – wir sehen Elefanten. Hautnah, ohne Zaun, Gitter oder Ähnliches. Freilaufende Elefanten, die sofort zu uns kommen und sich anfassen lassen. Wir sind echt beeindruckt, sie sind schon ziemlich groß. Man hatte uns gewarnt, niemals hinter den Elefanten zu stehen, da sie häufig schnelle Schritte nach hinten machen – ohne vorher zu gucken. Levi bleibt natürlich die ganze Zeit auf unserem Arm. Wir hatten mehrfach nachgefragt – es gab keine Altersbegrenzung für den Besuch des Camps, also kein Problem mit Levi. Auch sei es sehr wichtig, niemals zwischen Mutter und Jungtier zu geraten oder das Jungtier versehentlich von der Herde zu trennen. Soweit, so gut. Gar nicht so einfach bei so vielen Elefanten, die kreuz und quer laufen. Dann bereiten wir Futter vor, zerkleinern Zuckerrohr und reichen Bananen. Levi beschäftigt sich zwischenzeitlich am Rand ausgiebig mit einer kleinen Katze. Hier darf er mal runter vom Arm. Es ist toll, wir haben großen Spaß. Einer der Camp-Mitarbeiter macht Fotos, wir kaufen nachher eine CD und sind begeistert. Tolle Momente. Und ein eigenes Handy in der Hand zum Fotografieren hätte nur gestört. Die Zeit geht schnell um, der Snack ist beendet, wir gehen rüber zum Badesee.

Und hier passiert es plötzlich: Ein wirklich brenzliger Moment, in dem ich Angst habe. Wir laufen gemeinsam mit den Elefanten, die sich sichtlich auf das Bad im See freuen, in Richtung Ufer. Irgendwie gerät das Jungtier aus den Augen seiner Mutter und der anderen Tiere. Es geht alles total schnell. Das Kleine trompetet. Plötzlich bäumen sich die erwachsenen Elefanten auf, strecken sich, klappen die Ohren auf und trompeten ebenfalls. Jeder hört sofort, dass das ein Angriffslaut ist. Sie sehen plötzlich sehr bedrohlich aus – aggressiv und bereit, das Kleine zu schützen, um jeden Preis. Wir sind alle starr vor Schreck. Die Camp-Mitarbeiter reagieren schnell und fangen sofort an, die Elefanten zu beruhigen. Zunächst wird das Jungtier zu ihnen zurückgeschickt. Blitzschnell bilden die erwachsenen Tiere einen Kreis um das Kleine, um es vor uns zu schützen. Dabei treten sie auf der Stelle, sind hellwach und aufmerksam und für mein Empfinden auch angriffslustig. Ich habe wirklich Angst in diesem Moment, viele andere auch. Es sind wilde Tiere, wir stehen ihnen ungeschützt nur wenige Meter entfernt gegenüber. Und die Situation ist angespannt, sehr angespannt. Die Mitarbeiter fordern uns zum langsamen Rückzug auf. Bloß keine schnellen Bewegungen, keine Hektik. Sie scheinen alles im Griff zu haben, strahlen Ruhe aus. Vielleicht kommt es so etwas häufiger vor, vielleicht ist es gar nicht so gefährlich, wie ich meine. Mir kamen jedenfalls Gedanken wie der, dass ich mein Kind schützen musste – und in welche Situation wir Levi gebracht hatten. Es ging alles gut. Die Elefanten entspannten sich, nur die Mutter war noch sehr nervös. Sie und ihr Jungtier wurden von einem Mitarbeiter begleitet und zum Baden geführt. Aus der Ferne sahen wir, wie auch sie sich entspannten und wie viel Spaß das Kleine hatte. Nach einer Weile kamen wir mit den anderen Elefanten dazu. Ganz ehrlich: Ein mulmiges Gefühl blieb. Jetzt sahen sie wieder alle so friedlich, entspannt und gut gelaunt aus (waren sie vermutlich auch). Aber ich hatte noch das Trompeten im Ohr und die Drohgebärden vor Augen. Wir hielten uns etwas zurück. Zudem war das Wasser schlammig (also trüb) und wir wollten keinen versehentlichen Tritt abbekommen. Toll war es trotzdem, ein einmaliges Erlebnis. Wir wuschen die Elefanten und spritzten sie ab, sie spritzten zurück. Zum Abschluss gab es noch ein kleines Mittagessen, dann ging es zurück. Es war ein toller Ausflug. Doch selbst beim Schreiben, fast drei Jahre später, bekomme ich gerade Herzklopfen. Levi schlief auf der Rückfahrt sofort ein, wir ließen den Tag ruhig ausklingen. Aufregung hatten wir genug.

Wir hatten schon vor längerem geplant, dass wir von Ende November bis Anfang Dezember auf Ko Lanta sein und dort meine Schwiegereltern treffen würden. Für die Zeit dazwischen beschlossen wir einen Trip zum Golden Dreieck, dem Dreiländereck Laos, Myanmar und Thailand. Vorher wollten wir noch einige Tage nichts tun, in einer Lodge in der Region Chiang Mai, etwa eine Stunde außerhalb.

Wir ließen uns mit dem Taxi dorthin bringen und waren begeistert: Wir wohnten in einem netten, kleinen Häuschen auf einem großen Gelände in den Bergen mit Pool und Spielplatz. Ein Restaurant gab es auch. Hier ließen wir einige Tage die Seele baumeln und unternahmen kleine Spritztouren auf einem Roller. Ja, wir fuhren zu dritt auf dem Roller. Unverantwortlich? Dachte ich vorher auch. Aber wir trugen Helme. Die Straßen waren leer und wir fuhren langsam und vorsichtig. Zum Beispiel zu einem Tempel - eigentlich eher daran vorbei. Wir hatten beschlossen, dass wir genug Tempel gesehen haben. Erst mal, denn ein besonderer in Chiang Rai soll noch folgen. Wir fuhren zu nicht weit entfernten heißen Quellen, kauften rohe Eier und garten diese im Wasser. Ansonsten war nichts los. Wir aßen jede Mahlzeit im Restaurant der Anlage, es schmeckte richtig gut. Marius fuhr einen Nachmittag mit dem Roller zum Frisör – und kam eine Ewigkeit nicht wieder. Kurz bevor ich anfing, mir Sorgen zu machen, tauchte er wieder auf. Für umgerechnet wenige Euro hatte der Frisör über eine

Stunde an ihm gearbeitet. Im Wesentlichen am Bart, Haare hat er nicht mehr so viele. Toller Service.

In der Lodge planten wir auch unsere nächsten Reisetage. Das wurde immer mehr ein Bestandteil unseres Weltreise-Lebens. Die ersten Wochen und Monate hatten wir vieles noch von Deutschland aus gebucht und geplant. Je länger wir unterwegs waren, umso mehr Neues galt es zu planen. Und zum Teil änderten wir alte Pläne. Das machte Spaß, war aber manchmal lästig, weil zeitaufwändig. Und eigentlich wollten wir ja das Hier und Jetzt genießen, in Erinnerungen schwelgen und nicht gedanklich in die Zukunft reisen. Aber so ist das halt.

Wir planten so, dass wir immer wieder ein paar Tage Urlaub einstreuten. Klar: Irgendwie war alles Urlaub, aber es war auch Reisen. Und Reisen ist ab und an anstrengend und mit Kind noch ein wenig mehr. Nach unserem jetzigen Urlaub ließen wir uns von einem Taxi am Flughafen Chiang Mai absetzen und buchten dort einen Mietwagen. Online hatten wir nichts gefunden, vor Ort gab es gute Angebote. Etwas umständlich war, dass wir durch Sicherheitsschleusen gehen mussten, obwohl wir nicht fliegen wollten. Unser Gepäck und wir wurden durchleuchtet, erst dann durften wir den Flughafen betreten um zum Mietwagenschalter zu gelangen. Während wir dann endlich am Schalter standen kam es zu einem kleinen Tumult: Ein aus unserer Sicht harmlos agierender, nur etwas lauter sprechender und gestikulierender Mann wurde innerhalb von Sekunden von Security-Beamten überwältigt. Sie fragten, baten oder forderten nicht. Sie warfen sich kurzerhand auf ihn, rangen ihn nieder und führten ihn ab. Das habe ich in Deutschland so noch nicht erlebt...

Schließlich bekamen wir unseren Mittelklassewagen und waren zufrieden. Er war gut in Schuss. Von Levis Kindersitz waren wir begeistert, da hätten wir keinen besseren bekommen können. Wir starteten also in Richtung Chiang Rai und fuhren direkt durch. Levi schlief, also machten wir Kilometer. Der Linksverkehr war nur kurz gewöhnungsbedürftig, es klappte alles gut. Allerdings fuhren wir auf direktem Weg aus der Stadt heraus und waren viel allein auf der Straße unterwegs. Es herrschte kaum Verkehr. In Bangkok hätten wir beispielsweise definitiv nicht Auto fahren wollen.

Die Stadt Chiang Rai mit rund 70.000 Einwohnern enttäuschte uns ziemlich. Auf rund 600 Metern über dem Meeresspiegel, inmitten der Berglandschaft des Goldenen Dreiecks gelegen, gefiel uns nur der weiße Tempel – der Wat Rong Khun, dessen Bau erst 1997 begann und der wirklich beeindruckend ist. Leider haben wir ihn nur von außen gesehen, denn wir kamen erst kurz vor Ende der Öffnungszeit an und konnten nicht mehr hinein. Das, was wir ansonsten von der Stadt sahen, hatte unserer Ansicht nach wenig Charme und war ziemlich dreckig. Also doch nicht in Chiang Rai bleiben? Wir schlenderten ein wenig herum, kamen aber nicht wirklich an. Machte ja nichts, dann fahren wir eben weiter bis zum Goldenen Dreieck. Dieses verdankt seinen Namen der Opium- beziehungsweise Heroinherstellung und dem Drogenhandel in Südostasien. Golden, weil chinesische Händler anfangs mit Gold bezahlten, Dreieck, da hier die Länder Myanmar, Thailand und Laos in Form eines Dreiecks aufeinandertreffen.

Von unterwegs buchten wir schnell noch ein Hotelzimmer. Das war in Thailand so super einfach. Überall gab es eine sehr gute Internetverbindung und überall gab es auch kurzfristig verfügbare Unterkünfte. Da würden wir in Australien und auf Kuba noch andere Erfahrungen machen. In Thailand waren und blieben wir also spontan, das gefiel uns gut. Wir kamen spät im Hotel an und gingen direkt schlafen. Wir hatten ein Zimmer in einem großen, modernen Hotel gewählt – mit einem tollen Blick auf den Fluss, den Mekong. Dort treffen sich Laos, Myanmar und Thailand. Einen Pool gab es auch. Also alles in Buddha, ähm Butter. Levi war vor der Reise schon gerne im Wasser, inzwischen war er ein kleiner Fisch. Beim Frühstück begeisterte uns die Aussicht, die Investition in das nicht ganz so günstige Zimmer hatte sich gelohnt. Wir schlenderten zum Fluss, schauten uns den dort sitzenden, vergoldeten Buddha an, tranken eine Kokosnuss und beschlossen mit dem Boot zu fahren. Na klar. Das kleine Boot mit Außenmotor brachte uns auf die Mitte des Flusses und gab dann ordentlich Gas. Glücklicherweise hatten wir Schwimmwesten an, ich hielt Levi gut fest. Wir hielten und stiegen aus – und reisten in Laos ein. Irgendwelche Kontrollen oder Formalitäten gab es nicht. Wir fanden uns auf einem Markt in Laos wieder. Zuerst begegneten uns bettelnde Kinder die ganz offensichtlich von den Erwachsenen im Hintergrund losgeschickt wurden. Wir gingen einmal kurz über den Markt und freuten uns dann auf die Rückfahrt. Die Händler waren sehr - nennen wir es umsatzorientiert. Und wir fühlten uns nicht wohl. Levi verlor seine Cap. Zack weg war sie. Nicht mehr auffindbar, aber nicht so schlimm.

Nach einer Weile ging es wieder auf thailändischen Boden zurück. Myanmar weist in der Region die wir überblicken konnten, hauptsächlich Wolkenkratzer auf – Casinos, wie uns berichtet wurde. Ob wir hin wollten, mit dem Boot? Wir lehnten dankend ab. Nach dem mehr oder wenigen netten Abstecher ans andere Ufer gingen wir Essen und danach an den

Pool. Am nächsten Tag wollten wir die Gegend mit dem Auto erkunden. Auf der Hinfahrt von Chiang Mai waren wir zügig unterwegs gewesen und hatten nur in Chiang Rai gehalten. Jetzt, vor Ort und auf der Rückfahrt, wollten wir uns Zeit lassen, die Landschaft erkunden, anhalten und aussteigen, wo es uns gefiel. Im Hotel erhielten wir einen schönen Ausflugstipp – ein Dorf aus kleinen Hütten in den Bergen. Eine tolle Aussicht sollte es von dort aus geben. Wir starteten optimistisch, obwohl wir nur eine grobe Beschreibung hatten. Sobald wir das Zentrum ins Landesinnere verlassen hatten (es bestand ohnehin nur aus einer Straße), wurde der Weg holprig. Wir fuhren weiter, bogen an den hoffentlich richtigen Stellen ab und sahen rechts und links Wälder, Felder und Berge. Nach einer Weile fuhren wir durch ein kleines Dorf. Hühner liefen über den Weg, alles war total verstaubt. Rötlicher Staub. Und Kinder spielten. Wir fuhren ganz langsam, um weder Kind noch Huhn zu gefährden. Die Menschen wohnten hier in den einfachsten Hütten. Kaum zu glauben, dass unser Hotel nur ein paar Kilometer entfernt stand.

Irgendwann ging es mit dem Auto nicht mehr weiter. Wir wurden angewiesen, zu parken und waren so wenigstens sicher, dass es hier etwas zu sehen gab – hier oder in der Umgebung. Die Männer wiesen uns an, das Auto abzustellen. Sie boten uns eine Fahrt auf der Pritsche eines kleinen LKW an – allerdings erst, wenn er voll ist. Da wir die Ersten waren, könnte das dauern. Zu Fuß ginge es auch, sagte einer der Männer, und zeigte in den Wald. Der Weg war sehr schmal und ich malte mir aus, wie der LKW gerade eben passt und uns Zweige und Äste ins Gesicht schlagen. Wir gehen zu Fuß. Es geht bergauf und ist war warm, sehr warm. Immerhin schattig. Wir haben nichts dazugelernt und den Kinderwagen dabei.

Wir tragen eher, als dass wir schieben. Levi schläft. Nach einer Weile geht es beim besten Willen mit dem Kinderwagen nicht weiter. Marius geht vor, entscheiden wir. Er verschwindet rechts im Dickicht, klettert weiter bergauf. Ganz allein mit dem schlafenden Levi genieße ich die Ruhe. Atme tief ein und bin glücklich. Nach einer Weile wird Levi wach, kurz danach kommt Marius zurück. Es ist toll, sagte er, kommt mit. Wir verstecken den Kinderwagen im Gebüsch und kraxeln den Weg hinauf. So weit ist es zum Glück nicht mehr. Wir erreichen ein Plateau mit Rundhütten. Einige sind auf Stelzen gebaut. Wir werden eingeladen, näher zu treten, uns alles anzusehen. Wenn ich es richtig verstanden habe, wohnen hier tatsächlich Menschen. Inzwischen gibt es auch Übernachtungsmöglichkeiten für Touristen. Am anderen Ende des Dorfes sehen wir eine kleine Zufahrt, vermutlich werden darüber Lebensmittel transportiert. Wir dürfen uns alles angucken und Fotos machen. Die Aussicht ist wirklich spektakulär – viel rötliche Erde, Berge und Bäume. Dann treten wir den Rückweg an. Der Kinderwagen ist noch da und das Auto auch. Zurück im Hotel wuschen wir uns erst einmal den roten Staub ab. Bereits am Vortag hatten wir spontan noch eine Nacht dazu gebucht. So konnten wir am nächsten Morgen im Hellen starten. Denn anders als in den Städten war es hier wirklich dunkel, wenn es dunkel war. Es gab abseits der großen Straßen in den Dörfern keine Straßenbeleuchtung. Da war eine Fahrt wirklich zu gefährlich. Und sehen wollten wir ja auch etwas.

Am nächsten Morgen ging es zurück Richtung Chiang Mai, denn da mussten wir ja den Mietwagen wieder abgeben. Wir hatten inzwischen Flüge von Chiang Mai nach Phuket gebucht und beschlossen, dass wir erneut einige Tage in Chiang Mai bleiben würden – in unserem „Ex-

Hostel". Aber erst einmal waren wir unterwegs. Dieses Gefühl, mit dem Mietwagen irgendwo zu starten, nichts außer einer groben Richtung zu haben und ungeplant die Fahrt zu genießen, habe ich auf der Reise mit am meisten geliebt. Wir waren frei, unabhängig und gut gelaunt. Wo es uns gefiel, da blieben wir – so lange, wie es uns gefiel. Im Zweifel, bis es dunkel wurde, natürlich. In der Gegend, auf unserem Weg, sollte es tolle Wasserfälle geben, da wollten wir hin. Wir folgen der Beschreibung. Zumindest glauben wir das. Immer und immer weiter. Immer höher. An der Stelle sei erwähnt, dass unser Auto nicht geländetauglich ist: Es ist eine ganz normale, ziemlich voll beladene Limousine. Wir durchqueren Dörfer wie das gestrige, diesmal laufen auch Schweine frei herum. Irgendwann kommt der Punkt, an dem wir uns fragen: Sollten wir umkehren? Aber wir sind schon so weit gefahren. Die Straße ist höchstens ein Weg und der wurde immer enger. Überall gibt es tiefe Schlaglöcher. Und dann geht es nicht mehr weiter. Wir hängen fest. Steil am Berg, irgendwo im Nirgendwo. Die einzige Möglichkeit scheint, rückwärts wieder runterzufahren – ein ganzes Stück bis zum letzten Dorf und da zu drehen. Gesagt, getan. Levi und ich steigen aus und ich weise Marius den Weg. Rückspiegel sind toll, Schlaglöcher zeigen sie uns aber nicht an. Wobei Schlagloch das falsche Wort wäre: Krater trifft es eher. Ich erinnere mich genau an diese Situation: Mitten im Wald, am Berg, auf einer Buckelpiste, Levi auf meinem Arm, wir alle klatschnass geschwitzt – bei Marius und mir kam zu den Temperaturen definitiv eine Prise Angstschweiß dazu. Abenteuerlich, wie wir das Auto zentimeterweise rückwärts den Berg hinunter manövrieren. Ich muss dauernd ins Gebüsch ausweichen, so eng ist es. Im Nachhinein wissen wir, warum uns die Dorfbewohner so erstaunte Blicke zugeworfen haben. Sie fahren alle Roller... Links der Abhang, rechts der Berg – um es kurz zu machen, wir schafften es. Und waren sehr, sehr erleichtert. Wir fuhren ein ganzes Stück wieder runter und nahmen die erste „richtige" Straße. So toll konnten die Wasserfälle nicht sein. Aber Landschaft haben wir gesehen.

Auf dem weiteren Weg fuhren wir teilweise durch einen Nationalpark. Und auf einmal drohte die Dunkelheit. Über das Internet suchten wir nach Übernachtungsmöglichkeiten in der Umgebung. Vergebens. Wir fuhren weiter und entdeckten zum Glück ein kleines Gästehaus an der Straße. Es war stockdunkel, das ging hier blitzschnell. Wir machten uns bemerkbar und wurden als einzige Gäste sehr herzlich aufgenommen. Das Zimmer war völlig ausreichend und die nette Gastgeberin kochte sogar noch etwas für uns – zum Glück, denn wir waren sehr hungrig. Nach dem Essen fielen wir ins Bett. Das war mehr als genug Aufregung für einen Tag.

Am nächsten Morgen bereiteten wir uns besser vor. Wir wollten in den Nationalpark Doi Suthep-Pui und dort wandern. Wir achteten also darauf, die richtige Straße zu finden, denn es gab nur zwei Eingänge mit einer Touristen-Information. Alles andere war unerschlossen. Diesmal ging alles gut. Wir kamen gut an und aßen eine Portion Reis in einer Hütte mitten im Wald. Es sei kein Problem den von uns angedachten Weg zu nehmen – auch nicht mit Kind, hieß es seitens der Parkranger. Also packten wir Levi in die Trage und wanderten los. Es war schwül-warm und wimmelte vor Mücken. Wir trugen lange Sachen und hatten uns eingesprüht. Das half etwas, aber nicht hundertprozentig. Die Wanderung war toll. Wir waren ganz alleine und kletterten zum Teil enge Wege hoch, liefen über Baumstämme, fanden überall kleine Badeseen zum Abkühlen und balancierten über Hängebrücken. Levi kletterte fleißig mit oder ruhte sich in der Trage aus. Wir waren richtig im Dschungel. Überall hörten wir Vögel in den dunkelgrünen Bäumen. Nach einer Weile waren wir oben und hatten einen tollen Rundblick. Wir verschnauften, aber nicht lange – denn schon wieder kündigte sich die Dämmerung an. Wir hatten zunächst überlegt im Nationalpark zu zelten, das aber wieder verworfen. Wir mussten ja am nächsten Morgen den Mietwagen in Chiang Mai abgeben.

Also machten wir uns an den Abstieg, setzten uns ins Auto und waren als es dunkel wurde schon wieder auf großen Straßen in Stadtnähe unterwegs. In Chiang Mai checkten Levi und ich im Hostel ein – selbes Zimmer, Licht immer noch defekt. Marius brachte den Mietwagen zurück und kam mit dem Tuk Tuk. Es war das erste Mal auf der Reise, dass wir an einen bekannten Ort zurückkehrten. Und es war toll. Wir kannten uns aus, Levi freute sich über den Pool und wir gingen in unserem Stammlokal Padthai essen. Der Abstecher in den Norden war aufregend und anstrengend gewesen. Wir verbummelten die verbleibenden zwei Tage in Chiang Mai, hielten uns an bekannten Orten auf und flogen dann los. Es ging quer durch Thailand nach Phuket. Chiang Mai hat uns sehr, sehr gut gefallen. Es war eine bunte, junge Stadt, sauberer und nicht so überlaufen wie Bangkok, dadurch viel entspannter. Die Landschaft im Norden Thailands war toll. Wir empfehlen unbedingt, ein paar Tage in dieser Region an den Thailand-Urlaub zu hängen.

Ausblick von Tempel Wat Phra Doi Suthep, Chiang Mai

Links: Blumengesteck, Rechts: Loi Krathong am Fluss „Mae Nam Ping",
Chiang Mai

Links: vor einem Tempel, Rechts: Elefantencamp, Chiang Mai

Elefantencamp, Chiang Mai

Weißer Tempel „Wat Rong Khun", Chiang Rai

Links: Pause am Goldenen Dreieck, Rechts: Boote zur Überfahrt nach Laos

Goldenes Dreieck, Nordthailand

Dorf am Goldenen Dreieck

Phuket

Auch hier gucke ich mir an diesem verregneten Mittag Anfang Oktober zunächst unsere Fotos an. Irgendwie regnet es durchgehend seitdem ich mit dem Schreiben begonnen habe...

Phuket war toll, wir erlebten entspannte Strandtage. Wir hatten vorab eine Unterkunft in einem Camp gebucht, dem Mickey Monkey Beach Resort – eine ganze bescheidene Hütte ohne Strom und ohne fließendes Wasser, Toilette und Dusche waren in der Hütte ohne Dach nebenan. In unserer Ein-Zimmer-Hütte an der Westküste Phukets war nur Platz für eine große, auf dem Boden liegende Matratze mit einem Moskitonetz darüber. Dummerweise hatten wir relativ viel Gepäck und kamen echt ins Grübeln. Der Kinderwagen musste draußen stehen und das meiste andere auch - es ging nicht anders, da wir auch keinen Mietwagen hatten um unser Gepäck zu verstauen. Zum Glück wurde nichts geklaut und es hat nicht geregnet. Wir hatten tolles, sehr heißes Strandwetter, sahen tagelang nicht eine Wolke. Der Strand hier war relativ steil abfallend und es gab Wellen. Mittags war es kaum auszuhalten, es gab keinen Schatten. Entsprechend braun gebrannt – und immer in Badekleidung – finde ich uns auf den Fotos wieder. Das Camp bestand aus einer Handvoll Unterkünfte und einem kleinen Restaurant, das dummerweise andauernd geschlossen war. Wir hatten, wie so oft in Thailand, keine Kühlmöglichkeit – und mussten somit leider immer wieder Lebensmittel wegwerfen, besonders angebrochene Milch die wir für Levi gekauft hatten. Ungefähr eine halbe Stunde Fußweg entfernt war eine Mall mit Restaurants und Supermarkt. Hier waren wir häufiger zum Essen. Neben unserem Camp stand ein Luxushotel. Auch hier gingen wir essen, da es einfach viel angenehmer war, nur einige Meter und nicht eine Stunde pro Mahlzeit laufen zu müssen. Im Nachhinein war das Ganze nicht gut durchdacht, denn wir hätten entweder einen Mietwagen oder eine zentral gelegene Unterkunft buchen sollen. Es waren trotzdem schöne, heiße Strandtage. Von Phuket - mit rund 335.000 Einwohnern und einer Fläche von mehr als 500 km² die größte Insel Thailands – sahen wir nicht viel. Wir waren reisemüde und brauchten eine Pause. Das, was wir sahen, hat uns ganz gut gefallen. Aufgefallen ist uns allerdings, dass das Preisniveau für nationale Verhältnisse hier im Süden Thailands sehr hoch war. Für unsere äußerst bescheidene Unterkunft zahlten wir das Dreifache des Preises für das Hostelzimmer in Chiang Mai – und das hatte ein (zugegebenermaßen dunkles) Badezimmer, einen Pool und eine total zentrale Lage. Wie auch immer: Wir hatten einen tollen Strand. Nachts gingen die Temperaturen kaum runter, aber auch daran gewöhnten wir uns. Nach Phuket gibt es auch von Deutschland aus gute Flugverbindungen und wir trafen einige deutsche Urlauber, die dem kalten Winter in der Heimat entflohen.

Eines Abends, Levi schlief unter dem Moskitonetz, ging ich in die Hütte um etwas zu holen – und riss das komplette Netz inklusive Aufhängung von der Decke. Alles landete auf Levi. Er verletzte sich zum Glück nicht, bekam aber verständlicherweise einen Schrecken und war erst einmal hellwach. Marius guckte Fußball, deutsche Bundesliga, das weiß ich noch genau. Als es auf 23 Uhr zugeht, setze ich Levi in den Kinderwagen – in der Hoffnung, dass ein kurzer Spaziergang ihn einschlafen lässt. Also laufe ich im Stockdunklen die kleine Straße entlang. Hin und her. Einige Meter entfernt steht das Luxushotel mit Security. Also ist alles gut. Plötzlich raschelt es neben mir im Gebüsch. Ich weiche zurück, das Rascheln wird lauter. Ein Hund, denke ich, oder eine Katze. Dann bekomme ich echt einen Schrecken: Ein riesiger Waran taucht auf. In Bangkok hatten wir schon welche am Fluss gesehen. Aber dieser hier ist noch größer, bestimmt an die drei Meter. Er spaziert auf uns zu und ich bekomme echt Angst. Warane sind für Menschen nicht gefährlich, aber er sieht furchterregend aus. Ich weiche zur Seite aus und die Riesenechse spaziert von mir gänzlich unbeeindruckt seelenruhig über die Straße, bis sie auf der anderen Seite im Gebüsch verschwindet. Mein Herz rast, ich laufe zurück zu Marius. Levi ist übrigens währenddessen eingeschlafen.

Unsere letzten Tage auf Phuket verbrachten wir in einem Hotel in Flughafennähe. Wir brauchten ein wenig Komfort und vor allen Dingen ein Zimmer mit Klimaanlage. Das Hotel „Grand West Sands Resort & Villas" war toll, verhältnismäßig günstig und an einen Wasserpark angeschlossen. Wir rutschten zwei Tage lang, Levi war im siebten Himmel. Der Strand war auch ganz nett. Allerdings flogen die Flugzeuge wirklich unmittelbar über uns her. Das muss man wissen. Im Zimmer war der Fluglärm kaum zu hören, aber draußen war es sehr, sehr laut. Wir entdeckten ein Restaurant außerhalb der Hotelanlage, wo wir für den halben Preis (verglichen mit dem Hotelrestaurant) sehr lecker essen konnten. In der großen Hotelanlage gab es auch einen Fitnessraum und immerhin Marius hat ihn fleißig genutzt.

Dann ging es weiter, noch etwas südlicher. Unsere nächste Unterkunft lag auf Ko Lanta. Marius ging zu Fuß zum Flughafen – wie praktisch – und kam mit einem Mietwagen zurück. Wir beluden das Auto und fuhren los, über Krabi weiter Richtung Ko Lanta beziehungsweise zur Fähre. Die

Fahrtzeit betrug etwa drei bis vier Stunden. Auf dem Hinweg fuhren wir durch, da Levi schlief. Ich hatte ihn vormittags noch im Wasserpark ausgepowert. Die Überfahrt mit der Autofähre klappte problemlos, dauerte nicht lange und war nicht teuer. Wir waren an unserer letzten Station in Thailand angekommen, um hier bis zum 6. Dezember zu bleiben. Dann geht es weiter nach Sydney.

Unser Fazit zu Phuket: Es war nett, es war für nationale Verhältnisse relativ teuer. Durch die Nächte im Hotel und das häufige, teure Essengehen haben wir unsere Reisekasse ziemlich strapaziert. Wir waren froh, jetzt mit unserem Mietwagen mobil und unabhängig zu sein. Wie gesagt: Wir haben nur wenig von Phuket gesehen. Für uns bot sich der Aufenthalt hier einfach an weil die Richtung zu unserer Route passte. Es waren tolle Strandtage.

Am Strand auf Phuket

Ko Lanta

Nachmittags erreichten wir unsere Unterkunft auf Ko Lanta, einer Doppelinsel im Süden Thailands. Mit etwas über 20.000 Einwohnern, von denen fast alle auf der Hauptinsel „Lanta Yai" (übersetzt Groß-Lanta) wohnen, ist sie deutlich weniger besiedelt als Phuket. Wir erhofften uns ein paar schöne und ruhige, entspannte Strandtage. Leider kam es wetterbedingt etwas anders als gedacht...

Wir waren froh, endlich anzukommen. Die letzten Kilometer zogen sich ziemlich und wir verfuhren uns ein- oder zweimal. Aber dann war alles gut. Die Unterkunft war sehr schön – eine kleine Bungalow-Anlage direkt am Strand „Klong Dao" mit einem Restaurant mit überdachter Terrasse und einem kleinen Pool in der Mitte. Unser Bungalow war recht groß und sauber. Es gab sogar eine Badewanne. Leider wimmelte es besonders in der Dunkelheit vor Mücken, wie wir es noch nirgendwo erlebt hatten. Nach einiger Zeit stellten wir fest, dass das nur auf der Seite unseres Bungalows so war: gegenüber gab es keine Mücken. Wir vermuteten, dass hinter unseren Bungalows Pfützen oder Regentonnen standen. Apropos Pfützen: Es würde bald regnen und regnen und regnen. Aber die ersten beiden Tage schien die Sonne und wir genossen den traumhaften Strand. Hier stimmte für uns wirklich alles. Der Strand war unheimlich breit, ganz flach abfallend und schneeweiß. Ein richtiger Traumstrand – neben einem Strand auf Mauritius und dem einen oder anderen australischen Strand mein Favorit auf der gesamten Reise. Der Strand war bewirtschaftet, neben Anlagen wie unserer gab es Restaurants, kleinere Supermärkte, Souvenirläden und mehr. Ganz toll fanden wir, dass hier nicht ein Hotel stand, das zweistöckig oder höher war. Und die Gebäude waren aufgrund der Breite des Strandes so weit weg vom Meer, dass sie überhaupt nicht störten. Also alles in allem super Voraussetzungen.

Dann fing es an zu regnen. Und hörte überhaupt nicht mehr auf. Es war nichts mit kurzen, heftigen Schauern, es regnete rund um die Uhr. Meine Laune sank, da bin ich nicht sehr geduldig. Wir waren im absoluten Strandparadies und dann so etwas. Ätzend! Die Strände Ko Lantas waren definitiv wunderschön, sonst war aber auch nichts los. Alles spielte sich draußen ab. Wir fuhren mit dem Mietwagen durch die Gegend und suchten, fanden aber nichts was wetterunabhängige Unterhaltung bot. Die Einheimischen sagten sonst würde es nicht so regnen. Nie. Anscheinend hatten wir einfach nur Pech, denn kalendarisch war die Regenzeit eigentlich vorbei. Wir besuchten ein paar Märkte, liefen ein wenig im Zentrum herum, wurden nass dabei. Wir fuhren zum Frisör. Wir aßen morgens, mittags und abends ausgiebig und wirklich richtig gut. Sowohl das Restaurant in unserer Anlage als auch die umliegenden Restaurants boten tolles Essen zu günstigen Preisen an. Ich bin kein Fischesser, aber meine Männer waren begeistert von der Qualität. Alles fangfrisch! Mein Favorit war eine halbe mit Reis, Obst und Gemüse gefüllte Ananas. Sie schmeckte jedes Mal anders, immer sehr gut.

Mitten im Regen kamen meine Schwiegereltern an und bezogen den Bungalow neben uns. Da es relativ warm war liefen wir oft im Regen am Strand herum und spielten Ball. Ab und zu gingen wir ins Meer. Wir lernten eine sehr nette deutsche Familie kennen und Levi fand im etwas älteren Jungen einen Spielkameraden. Sehr gut! Wir hielten uns sehr lange auf der überdachten Terrasse auf und waren froh, dass die Großeltern Levi beschäftigten. Marius und ich nutzten die kinderfreie Zeit um unseren Aufenthalt in Australien weiter zu planen – insbesondere die Rundreise mit dem Camper. Nach einigen langen Tagen hörte es auf zu regnen. Es war noch bewölkt und schauerte ab und zu, aber der Dauerregen hatte sich verabschiedet. Fast zeitgleich brachen meine Schwiegereltern wieder auf, sie hatten noch zwei Wochen Thailand-Urlaub vor sich. Wir gaben ihnen ein paar Kleinigkeiten, die wir nicht mehr benötigten, mit nach Deutschland zurück.

Unsere letzten beiden Tage nutzten wir um die Insel zu erkunden. Mit dem Auto fuhren wir ganz in den Süden in den Mu-Ko-Lanta-Nationalpark, wanderten und kletterten herum, beobachteten Affen und stiegen zu einem Leuchtturm hinauf. Es waren schöne Momente in der Natur und diesmal vermissten wir die Sonne nicht. Das Wetter war genau richtig um die Gegend zu erkunden. Mit der anderen deutschen Familie ließen wir uns mit einem kleinen Boot zur nächsten Bucht fahren und hatten zusammen schöne Strandstunden am Long Beach. Auch dieser Strand war wunderschön – wie zahlreiche andere, an denen wir vorbeifuhren oder ab und an kurz anhielten. An unserem letzten Tag unternahmen wir eine gebuchte Tour die ziemlich enttäuschend verlief. An den zahlreichen Ständen an unserem Hotelstrand wurden jede Menge Ausflüge angeboten – viele auf dem Wasser, mit Schnorchelzeit und Stopps an den vorgelagerten Inseln. Ich meine auf einer der Inseln wurde „The Beach" gedreht und/oder „Cast Away". Es waren jedenfalls bekannte Blockbuster und ich konnte es mir gut vorstellen, denn die Gegend war landschaftlich einfach traumhaft. Als wir zurück in Deutschland sind, lese ich irgendwo, dass die Touren zu den Inseln gestoppt und sogar verboten wurden. Die unzähligen

Motorboote, die Touristen für ein kurzes Foto abluden, hatten der Natur neben und auf den Inseln zu sehr geschadet.

Wir entschieden uns für einen Ausflug ins Landesinnere und wurden mit einem Sammel- Tuk Tuk abgeholt. Wir fuhren ein wenig durch die Gegend und schließlich auch mit dem Boot zu einer nahen Insel, die uns überhaupt nicht gefiel. Wir waren nicht auf dem offenen Meer, sondern in einer riesigen Bucht, mit Bäumen und Dickicht rechts und links. Hier wohnen die Affen. Der Bootsführer fährt nah an das Ufer heran – und plötzlich haben wir jede Menge Affen an Bord. Was ganz witzig klingt, gefällt uns weniger. Wir haben alle Hände voll damit zu tun, Levi zu schützen, denn die Affen machen vor nichts Halt. Sie springen uns an, fauchen und kratzen, sie sind auf der Suche nach Futter. Alles in allem hätten wir uns diese Halbtagestour sparen können. Da war unser Ausflug mit dem Mietwagen viel schöner.

Wir nutzten den Aufenthalt und das geräumige Zimmer auch, um noch mal alles richtig auszupacken, zu sortieren und Wäsche waschen zu lassen. Das ging in Thailand an jeder Ecke sehr gut und günstig. Und wir kauften Kleinigkeiten nach. Dann hieß es Abschied nehmen, Abschied von Thailand. Wir freuten uns sehr auf Australien und auf unsere in Sydney gebuchte Wohnung. Eine sandfreie Unterkunft mit eigener Küche und Kühlschrank? Ein Traum! Es passte, wie wir reisten: Auf Strand folgte Stadt, auf Reisen folgte Bleiben an einem Ort. Die Mischung hat`s gemacht. Und zwischendurch brauchten wir einfach immer mal ein richtiges Zuhause. Das würde die Wohnung in Sydney für die nächsten drei Wochen werden. Es würde unser längster Aufenthalt in einer Unterkunft werden. Hoffentlich würde sie halten, was sie verspricht. Hoffentlich würden wir uns wohl fühlen.

Die Reise wurde anstrengend. Wir fuhren morgens los denn wir mussten ja über Krabi wieder bis nach Phuket zum Flughafen. Diesmal hielten wir in Krabi an und aßen etwas. Levi ging auf einen kleinen Spielplatz, wir schlenderten durch eine Mall. Weiter ging es bis nach Phuket, über die Brücke zurück auf die Insel. Wir aßen in dem Restaurant, das wir schon kannten, gaben das Auto am Flughafen ab und erfuhren, dass unser Flug Verspätung hatte. Einige Stunden. Es war ein Nachtflug, es war mittlerweile später Abend und wir waren schon viele Stunden unterwegs und hatten noch den etwa achtstündigen Flug vor uns. Levi machte es wie immer großartig. Als wir endlich ins Flugzeug einstiegen schlief er schon. Ich war aufgeregt. Jetzt ging es richtig weit weg. Klar: Mauritius, Singapur und Thailand waren auch Fernziele. Aber hier hatten wir auch deutsche Urlauber getroffen, das war für zwei Wochen Urlaub denkbar. Für Australien eher weniger. Dort ist das andere Ende der Welt. Von dort aus kämen wir im Falle des Falles nicht so schnell wieder nach Deutschland, dachte ich. Aber die Vorfreude überwog. Die Einreiseformalitäten konnten wir bequem online von Thailand aus erledigen, die Bestätigung kam per E-Mail. Wir waren bereit. Sydney, wir kommen!

Strand „Klong Dao" auf Ko Lanta

Links: Lieblingsgericht halbe Ananas, Ko Lanta, Rechts: Bootausflug, Ko Lanta

Dezember 2017 bis Januar 2018 - Australien

Sydney

Australien – mein Lieblingsziel - die Etappe unserer Reise auf die ich mich am meisten gefreut hatte. Das Land weist mit rund 25 Millionen Einwohnern eine Einwohnerdichte von nur drei Einwohnern pro km² auf. Ob wir einsam sein würden? Vermutlich nicht, denn der Großteil der Menschen lebt dort, wo wir hinreisen würden: In den größeren Städten entlang der Ostküste. Kaum besiedelt sind hingegen große Teile des Landesinneren. Eine Tour dorthin, beispielsweise zum Ayers Rock, dem Heiligen Berg der australischen Ureinwohner, den Aborigines, hätte mich definitiv auch gereizt, es war aber nicht machbar. Australien ist groß, sehr groß. Außerdem hielten wir uns im australischen Hochsommer dort auf und gerade im Landesinneren würde es mit über 40 Grad Celsius zu heiß für entspanntes Sightseeing sein. Also beschlossen wir, uns auf die Küste im Bereich Sydney bis Brisbane zu konzentrieren. Einen Abstecher nach Cairns, noch weiter nördlich, hätten wir gerne gemacht. Dort war jedoch Regenzeit. Die Straßen sollen zum Teil überflutet und nicht passierbar sein. Das wollten wir mit unserem Camper dann doch nicht probieren.

Die nationale Währung ist der australische Dollar, ein Euro war ungefähr 1,6 australische Dollar wert. Die Zeitverschiebung betrug für uns von Phuket aus bis an die australische Ostküste vier Stunden. Von Deutschland aus waren es nun zehn Stunden.

Am 7.12.2017, kurz vor Levis zweitem Geburtstag, landeten wir mittags in Sydney. Wir freuten uns: Die Sonne schien und es herrschte ein angenehmes Klima. Wir merkten deutlich, dass die Luftfeuchtigkeit in Thailand um einiges höher war.

Sydney ist mit etwas über fünf Millionen Einwohnern die größte Stadt Australiens und gilt als eine der Städte mit der höchsten Lebensqualität weltweit. Regelmäßig belegt Sydney vordere Plätze in relevanten Umfragen für diese Rubrik. Auf dem Stadtgebiet befinden sich laut Reiseführer über 70 Strände – darunter unter anderem der bekannte Bondi Beach und Manly Beach, die wir beide besuchen würden. Vermutlich noch sehenswerter sind natürlich das Opernhaus (Opera House) und die weltberühmte Harbour Bridge, ebenso der botanische Garten.

Ich war im siebten Himmel. Australien, Sydney, endlich! Hierauf hatte ich mich am allermeisten gefreut. Es lagen tolle Wochen vor uns, da war ich sicher. Nach den ruhigen Tagen auf Ko Lanta freuten wir uns total, wieder eine Stadt zu sehen und waren voller Tatendrang. Zunächst scheiterte es aber an der Mietwagenübergabe. Wir hatten lange überlegt, ob ein Mietwagen in einer Großstadt Sinn macht. In diesem Fall ja, fanden wir. Wir würden drei Wochen hier sein, das bedeutet Großeinkäufe. Wir wollten uns nicht nur in der Innenstadt bewegen, sondern auch weiter entfernte Ziele besuchen. Also hatten wir online eine Limousine gebucht, an deren Herausgabe es nun hing. Wir waren verspätet gelandet, aber offensichtlich stand das Auto trotzdem nicht bereit. Oder es haperte am Transfer zur Außenstelle des Autoverleihs. Langsam waren wir leicht genervt. Wir standen mit Sack und Pack müde und hungrig vor dem Flughafen – wir warteten wie bestellt und nicht abgeholt. Nach unzähligen Telefonaten kam dann der Transfer. Die Fahrerin entschuldigte sich so nett und versprühte eine derart gute Laune, dass sich unsere schlagartig besserte. Das war unsere erste Begegnung mit einem Australier beziehungsweise mit mehreren am Schalter der Autovermietung. Alle waren so nett und sahen aus, als wären sie gerade frisch aus dem Urlaub zurückgekehrt. Sie waren freundlich und hatten wohl riesig viel Spaß bei der Arbeit. Wir fühlten uns direkt wohl, wurden auf eine charmante Art willkommen geheißen. Alle waren gut drauf, alle waren erholt und machten Witze. Es war toll. Los ging es zu unserem Appartement, das im Stadtteil Randwick nahe der Pferderennbahn lag. Wir hatten uns mit der Wahl der Unterkunft Zeit gelassen und sie uns gut überlegt. Erstens, weil wir dort einen relativ langen Zeitraum von drei Wochen verbringen würden und zweitens, weil es teuer war - definitiv viel zu teuer, um spontan umziehen und doppelt zahlen zu können.

Randwick ist etwa 15 Minuten vom Zentrum Sydneys entfernt und in die andere Richtung sind es etwa 15 Minuten zum Bondi Beach oder anderen Stränden. Klang gut, fanden wir. Außerdem gab es fußläufig einen tollen, großen Park, den Centennial Park, ebenso eine Straße mit Geschäften und Restaurants. Wir waren gespannt. Problemlos erreichten wir die Unterkunft. Ein Tiefgaragenstellplatz war in der Miete enthalten, das war natürlich super. Durch die Zeitverschiebung und den langen Aufenthalt am Flughafen war es schon ziemlich spät, Levi wurde müde. Wir kauften schnell ein paar Kleinigkeiten ein, aßen etwas und verschoben alles Weitere auf die nächsten Tage.

Leider kam etwas dazwischen: Levi wurde krank. In der ersten Nacht in Sydney ging es los mit Erbrechen. Es hörte und hörte nicht auf. Zum Glück waren wir in einer komfortablen Wohnung, hatten eine eigene Waschmaschine und einen Trockner. Außerdem beruhigte uns natürlich, dass wir auf eine gute medizinische Versorgung zurückgreifen konnten, wenn nötig. In den nächsten zwei Tagen waren wir durch Levis Krankheit komplett ausgebremst. Wir machten uns langsam, aber sicher Sorgen. Es wurde nicht besser. Hat er aus Thailand etwas mitgenommen? Wir entscheiden uns, zum Arzt zu gehen. Die Kinderambulanz befindet sich in einem Krankenhaus, das wir fußläufig erreichen können. Das Personal ist toll, es kümmert sich rührend um alle Kinder. Es gibt viele ehrenamtliche Helfer, die – als Clowns verkleidet – die Kinder ablenken. Levi geht es schon viel besser, die Wartezeit verfliegt. Eine Ärztin untersucht Levi und tippt auf einen einfachen, aber sehr hartnäckigen Magen-Darm-Infekt. Zum Glück. Elektrolyte und alles weitere haben wir dabei. Sollte es am nächsten Tag nicht besser sein, sollten wir wiederkommen. Aber irgendwie war es ab dem Moment, in dem wir das Krankenhaus verließen, viel besser. Und Levi war dann noch schneller wieder fit, als wir gedacht hatten. Wir witzelten etwas, dass (toi toi toi), niemand auf Mauritius oder in Thailand krank wurde – sondern in Sydney, der ersten westlichen Stadt die wir bereisten. Levi hatte sich sicherlich bereits am Flughafen oder im Flugzeug angesteckt. Wir blieben glücklicherweise verschont, steckten uns nicht an. Und konnten jetzt anfangen Sydney zu genießen.

Zunächst einmal war es so schön, eine saubere, sandfreie Unterkunft mit mehr als einem Zimmer zu haben. Die eigene Küche war ein Traum, Waschmaschine und Trockner erst recht. Wir packten aus, wuschen alles einmal durch, sortierten uns neu. Im Hof des Appartement-Gebäudes gab es einen kleinen Pool den wir einige Male nutzten. Doch jetzt wollten wir endlich die Gegend erkunden.

Den sehr schönen, nur wenige Minuten Fußweg entfernten Centennial Park besuchten wir oft. Es gab ein nettes Café, tolle Spielplätze und einen See. Wir fühlten uns pudelwohl und ich merkte jetzt, was ich vermisst hatte. Wir trafen unheimliche viele Menschen und kamen total schnell ins Gespräch. Die Stimmung war toll, alle hatten Weihnachten und die großen Ferien vor Augen. Ach ja, Weihnachten. Bei uns herrschte überhaupt keine Weihnachtsstimmung. Wo in Deutschland schon ab September Lebkuchen und Adventskalender verkauft werden und im Dezember alles glitzert, blinkt und dekoriert ist, war hier Mitte Dezember von Weihnachten nichts zu sehen.

Als sich Levi einen weiteren Tag ausgeruht hatte, fuhren mit dem Bus in die Innenstadt. Mit dem Auto hätte das keinen Sinn gemacht. Es gab kaum Parkplätze - und wenn doch, waren sie extrem teuer. Außerdem waren wir so flexibler. Wir kauften zwei Guthabenkarten, Levi fuhr kostenlos – und los ging es. Wir bezahlten indem wir die Karten an ein Terminal im jeweiligen Bus hielten. Ich war aufgeregt, wollte endlich die Harbour Bridge und die Oper sehen. Wir stiegen aus dem Bus und gingen durch eine Fußgängerzone in Richtung Wasser. Ein kleiner Spaziergang – und da waren sie, die beiden Sehenswürdigkeiten, auf die ich mich so gefreut hatte, die Symbole von Sydney! Vom botanischen Garten aus – wunderschön angelegt, sehr sehenswert – hatte man einen tollen Blick, vom aus Wasser ebenfalls. Wir waren begeistert. Wir lachten über einen süßen Versprecher von Levi: Statt Opernhaus verstand er immer „Opahaus" und fragte, ob der Opa da drin singe. Und wo denn die Oma sei.

Die ganze Innenstadt war total gepflegt und ansprechend, wunderbar für Fußgänger geeignet – also genau richtig für uns. Beim Schreiben gerade merke ich, wie ich ins Schwärmen geraten bin: Es hat mir einfach sehr, sehr gut gefallen in Australien. Und in Sydney besonders. Trotz des holprigen Starts mit Levis Krankheit war es für mich eine der schönsten Stationen der Reise. Definitiv! Sydney hat London abgelöst und ist nun meine absolute Lieblingsstadt. Es gab hier einfach alles: Viele grüne Parks, ein super Netz des öffentlichen Nahverkehrs, das Meer mit schönen Stränden, die Innenstadt zum Shoppen mit den tollen Sehenswürdigkeiten und Unterhaltungsangeboten, sehr nette, aufgeschlossene Menschen. Alles war und alle waren sehr kinderfreundlich. Die Dichte toller Spielplätze war enorm. Levi begeisterten am meisten die Wasserspielplätze. Ach ja, das Wetter habe ich vergessen: So ein tolles Klima. So viel Sonne und Wärme. Wir fanden uns sehr gut zurecht. Es gab alles überall zu kaufen. Weiter mit der Schwärmerei: Die Umgebung war ebenfalls so schön: Wir würden noch in die Blue Mountains fahren, schöne Landschaften sehen – und das alles im Umkreis von maximal zwei Stunden Fahrt ab Sydney. Ich wusste jetzt, wo ich meine Rentenjahre verbringen will. Auf jeden Fall möchte ich wieder zurück nach Australien und definitiv natürlich nach Sydney. Eine entspannte Großstadt mit einer solch angenehmen Atmosphäre – das hatte selbst ich nicht erwartet. Und meine Erwartungen waren hoch.

Dann war er da, Levis zweiter Geburtstag. Meine Schwiegereltern hatten Post meiner Eltern an ihn mitgebracht. Levi hatte etwas zum Auspacken, er bekam Luftballons, Gummibärchen und ein kleines Buch. Er hat sich riesig gefreut. Wir unternahmen an dem Tag eine Bootsfahrt nach Manly, bewunderten die tolle Aussicht vom Wasser und waren am Strand. Manly Beach war ebenfalls wunderschön und eine echte Alternative zu Randwick – wo wir uns trotzdem nach wie vor sehr wohl fühlten. Wieder in der Innenstadt angekommen, aßen wir Pizza und verbrachten Zeit am Wasserspielplatz. Dann ging es in ein Spielwarengeschäft und Levi durfte sich einige kleine Autos aussuchen: Sein Geburtstagsgeschenk. Ein paar davon haben wir immer noch und ich hänge sehr an ihnen.

Die folgenden Tage waren wunderschön. Das Wetter war gut und wir fuhren Boot, liefen durch den botanischen Garten und hielten uns viel im Park bei uns in der Nähe auf.

Dann kam mein Schwager Christoph (Levi nannte ihn ausschließlich Onkel Chrifoss) aus Deutschland zu Besuch und Levi bekam nachträglich zum Geburtstag einen Roller, den wir gemeinsam aussuchten. Wir zeigten „Chrifoss" das, was wir schon kannten, und entdeckten gemeinsam ganz viel Neues. Eines Abends gingen wir zum Fußball: Ein ganz nettes Erlebnis, obwohl das Stadion kaum besucht war. Es wurde heißer, wir legten einen Strandtag ein. Der Bondi Beach war natürlich toll, aber an den anderen Stränden ließ es sich genauso gut aushalten. Richtung Innenstadt fuhren wir immer mit dem Bus, zum Strand, zum Einkaufen oder auch in den Zoo mit dem Auto. Schön war er, der Zoo in Sydney. Am Berg gelegen bot er eine fantastische Aussicht auf die Stadt. Wir fuhren auch zum Olympiapark – ebenfalls mit dem Auto, denn das ist ein Stück weit weg. Das Schwimmbad dort war toll und besonders klasse fand ich, wie viele Kinder in Kursen schwimmen lernten. Und wie klein die Kinder waren – kaum älter als Levi, Kindergartenalter. In Deutschland war ich vor Kurzem bald verzweifelt am Versuch einen Schwimmkurs für den jetzt fast fünfjährigen Levi zu finden. Es gab keine freien Plätze und wenn doch, werden oft erst Kinder ab sechs Jahren angenommen. Ich finde wichtig, dass Kinder früh schwimmen lernen – und zwar möglichst alle Kinder. Das schien in Australien der Fall zu sein.

An einem der folgenden Tage telefonierte Marius lange mit dem Redakteur der Rheinischen Post und ein Folgeartikel über unsere Weltreise erschien Weihnachten 2017 in der Zeitung. Wir freuten uns erneut sehr über das tolle Andenken.

Einige Tage nach Levis Geburtstag heirateten Marius` jüngerer Bruder Lukas und Mira im fernen Deutschland. Wir konnten nicht dabei sein, waren am anderen Ende der Welt und wünschten dem Brautpaar von hier aus alles, alles Gute.

Ein Highlight in Sydney war die Fahrt mit dem Hop-on-Hop-off-Bus. Wir sahen so viel von der Stadt und ihren Randbezirken, genossen die Aussicht, ließen uns den Wind um die Nase wehen und die Sonne auf den Kopf scheinen. Zum Glück hatten wir Caps dabei und waren eingecremt. Neben dem klassischen Hop-on-Hop-off-Bus gab es auch solche Schiffe, von denen aus wir einen tollen Blick auf die Harbour Bridge und die Oper hatten. Mit diesen Schiffen konnten wir bis nach Manly oder zur Anlegestelle am Zoo fahren. Wir stiegen eines Nachmittags auf einer kleinen Insel mit dem etwas beunruhigenden Namen „Shark Island" aus (zum Glück haben wir keinen Hai gesehen) und waren alleine dort. Wir liefen umher, kletterten, warfen Steine ins Wasser und bewunderten die Skyline von Sydney. Dann wurden wir vom nächsten Schiff wieder abgeholt. Ein anderer Stopp war die Haltestelle Luna Park – eine Fläche mit einigen Attraktionen, Fahrgeschäften und einem kleinen Freibad.

Sydney bot uns ein Zuhause unterwegs. Das erste Mal seit wir vor drei Monaten gestartet waren fühlte ich mich heimisch. Das lag sicherlich an der für unsere Verhältnisse langen Aufenthaltsdauer und der schönen Unterkunft, aber auch an der Stadt selbst. Wir genossen unseren nahezu deutschen Komfort. Lediglich kleiner war die Wohnung, sonst war alles da. Ich kochte Risotto und machte unseren Spezial-Nudelsalat – ein weiteres Stück Heimat. Es war einfach, wir hatten uns eingelebt. Wir wussten wo wir was und wann kaufen konnten, wir hatten einen Alltag. Aber huch: Genau dem wollten wir doch entfliehen! Ja, aber hier war es ein anderer Alltag. Kein Alltag voller Termine und Hektik oder Stress in dem du dich vergisst. Eher ein Alltag der eine Aneinanderreihung von Gewohnheiten war. Wir hatten wieder Standards, ganz simple Dinge – angefangen dabei, dass unsere Sachen einen festen Platz in der Wohnung hatten. Wir kauften immer den gleichen Orangensaft, Levi aß jeden Morgen ein Toast mit Käse. Wir kannten die Abfahrtszeiten der Busse auswendig, kannten uns in der Stadt aus und sprachen von diesem oder jenem Ziel, das wir schon besucht hatten. Levi hatte wieder ein Ritual vor dem Schlafengehen, wir schliefen mehr oder weniger zu festen Uhrzeiten. Abgesehen vom Essen im gleichen Restaurant waren diese Wiederholungen, diese Gewohnheiten auf der Reise neu für uns. Neu und dennoch vertraut. Es war ein entspannter Alltag, ein Alltag ohne Hektik und Stress, in dem jeder Mal für sich war. Wir joggten abwechselnd im Park, fuhren ohne den anderen und Levi einkaufen. Jeder unternahm mal etwas alleine oder zu zweit mit Levi. Zu Anfang war das ungewohnt, aber es tat auch gut. Abends hatten wir nach vielen Wochen wieder regelmäßig Zeit für uns. Wir saßen im Wohnzimmer und Levi schlief im Schlafzimmer. Auch das tat gut. Wir mussten nicht mehr leise sein und im Dunkeln sitzen, weil wir uns alle im gleichen Zimmer aufhielten. Levi und sein Onkel Chrifoss verstanden sich blendend, auch das war für uns natürlich super und führte zu entspannten Momenten.

Ich könnte niemals ernsthaft hierhin auswandern. Viel zu groß wäre mein Heimweh nach Deutschland, zu sehr würde ich meine Familie und Freunde vermissen. Aber hier geboren worden zu sein, das wäre doch was... Wir hatten noch eine schöne Zeit hier und schöne Zeiten woanders vor uns. Und ich freute mich. Sydney zeigte mir, wie schön und entspannt es auch in Deutschland sein könnte. Wir müssten einfach nur ein wenig Alltag aus Sydney mitnehmen.

Über meine ganze Schwärmerei will ich nicht verschweigen, dass die Innenstadt voll war, es gab oft lange Staus und kaum Parkplätze. Ein einziges Mal fuhren wir mit dem Auto in die Stadt, weil wir in einem Geschäft ein wenig Ausrüstung für unsere Tour mit dem Camper kaufen wollten. Die Parkgebühr war der absolute Wahnsinn. Und wir brauchten viel länger als mit dem Bus und zu Fuß. Großstadt halt.

Inzwischen, wenige Tage vor Weihnachten, gab es hier und da ein wenig Deko, meist in Form von leuchtenden Tannenbäumen. Aber es war längst nicht so viel wie in Deutschland, wo es für meinen Geschmack oft überladen ist. Wir gingen auch zum Pferderennen, es lag ja in der Nachbarschaft. Kinderfreundlichkeit wurde auch hier großgeschrieben. Es gab tolle Spielplätze, Animation und Ponyreiten für Kinder. Wir trafen eine sehr nette Familie, die Großeltern stammen aus Brisbane. Als sie hörten, dass wir genau dahin mit dem Camper fahren wollten, gaben sie uns viele tolle Tipps, die du in keinem Reiseführer findest. Überhaupt unterhielten wir uns hier und im restlichen Australien sehr oft und lange mit Einheimischen. Alle waren aufgeschlossen, du kamst unheimlich schnell ins Gespräch und Levi fand viele andere Kinder zum Spielen.

Ganz toll war unser Ausflug in die Blue Mountains – ein Gebirge eine gute Stunde mit dem Auto von Sydney entfernt. Das „Blue" hat seinen Ursprung in den bläulichen Wolken, die durch die dampfenden Eukalyptusbäume aufsteigen (hatten wir gelesen). Wir fuhren morgens los, hatten Proviant dabei und ließen den Kinderwagen zu Hause. Wir nahmen die Trage. Alles war super ausgeschildert, wir hielten am ersten Touristen-Informationszentrum und ließen uns einige Empfehlungen geben. Dann ging es los. Noch ein Stückchen mit dem Auto, dann wanderten wir los. Bald kamen wir an einige sehr schöne Aussichtsplattformen und fuhren mit einer Art Seilbahn. Zum Glück hatten wir Jacken mit, die brauchten wir das erste Mal seit sehr langer Zeit. Wir hatten Spaß und genossen den Tag. Levi hielt ein Nickerchen in der Trage und war anschließend wieder fit. Er lief sehr viel, spielte im Wald mit Stöcken und Steinen. Da es auch hier früh dunkel wurde machten wir uns zeitig auf den Heimweg. Es war ein richtig toller Ausflug: Pause von der Stadt.

Dann war Weihnachten. Wir hatten nichts Großes geplant. Weihnachten ist für uns ein Fest zum Ausruhen, Entspannen und vor allem für Zeit mit der Familie. Naja: Das machten beziehungsweise hatten wir alles. Die Familie, die hier war, war zusammen und genoss die Zeit, genoss sie sehr. Der Rest in Deutschland war zu weit weg. Ich bekam trotzdem kein Heimweh. Wir waren schon drei Monate unterwegs. An Heiligabend grillten wir in „unserem" Centennial Park, packten von meinem Schwager mitgebrachte Kleinigkeiten aus und wurden dann doch ein wenig nachdenklich. Drei Monate waren schon rum. Die Zeit flog nur so dahin. Wir hatten schon viel erlebt und gesehen. So viel Schönes. Große Städte und tolle Strände, belebte Straßen und ganz viel einsame Natur. Wir sind auf viele verschiedenen Arten gereist und haben in den verschiedensten Unterkünften gewohnt. So viele Eindrücke, so viele Menschen. Können wir noch? Ja, können wir! Wir fühlten uns pudelwohl. Es war genau richtig.

Am ersten Weihnachtstag, unserem letzten Tag in Sydney, besuchten wir das Sydney-Aquarium und nehmen dann Abschied, langsam aber sicher. Von Sydney und von meinem Schwager, den wir aber auf unserer Camperstrecke noch einmal wiedertreffen würden.

Wir packten. Das erste Mal war ich ein wenig traurig, hatte Abschiedsschmerz. Werden wir jemals wieder nach Sydney kommen? Jedenfalls nicht so bald. Wir gaben unser kleines Ersatz-Zuhause auf. Ich habe mich hier sehr sicher gefühlt, sicher im Sinne von wir kannten uns aus, wir sprachen die Sprache sehr gut, wir wussten Bescheid. Nichtsdestotrotz freuten wir uns sehr auf die Fahrt mit dem Camper, gaben gerne den Komfort für das Abenteuer auf. Inzwischen besaßen wir ein Gepäckstück mehr, denn wir hatten eine große Reisetasche dazugekauft. So fiel das Packen leichter. Da Levi mittlerweile zwei war, zahlte er ab jetzt für Flüge und er hatte ein eigenes Gepäckstück, das im Preis inbegriffen war. Der Camperverleih lag außerhalb. Wir fuhren mit dem Mietwagen los, den wir anschließend noch abgeben mussten. Und dann ging es los. Wir verließen die Unterkunft, die ein Stück Heimat geworden war, und starteten in Richtung Norden. Bisher hatten wir – außer im Zoo – weder ein Känguru noch einen Koala gesehen. Das stand also als „To Do" ganz oben auf der Liste für die nächsten Wochen. Auf geht`s!

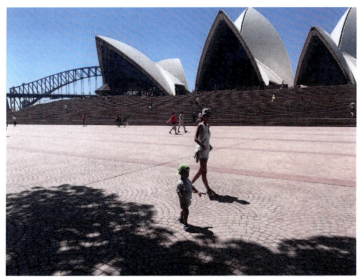
House of Opera, Sydney

Blick von Shark Island, Sydney

Blick auf Harbour Bridge und House of Opera, Sydney

Bondi Beach, Sydney

Blue Mountains

Blue Mountains 1

Ostküste Australiens

Als Erstes stellten wir fest, dass der gebuchte Camper eher ein „Camperchen" war. Und das zu diesem stolzen Preis. Klar: Es war Hauptsaison. Aber er war schon richtig, richtig teuer. Vorteil unseres überschaubaren Gefährts war, dass wir sicherlich keine Schwierigkeiten mit engen Straßen oder kleinen Stellplätzen bekommen würden. Nachteil war, dass wir unsere drei großen Gepäckstücke und den Kinderwagen kaum verstaut bekamen. Von Auspacken oder Ordnung konnte keine Rede sein. Wir quetschten und stopften alles so, dass es passte. Mehr war nicht drin. Die Schlafsituation war – naja, besonders. Wenn man unten umgebaut hatte, konnte man auf ein kleines Bett über der anderen Schlafgelegenheit klettern. Das war nicht gegen nächtliches Abstürzen gesichert – also kein Thema für Levi. Da es eine Gewichtsbegrenzung gab die ich glücklicherweise nicht überschritt war klar, dass ich oben schlafe. Marius und Levi teilten sich also unten eine etwa 1,40 mal 1,90 Meter große Liegefläche, meine war ungefähr 1,60 Meter lang – was bedeutete, dass meine Füße hinten überstanden. Theoretisch hätte sie so breit sein müssen wie die Etage unter mir, allerdings war da noch das Dach des Campers im Weg, das zur Seite hin weiter abflachte. Camper war vielleicht zu viel gesagt, es war ein Auto in VW-Bus-Größe. Während ich auf dem Rücken lag, hatte ich also wirklich nicht viel Platz bis zum Dach. Hinsetzen war komplett unmöglich. Selbst wenn ich mich schwungvoll drehte, stieß ich an die Decke. Es war zunächst ziemlich beklemmend, vor allen Dingen bei 30 Grad, und nichts für jemanden mit Platzangst. Marius und Levi hatten mehr Platz, aber sie waren ja auch zu zweit. Also: Gleiche Herausforderung für alle.

Einen kleinen Kühlschrank gab es auch, dieser stellte allerdings nach den ersten Tagen seinen Dienst ein. Vielleicht war es einfach zu heiß oder wir luden ihn zu wenig. Oder es war eine Kombination aus beidem. Das kleine Kochfeld benutzten wir relativ selten: Schließlich mussten wir immer erst unser komplettes Hab und Gut auf die Straße stellen, um ein wenig Platz zu haben. Dusche oder Toilette hatten wir nicht. Die Klimaanlage war vorne im Fahrerbereich, schaffte es aber nicht wirklich, die häufig herrschenden 35 und mehr Grad herunterzukühlen. Vorne waren nur zwei Sitzplätze, also saß Levi während der Fahrt hinten alleine. Dazu hatte er als Zweijähriger natürlich nicht sonderlich viel Lust. Bei einigen wenigen Fahrten wenn er sofort einschlief, ging das. Ansonsten saßen abwechselnd Marius oder ich hinten neben ihm auf einem Behelfssitz. War genauso „angenehm", wie es klingt. Und es war laut. Eine Unterhaltung mit dem Fahrer war quasi unmöglich. Dazu sei gesagt: Wir hatten alle null Camping-Erfahrung. Ich bin kein begeisterter Anhänger öffentlicher Duschen und Toiletten und habe es ganz gern ordentlich, zumindest ein bisschen. Wir zogen es trotzdem durch und wohnten 18 Tage im „Camperchen". Das heißt: Wir schliefen innen und wohnten drumherum.

Es macht mich heute noch stolz, wie gut wir das gemeistert haben. Das lag natürlich auch an der wunderschönen Strecke mit den tollen Erlebnissen. Aber es lag nicht zuletzt an uns, das kann ich schon behaupten. Wir bewiesen wieder einmal, dass wir ein gutes Team sind, das über seinen Schatten springen kann. Apropos Schatten: Den würden wir noch vermissen. Aber zurück zum Start: Wir beluden das Auto und auf ging es in Richtung Norden. Den ersten Campingplatz, den wir schon gebucht hatten, steuerten wir an.

Gebucht hatten wir die Plätze in der Regel über eine App. Dafür hatten wir einmalig auf der Reise eine nationale Simkarte. Nachmittags erreichten wir unser erstes Ziel, einen kleinen Campingplatz mit Spielplatz und einem Pool am Ufer eines Sees. Es war nett und gemütlich – gut, um reinzukommen ins Camperleben. Am ersten Abend kochte ich hochmotiviert auf dem winzigen Kochfeld und gab schnell auf. In den nächsten zweieinhalb Wochen würden wir grillen. Oder grillen. Oder es gab etwas vom Grill.

Die australischen Campingplätze waren toll ausgestattet. Die sanitären Anlagen waren sauber, ebenso die Küchen. Wir benutzten unsere Kochmöglichkeit im Camper also gar nicht, sondern immer die offenen, überdachten Großküchen. Kühlschränke gab es auch, sodass wir häufig kurz vor der Ankunft Lebensmittel einkauften und diese dann dort lagerten. Es war also kein Problem, dass unser kleiner Kühlschrank im Camper nicht mehr funktionierte (wie der Toaster übrigens). Aber selbst den gab es in den Großküchen. Es war toll, wie gut das geklappt hat. Wie erwähnt: Es war Hochsaison, Ferienzeit. Die Plätze waren voll, sehr voll – Familien mit Kindern. Wir fanden überall sehr schnell Anschluss. Und trotzdem war es ab 22 Uhr ruhig. Es war sauber und die stark frequentierten Küchen räumte jeder nach Benutzung gewissenhaft wieder auf. Oft gab es Pools, immer Spielplätze. Und natürlich das Meer.

Wir buchten zu Beginn eine „powered site", einen Stellplatz mit Steckdose, um den Akku unseres Campers laden zu können. Als der Kühlschrank nicht mehr von Bedeutung war, nahmen wir auch „non powered sites", die günstiger und häufig noch eher frei waren. Überhaupt war Vieles ausgebucht. Das hatten wir befürchtet. Aber wir wollten eben nicht alles weit im Voraus buchen, sondern flexibel sein. Wir nahmen das, was frei war. Und wenn nichts frei war, campierten wir irgendwo wild.

Im Detail sah unsere geplante Route via Brisbane so aus: Wir starteten in Sydney und fuhren zunächst zu unserem bereits gebuchten Platz „Hawkesbury Riverside Garden". Weiter ging es über Ettalong Beach, Newcastle und Port Stephens nach Port Macquarie. Hier würden wir Silvester verbringen. Über Nambucca Heads und den Dorringo National Park würden wir Coffs Harbour erreichen. In Yamba/Brooms Head wollten wir zwei Tage bleiben und dann Richtung Byron Bay weiter bis zur Gold Coast fahren. Zum Ende hin, bis zum vereinbarten Termin der Camper-Abgabe, hatten wir drei Tage Puffer eingeplant. Falls wir gut durchkämen, würden wir an Brisbane vorbei zur Sunshine Coast fahren. Falls wir unterwegs mehr Zeit benötigen sollten wäre das auch kein Problem. Die Route war insgesamt für Fahrten von maximal drei Stunden pro Tag geplant. Meist fuhren wir eher zwei und an manchen Tagen gar nicht. Es ging uns nicht darum, Kilometer beziehungsweise Meilen zu machen, sondern gemütlich in unserem Tempo zu reisen. Da die Fahrt wenig komfortabel war es genau die richtige Entscheidung. Gebucht hatten wir noch nichts, nur das Hotel in Brisbane war fix. Nach der Camper-Abgabe würden wir dort noch drei Nächte verbringen und dann nach Neuseeland fliegen. Aber so weit waren wir lange nicht. Es lagen spannende, heiße, anstrengende, aufregende und tolle Tage vor uns.

Der Start glückte, wir kamen gut klar und erreichten den ersten und einzigen vorab gebuchten Platz. Alles war in Ordnung. Wir schliefen gut und zum Frühstück machten Levi und ich Pfannkuchen in der Campingplatzküche. Zugegeben: Der Teig war aus der Flasche. Nach dem Frühstück hieß es packen, denn die Plätze mussten in der Regel um zehn Uhr morgens geräumt sein. Levi schlief ein und wir genossen die Fahrt. Es war ein Gefühl von Freiheit und Abenteuer: Wir wussten noch nicht wo wir abends unser Lager aufschlagen werden. Wir hielten mittags am Ettalong Beach – die Empfehlung eines Einheimischen. Es war ein netter, kleiner Ort mit einem schönen Strand, einer Promenade und Restaurants. Unser Camper passte zum Glück auf normale PKW-Parkplätze. Das zahlte sich immer wieder, zum Beispiel auch beim Einkauf im Supermarkt, aus. Wir waren begeistert, als wir feststellten, dass es auch hier Grillplätze gab – in einem super Zustand und frei für alle zugänglich. Außerdem gab es öffentliche Duschen und Toiletten - uns wurde das Campen leicht gemacht. Kurzerhand beschlossen wir, den Tag am Ettalong Beach zu verbringen. Marius fuhr zum Supermarkt und kaufte ein. Dann grillten wir neben dem Spielplatz, mit Blick auf den Strand. Am späten Nachmittag mussten wir weiter, die Dunkelheit nahte. Über die App erfuhren wir die erste Ernüchterung: Wir fanden in der näheren und weiteren Umgebung keinen freien Platz. Also fuhren wir einfach drauf los. Als es schon zu dämmern begann, hielten wir an einem See und einer großen Wiese. Auch hier waren öffentliche Toiletten vorhanden. Das gab den Ausschlag: Wir blieben. Ähnlich wie in Thailand wollten wir auch in Australien (zumindest hier, abseits der Städte) ungern im Dunkeln fahren – geschweige denn im Dunkeln alles sortieren und die Betten fertig machen.

In der verbleibenden hellen Zeit spielten wir auf der Wiese und warfen Stöcke und Steine in den See. Eine Kleinigkeit zum Abendessen, dann war es dunkel. Die Betten waren bereit und wir müde. Mir war zugegebenermaßen ein wenig unwohl, wenn ich an die ganzen giftigen Tiere dachte. Es war dunkel, stockdunkel. Wer weiß, was da rumkroch und rumlief. Levi war müde. Auch wir lagen früh im Bett und schliefen. Die Fenster ließen wir geschlossen, denn die Moskitonetze schienen nicht sehr dicht und stabil zu sein. Wir wollten definitiv keinen nächtlichen, tierischen Besuch. Diese zweite Nacht war aufregend. Wir waren ganz allein, es war stockdunkel und man hörte nichts, rein gar nichts.

Bis zum nächsten Morgen um fünf Uhr: Dann ging es auf dem nahen Highway los. Die Australier sind Frühaufsteher: Das hatten wir schon in Sydney festgestellt. Wir krochen bei Tagesanbruch aus dem Camper, putzten am See die Zähne, packten zusammen und fuhren weiter.

Für die nächste Nacht benötigten wir eine „powered site" um den Akku des Campers aufzuladen. Den wiederum benötigten wir, um unsere Handys ab und an zu laden. Wir buchten uns in einem echten Trucker-Campingplatz ein Stück im Landesinneren ein, direkt am Highway im „Australian Motorhome Caravan Twelve Mile Creek". Bis wir dort waren, verbrachten wir unterwegs einige schöne, entspannte Stunden. An den schönsten Stellen durfte man übrigens doch nicht wildcampen. Hier standen Verbotsschilder – was sicherlich sinnvoll ist, da es sonst einfach schnell zu voll werden und eventuell nicht lange so schön bleiben würde. Aber sobald man ein Stückchen abseits schaute, fanden sich jede Menge Gelegenheiten, dort die Nacht zu verbringen. Der Trucker-Campingplatz war toll, kein bisschen touristisch und die Leute waren alle unheimlich nett. Wir wurden zu Eis und Bier eingeladen und unterhielten uns lange. Der Spielplatz war klein, aber immerhin vorhanden. Und es gab einen kleinen See. Hier hatten wir jede Menge Spaß: Mit einem Wasserschlauch ließen wir einen kleinen Fluss über eine Gummimatte laufen. Die diente eigentlich dazu, die kleinen Paddelboote ins und aus dem Wasser zu bekommen. Wir zweckentfremdeten das – und hatten eine super Wasserrutsche. Der See war warm wie eine Badewanne. Abends grillten wir gemeinsam mit den Betreibern und einigen Gästen (meist Berufsfahrer). Es waren tolle Stunden, mal etwas anderes. In der folgenden Zeit trafen wir hauptsächlich andere Familien. Es waren ja Ferien.

Am nächsten Morgen steuerten wir einen kleinen Tierpark an, der auch eine Rettungsstation für Koalas beinhaltete. Levi fütterte Kängurus, wir sahen jede Menge Koalas und andere Tiere. Es war ein toller Tag. Auf den Fotos sehe ich, dass der arme Levi wieder einmal schlimm zerstochen war. Auch die australischen Moskitos kannten keine Gnade!

Silvester rückte näher, wir buchten hierfür einen Platz auf einem größeren Campingplatz, den Ingenia Holidays South West Rocks. Auf unserem weiteren Weg sahen wir unheimlich viele, tolle kleine Orte und wunderschöne Strände. Es war bewölkt in diesen Tagen und etwas kühler, gegen Abend zogen wir Pullover an. Inzwischen hatten wir eine gute Routine gefunden, das Ein- und Ausschecken an den Plätzen lief reibungslos. Außerdem waren wir schnell im Umbau und Zusammenpacken. An Silvester besuchten wir einen tollen Teil eines Nationalparks: Hier läufst du über Wege durch Baumwipfel. Außerdem hast du eine super Sicht in den tropischen Wald und die dort lebenden Tiere. Inzwischen hatten wir auch schon viele frei lebende Koalas bewundern dürfen. Die Silvesternacht verbrachten wir auf einem der größeren, teureren Plätze. Überhaupt waren die Plätze in der Hauptsaison nicht ganz günstig und unser günstigster

Stopp lag bei etwa 25 Euro pro Nacht. Wir zahlten aber auch bis zu 40 oder einmal 50 Euro. Dafür waren alle Plätze in einem super Zustand, sauber und gepflegt. Das Personal und die anderen Gäste waren sehr, sehr freundlich. Auch außerhalb von Sydney spürten wir diese gute Laune, Lockerheit und Zufriedenheit bei den Menschen. Im Umgang mit Kindern zeigten sich alle sehr gelassen – was sich auf die Kinder übertrug. Klar: Es waren auch Ferien. Wir waren unterwegs in einer wunderschönen Gegend und das Wetter war fast immer super. Die Australier kamen uns einfach sehr entspannt vor. Levi wurde überall sofort integriert, er durfte mitspielen und mitessen. Einmal brachte uns ein Familienvater morgens Pfannkuchen vorbei: Die würden Levi doch sicherlich schmecken. Ein anderes Mal bekamen wir selbstgemachten Honig geschenkt. Dazu gab es zahlreiche Einladungen zum Grillen und auf ein, zwei, drei Bierchen. Wir trafen so gut wie keine Touristen. Auf einem Campingplatz, dem Sunset Caravan Park, lernten wir deutsche Studenten die als Blaubeerpflücker arbeiteten kennen – und prompt waren wir tagelang mit Blaubeeren versorgt. Ansonsten waren es Einheimische, die hier ihre Ferien mit uns verbrachten. Eine Freundin, die in Deutschland zu den begeisterten Campern gehört, sagte mir, es sei in Deutschland ähnlich: Camper seien auch dort eine große Familie. Wie auch immer: Uns gefiel es sehr.

Silvester verbrachten wir gemütlich auf dem Campingplatz. Gegen 22 Uhr gab es ein Feuerwerk für die Kinder, aus Rücksicht auf sie war es das Einzige an diesem Abend. Wir grillten (wie gewöhnlich), saßen nett zusammen und stießen um 24 Uhr an – etliche Stunden vor unseren Lieben in Deutschland. Dann ging es in den Camper, am nächsten Morgen reisten wir weiter.

An Neujahr erreichten wir den wunderschönen Strand in Sawtell – ein Insidertipp. Neben dem Parkplatz vor dem Strand gab es die üblichen Grills sowie gut erhaltene und gepflegte Sanitäranlagen. Und einen Bratwurststand: German Bratwurst wurde angeboten! Der nette Verkäufer schenkte uns zu seinem Feierabend die restlichen Würstchen mit Brot – und somit unser ganzes Abendessen. Es war ein wunderschöner Platz, total idyllisch, nur durch einen kleinen Damm vom Traumstrand getrennt. Und es war ruhig, wenig los. Einen besseren Start ins neue Jahr hätten wir uns nicht wünschen können. Überhaupt: Was würde es bringen, das neue Jahr? Wie es aussieht, noch ein halbes Jahr Abenteuer. Das erste Mal auf der Reise überlegte ich, wie es wohl in einem Jahr aussieht. Ich dachte über die Zeit nach der Reise nach. Klappt das Wiedereinleben? Der Kindergarten, mein Jobstart, Marius' Rückkehr in den Job? Damals ahnten wir noch nicht, dass wir den nächsten Jahreswechsel schon zu viert (unbekannterweise) in Ägypten verbringen werden. Es wurde nicht langweilig mit uns...

Erst einmal hatten wir hier aber noch fast zwei Wochen Camperfahrt vor uns. Ich habe so tolle Fotos von einsamen, wunderschönen Stränden und hübschen, kleinen Orten. Wir waren nur draußen und genossen die Zeit sehr. Es war sehr erholsam und gleichzeitig auch anstrengend – und eine Herausforderung. Vielleicht idealisiere ich die Zeit im Nachhinein: Ich bekomme beim Schreiben Fernweh, Heimweh nach Australien. Ich möchte die Tour wiederholen. Mir fallen nach und nach immer mehr Details ein, es ist eine richtige kleine Rückreise.

Finanziell kamen wir ganz gut klar. Die Plätze waren etwas teurer als kalkuliert. Da wir aber immer wieder wild campten, glich es sich aus. Lebensmittel waren teurer als in Deutschland, ansonsten brauchten wir aber nichts. Wir zahlten kaum Eintrittsgelder oder Ähnliches, waren nur in der Natur unterwegs. Wir trafen meinen Schwager Christoph wieder. Er reiste das letzte Stück mit uns nach Brisbane und zeltete neben unserem Camper. Ab und an gönnten wir uns ein leckeres Frühstück in einem schönen Café oder abends eine Pizza. Sonst waren wir Selbstverpfleger und hatten bald jeden Grill an der Ostküste benutzt. An einem Abend gingen wir auf eine Kirmes und hatten großen Spaß. Eines Tages kamen wir an einen der vielen wunderschönen Strände – und wurden sofort von einem Lifeguard auf die giftigen Quallen hingewiesen. Der Strand war nicht gesperrt, die Warnung für uns aber ein Grund, sofort weiterzuziehen. Wenige Tage später erlebten wir, wie ein Mädchen am Strand von einer Qualle berührt wurde und furchtbar weinte. Es hatte große Schmerzen. Der herbeigerufene Lifeguard half sofort und massierte das Bein, um das Gift aus dem Körper zu bekommen. Mehr könne man nicht machen, erklärte er. Die Tentakel verbrennen die Haut. Dabei sahen die Quallen so schön aus – blauschimmernd in verschiedenen Tönen. Ganz toll. Auch hier packten wir unsere Badesachen ein und zogen weiter. Das war uns mit Levi einfach zu gefährlich: Von einem Zweijährigen konnten wir natürlich nicht erwarten, so gut aufzupassen. Zum Glück gab es das Quallenproblem nur an wenigen Stellen und auch immer nur kurz. Es hing wohl mit der Strömung zusammen. Apropos Strömung: Das Meer war kalt, eiskalt. Zugegeben, ich bin eine Frostbeule, aber auch den Jungs war es zu frisch. Viele Einheimische trugen sogar Neoprenanzüge.

Und dann sehen wir sie – freilebende Kängurus. Wir kommen in der Dämmerung zurück aus dem kleinen Ort zu unserem Campingplatz und sehen sie etwa 20 oder 30 Meter entfernt auf einer Wiese: Eine Mutter mit Baby im Beutel – Joey werden die kleinen Kängurus genannt – und ein weiteres, ausgewachsenes Känguru. Sie beobachten uns, fressen aber ruhig weiter, als wir an ihnen vorbeigehen.

Eines Tages erleben wir die sonst so entspannten Australier in Aufregung. Wir sind an einem kleineren Strand eines breiten Flusses, der ins Meer mündet. Das Wasser ist ziemlich warm. Es gibt am Rand kaum Strömung – dafür lauter kleine Becken, in denen die vielen Kinder spielen. Plötzlich herrscht Alarm, alles geht unheimlich schnell. Die Erwachsenen rennen ins Wasser, holen ihre und andere Kinder ans Ufer. Sie gestikulieren, rufen, zeigen auf die Mitte des Flusses. Levi, Marius und ich sitzen sicher am Ufer auf einer Decke. „Crocodile, Crocodile", rufen alle. Und dann sehen wir, was sie meinen: In der Mitte des Flusses treibt ein großes, dunkles Etwas. Als es näherkommt, gibt es Entwarnung: Es ist nur ein großer Baumstamm. Sofort sind alle wieder im Wasser. Ein bisschen mulmig ist mir dennoch – es hätte definitiv ein Krokodil sein können… Glück gehabt! Wir sind keinem in freier Wildbahn begegnet. Dennoch war Vorsicht geboten, gerade in Gewässern wie diesem. Beinahe jeder Australier den wir trafen konnte ein bis zwei Geschichten eines Hai-oder Krokodilunfalls erzählen. Wobei sich alle einig waren: Schuldig war nahezu immer der Mensch. Eine Frau erzählte ihre Freundin sei in Cairns (ganz im Norden Australiens) von einem Krokodil getötet worden. Ihre Begleitung und sie seien im Dunkeln an einer Stelle geschwommen, an der ausdrücklich vor Krokodilen gewarnt wurde und Schwimmen verboten war. Wir haben es auch selbst erlebt, dass in Manly (Sydney) abseits der Hainetze geschwommen wird. Diese Netze sind extra als Schutz vor Haien errichtet und bieten den Schwimmern Sicherheit. Trotzdem beobachteten wir mehrmals, wie Menschen außerhalb dieser Bereiche schwammen. Jedenfalls beruhigten uns die Einheimischen dahingehend, dass nichts passieren sollte – wenn wir auf Schilder achteten, uns an Verbote hielten, gesicherte Zonen der Hainetze nutzten, nicht in der Dunkelheit schwammen und die Augen offenhielten. Und so war es in unserem Fall zum Glück auch.

An zwei oder drei Tagen regnete es ziemlich viel. Wir hätten gerne einen Stellplatz gehabt, fanden aber keinen. Es war nichts zu machen, alles ausgebucht. Im Endeffekt schlugen wir Zeit beim Abendessen tot und schliefen dann am Straßenrand parkend. Da war meine Laune tatsächlich am Nullpunkt. Alles, wirklich alles war nass. Ich wollte duschen, Wäsche waschen und frische, trockene Kleidung anziehen. Aber auch das ging vorbei und glücklicherweise schien am nächsten Tag schon wieder die Sonne. Und wie! Es wurde heißer und heißer, über 35 Grad. Und auch nachts kühlte es nur leicht ab. Wir schwitzten im Camper, stellen aber fest, dass wir uns daran gewöhnen konnten. Zwischendurch tauchte bei mir der Gedanke an ein schönes Hotelzimmer auf, doch wir kriegten immer wieder gut die Kurve und verbrachten 18 Nächte am Stück zu dritt auf unseren paar Quadratmetern.

Eine besondere Nacht verbrachten wir auf einem Rastplatz am Highway, der „New Italy Rest Area". Wir waren in die Dunkelheit geraten und freuten uns über die Möglichkeit, hier die Nacht zu verbringen. Als wir ankamen, war es ruhig und nicht beleuchtet. Mit Handy-Taschenlampen bauten wir das Zelt meines Schwagers auf und unseren Camper um. Am nächsten Morgen staunten wir nicht schlecht. Erst jetzt sahen wir, wie gut der Rastplatz besucht war. Jede Menge Berufsfahrer und einige wenige campende Familien hatten hier übernachtet. Ein nahegelegenes Gebäude war geöffnet und freiwillige Helfer boten uns Kaffee an. Wir wollten bezahlen, aber sie nahmen unser Geld nicht an. Wir erfuhren, dass es entlang der australischen Highways viele dieser Plätze gibt – große Parkplätze mit sanitären Anlagen und Freiwilligen, die ab dem frühen Morgen Kaffee und Kleinigkeiten zum Frühstück anbieten. Fahrer sollen zur Übernachtung animiert werden, um Unfälle zu vermeiden. Auch Urlauber wie wir seien herzlich willkommen.

Zwischendurch blieben wir auch mal zwei Nächte an einem Ort, um uns zu erholen und in Ruhe Wäsche zu waschen. Levi fand immer andere Kinder zum Spielen und wir über ihn Anschluss. Und wir bekamen so viele tolle Tipps, dass wir es gar nicht schafften, alles zu sehen. Auch zwei Tage Luxuscampen im „BIG 4 Gold Coast Holiday Park" erlaubten wir uns. Der Platz war riesig, er hatte tolle Pools mit Rutschen und sogar Badewannen neben den Duschkabinen. Überhaupt sind die Plätze der Kette „BIG 4" sehr zu empfehlen: Tolle Lage, tolle Ausstattung, dafür etwas hochpreisiger und in der Regel ausgebucht. Die hätten wir im Voraus buchen müssen. Dieses eine Mal klappte es aber und wir bekamen eine „non powered site". Wir genossen den Camping Comfort.

Dann kamen wir an der Goldcoast an. Als wir näherkamen, hatten wir schon bemerkt, dass die Bebauung dichter wurde, die Straßen und Strände voller. Wir verbrachten zwei Tage auf dem „BIG 4-Campingplatz" in der Nähe und fuhren mit dem Mietwagen meines Schwagers ins Zentrum der Goldcoast. Das kann man sich in etwa wie Teile am Ballermann auf Mallorca oder anderen Touristenhochburgen vorstellen. Es war eine gepflasterte, breite Promenade mit vielen hohen Hotels und kaum Platz. Wir schlenderten einmal hin und her, ehe wir in einem Burger-Restaurant aßen. Es war unser Abschiedsessen. Brisbane war nah und mein Schwager würde am kommenden Tag von dort aus zurück nach Deutschland fliegen. Für uns war schnell klar: Hier bleiben wir nicht. Wir drei reisten noch etwas weiter nördlich – raus aus dem Trubel, rein in die Natur und die Ruhe.

Besonders gut gefiel uns auf unserem weiteren Weg der Mount Coolum National Park. Wir kletterten und wanderten einen Berg hoch und hatten eine gigantische Aussicht. Obwohl wir früh aufgebrochen waren, war es extrem heiß und anstrengend. Aber es lohnte sich, denn die Gold Coast und Umgebung lagen uns zu Füßen. Unsere letzten Tage verbrachten wir wie die meisten anderen auch – entspannen, spielen, schwimmen, grillen. Wir passierten Noosa und genossen am Dicky Beach einen tollen, vorerst letzten Strandtag.

Dann freuten wir uns auf alles, was noch kommen sollte. Wir freuten uns auf Brisbane und sehr, sehr arg auf unser Hotelzimmer. Wir waren platt: 18 Tage bei Temperaturen über 30 Grad (zum Teil an die 40) ohne eine Möglichkeit zur Abkühlung lagen hinter uns. Dennoch war es eine super Zeit. Besonders Levi hat es sehr genossen. Ich glaube, er hatte nicht ein einziges Mal Schuhe an und er war den ganzen Tag nur mit einer Windel bekleidet. Er hatte Platz sich auszutoben, Wasser, Sand, Stöcke und Steine. Er hatte Ruhe und in einer optimalen Dosis Spielplätze und andere Kinder. Wir haben nicht die großen Sehenswürdigkeiten entdeckt. Doch jeder Tag, jede neue Ecke für war für uns sehens- und erlebenswert. Dann stiegen wir das letzte Mal in den Camper und fuhren in Brisbanes Innenstadt.

Wir hatten ein typisches Stadthotel gebucht, das „Capri by Fraser Brisbane", zentral gelegen und nah am botanischen Garten. Darauf achteten wir nun immer bei Buchung einer Unterkunft: Wir wollten fußläufig einen Park, Strand oder Ähnliches haben, wo Levi sich frei bewegen konnte. Marius setzte uns am Hotel ab und fuhr weiter, um den Camper zurückbringen. Das Zimmer kam uns riesig vor, dabei war es ein durchschnittliches Hotelzimmer. Und das Badezimmer! Ein eigenes Badezimmer! Mir wurde deutlich, was ich dann doch ab und an vermisst hatte. Levi und ich machten einen kurzen Abstecher in den botanischen Garten, aber es war zu heiß. Zurück im Zimmer, schlief er sofort ein – Marius nach seiner Rückkehr und ich übrigens ebenfalls: Ein großes, weiches Bett, eine Klimaanlage. Dieser Riesen-Mittagsschlaf tat unglaublich gut. Am späten Nachmittag, es dämmerte schon, zogen wir dann los, um die Stadt zu erkunden. Es war nach wie vor sehr heiß und schwül. Dennoch: Nichts toppt das Wetter in Singapur in dieser Hinsicht. Wir liefen durch die Fußgängerzone zum Wasser, fuhren ein Stück Boot und schlenderten umher.

Brisbane gefiel uns sehr gut. Die Gegend am Meer war wunderschön gestaltet. Es gab tolle Spielplätze und eine riesige angelegte Lagune zum Schwimmen und Planschen. Wir erkundeten die Promenade und fuhren Riesenrad, kühlten uns in der Lagune ab und machten eine Bootstour. Um der größten Hitze zu entgehen, besuchten wir zur Mittagszeit das Museum of Brisbane. Auch das merkten wir uns: In den großstädtischen Museen gab es immer tolle Ecken für Kleinkinder. Levi malte und spielte hier stundenlang. Wir tranken Kaffee und informierten uns über die jeweilige Stadt. Häufig war der Eintritt kostenlos oder nicht besonders hoch. Ebenfalls noch besuchen würden wir beispielsweise das Naturkundemuseum in New York und dort über den riesigen Bereich für Kinder staunen.

Fehlen darf auch in Brisbane nicht die Fahrt mit dem Hop-on-Hop-off-Bus. Es war interessant zu merken wie sich in der Fremde trotz immer neuer Situationen doch Rituale ergaben.

Ich möchte nicht verschweigen, dass uns Brisbane eine Stange Geld gekostet hat. Das Hotel war mit rund 90 Euro pro Nacht nicht günstig. Die Bootstour, Fahrten mit dem öffentlichen Nahverkehr, Essengehen, Eintrittsgelder und mehr schlugen ordentlich zu Buche. Aber das war es wert, Brisbane gefiel uns sehr gut. Am dritten Tag hieß es dann: Abschied nehmen von Australien. Ich war richtig geknickt. Zum ersten Mal auf der Reise fiel mir der Abschied von einem Land schwer. Es war so schön, alles perfekt. Werde ich in den folgenden Monaten enttäuscht werden? Immer noch mal schöner konnte es ja nicht werden. Wurde es auch nicht, aber anders. Ich hatte meine Topstrände beispielsweise längst gefunden – in Australien, auf Mauritius und in Thailand. Die thailändische Küche ist meiner Meinung nach nicht zu toppen, nicht zu überbieten an Frische, Vielfalt, Geschmack und Preis- Leistungsverhältnis. Aber es würde so viele andere tolle Erlebnisse geben, die uns noch erwarteten. Neuseeland würde uns landschaftlich begeistern, Südamerika ebenso. Besonders da würden die Menschen unseren Aufenthalt einzigartig machen, die Gastfreundschaft würde uns begeistern. Kuba würde uns komplett überraschen und fordern wie kein anderes Reiseziel. Wir würden noch umplanen und weiterplanen, einiges verwerfen. Werden meinen Schwager Lukas und seine Frau Mira treffen, meine Freundin Diana in New York besuchen. Ein absolutes Highlight, die Iguazú-Wasserfälle, werden uns doch noch eine Gelbfieber-

Impfung abverlangen. In der Atacama-Wüste werden wir mit unserem Mietwagen liegenbleiben – eine Panne in rund 4500 Metern Höhe. Obwohl wir all das noch nicht wussten, waren wir uns sicher: Es werden weitere tolle Monate folgen. Wir waren noch reiselustig, gut gelaunt und entspannt. Es konnte weitergehen. Ab nach Neuseeland!

Unser Flug von Brisbane nach Christchurch ging früh morgens. Daher gönnten wir uns einen Transfer zum Flughafen. Der Wecker klingelte und wir trugen Levi im Halbschlaf zum Taxi. Der Vorteil dieser Uhrzeit: Es war kein Verkehr. Alles ging glatt, auch für den Aufenthalt in Neuseeland hatten wir alle Formalitäten online erledigen können. Ich muss zugeben, dass Neuseeland nicht mein absolutes Traumziel war. Australien in jedem Fall, Neuseeland eher weniger. Warum, kann ich gar nicht genau sagen. Als es dann beschlossen war und ich mich mit dem Land beschäftigte, stellte sich doch noch Vorfreude ein. Insgesamt müssen wir aber ehrlich zugeben, dass die Planung bis einschließlich Australien besser war als für die Ziele danach. Bis Januar hatten wir von Deutschland aus einiges geplant und gebucht, Reiseführer gewälzt und uns vorbereitet. Weiter konnten und wollten wir nicht denken. Und das Planen unterwegs war gar nicht so einfach, denn das Genießen des Hier und Jetzt stand immer im Mittelpunkt. Ab jetzt also (Mitte Januar) wurde es ein bisschen der Sprung ins kalte, noch kältere Wasser. In Neuseeland war das kein Problem, hier würden wir super zurechtkommen. In Argentinien und auf Kuba würde das noch anders aussehen. Mit besserer Vorbereitung und besser informiert hätten wir uns einiges erleichtern können... Nun ging es aber erst mal los. Auf uns wartete ein rund vierstündiger Flug nach Christchurch.

Strand an der Ostküste Australiens

Auf dem Mount Coolum, Ostküste Australien

Levi mit Känguru, Ostküste Australien

Schriftzug am Ufer, Brisbane

Januar bis Februar 2018 – Neuseeland

Neuseeland mit rund 4,5 Millionen Einwohnern liegt im südlichen Pazifik und ist in Nord- und Südinsel unterteilt. An der schmalsten Stelle der Cookstraße trennen etwa 23 Kilometer die beiden Inseln. Flächenmäßig liegt Neuseeland mit circa 270.000 km² zwischen dem Vereinigten Königreich und Italien. Es hat aber deutlich weniger Einwohner als diese beiden Staaten. Die Nordinsel Neuseelands ist dichter besiedelt, hier leben etwa drei Viertel aller Einwohner. Interessanterweise ist das so häufig gesprochene Englisch im Gegensatz zu Te Reo Maori und der neuseeländischen Gebärdensprache laut Wikipedia keine „echte" Amtssprache – sondern es wird lediglich als De-facto-Amtssprache bezeichnet. Bereits im Jahr 2015 wurde die Petition einer Bürgerin mit dem Ziel gestartet, Englisch als Amtssprache einzuführen. Der Ausgang ist allerdings noch heute offen. Landeswährung ist der Neuseeland-Dollar, der etwas schwächer ist als der australische Dollar. Unser Kurs lag bei etwa 1 Euro zu 1,7 Neuseeland-Dollar.

Nach einem ruhigen Flug (bisher verliefen zum Glück wirklich alle Flüge gut bei uns) landeten wir nachmittags am 15.01.2018 in Christchurch. Die weiteren zwei Stunden Zeitverschiebung bedeuteten jetzt insgesamt einen Unterschied von zwölf Stunden nach Deutschland. Das erschwerte ein wenig die Live-Kommunikation mit unseren Lieben zu Hause.

Unseren Aufenthalt in Neuseeland hatten wir bereits vorab grob geplant, der Mietwagen war schon gebucht. Auch hier war Hauptsaison und wir konnten vor einiger Zeit täglich beobachten, wie die Mietpreise stiegen. Wir wollten mit dem Auto reisen und in Holidayparks in kleinen

Cabins, Bungalows, übernachten. Eine Camper-Rundreise wäre sicherlich auch toll gewesen. Da wir aber gerade 18 Tage Camper hinter uns hatten, entschieden wir uns für den PKW – auch deshalb, weil wir einige längere Aufenthalte planten. Im Grunde war es sehr ähnlich: Wir schliefen nur woanders. Wildcampen war auch in Neuseeland grundsätzlich erlaubt, aber stärker reglementiert als in Australien. Es hielten sich im Verhältnis zu den Einwohnern viel mehr Touristen im Land auf. Das würden wir noch deutlich merken. Wir wollten beide Inseln sehen, zumal unser Weiterflug von Auckland aus ging. Hiermit legten wir also unseren Endpunkt in Neuseeland für Mitte Februar in Auckland fest. Es kam dann noch anders, aber wir waren ja trotz allem flexibel...

Zunächst aber landeten wir in Christchurch und atmeten erst einmal auf. In Australien war es schon sehr heiß. Das merkten wir hier, weil wir 25 Grad als kühl empfanden. Das Klima war total angenehm – nicht zu warm und kein bisschen schwül wie zuletzt in Brisbane. Zunächst hatten wir noch keinen Mietwagen. Das Preisniveau war noch etwas höher als in Australien, sodass wir nur dann ein Auto mieten wollten wenn wir es wirklich benötigten. Wir hatten ein paar Tage Christchurch zum Ankommen und für die Stadtbesichtigung angedacht – was wir sowieso am liebsten zu Fuß machen.

Die wenigen Stunden Zeitverschiebung machten uns nichts aus. Überhaupt kann ich mich an keinen nennenswerten Jetlag erinnern. Klar: Die ganz großen Sprünge hatten wir bisher nicht gemacht, meistens waren es drei bis vier Stunden Zeitverschiebung – einmal werden es noch 16, aber gefühlt eben nur acht. Denen begegneten wir ganz entspannt. Nicht die (neue) Uhrzeit bestimmte unseren Alltag, sondern die Umgebung, das

Wetter, die Stimmung und – ganz wichtig – die Müdigkeit. Wir haben nie versucht, Levis und unseren Rhythmus irgendwie zu beeinflussen, nach der Uhr zu schlafen oder zu essen. Wir haben uns an die jeweilige Situation und die Gegebenheiten vor Ort angepasst. Und dann war es doch ganz egal, ob Levi um 19, 21 oder 23 Uhr schlief. Ob und wenn ja, wann und wie lange er Mittagsschlaf hielt, war unwichtig. In Australien an der Küste hielten wir mittags alle lange Siesta im Schatten, weil es so heiß war. Dementsprechend hatte Levi abends bis 22 Uhr viel Spaß mit den auch noch nicht müden anderen Kindern. Ähnlich war es in Singapur und Bangkok – die Mittagszeit verbrachten wir da im kühlen Hotelzimmer und abends war immer lange etwas los, selbst im Stockdunkeln. In Neuseeland würden wir früh aufstehen und früh schlafen gehen, Levi machte selten Mittagsschlaf. Buenos Aires würde uns wieder zu Nachtschwärmern machen – und so weiter. Wir hatten keine Termine und keine Verpflichtungen. Also nahmen wir alles, wie es kam: Auch die Uhrzeit!

Wir kamen am späten Nachmittag an und ließen uns von einem Taxi zu unserer Unterkunft bringen, dem 53 Southern Comfort Motel – fußläufig zum Zentrum gelegen. Das erste Mal, seit wir Sydney vor rund drei Wochen verlassen hatten, hatten wir wieder jede Menge Platz und eine eigene Küche. Das freute uns sehr. Also zogen wir los um den Kühlschrank zu füllen und kochten am ersten Abend gemütlich in der Unterkunft. Die Lebensmittel waren noch etwas teurer als in Australien, das läpperte sich ganz schön. Es lohnte sich hier total auf Sonderangebote zu achten. Häufig gab es zu zwei Packungen die dritte gratis dazu. Leider waren wir meistens nicht lange genug an einem Ort, um diese Sonderangebote nutzen zu können. Aber ab und an klappte es. Unser Motel wurde von Asiaten betrieben, überhaupt sahen wir während unseres Aufenthalts sehr viele Asiaten - und Deutsche. Halb Deutschland schien in Neuseeland unterwegs zu sein. Wahnsinn. Einheimische sahen und trafen wir nur selten und wir kamen kaum mit ihnen ins Gespräch. Sicherlich kam es mir auch so vor weil Australien das komplette Gegenteil gewesen war. In Neuseeland würden wir an die klassischen Touristen-Hotspots fahren und da waren – Überraschung – Touristen. Zum Teil wurde es sehr, sehr voll: Das muss man sich vor einer Reise nach Neuseeland bewusst machen. Viele der richtig schönen Ecken waren überlaufen oder kurz davor – zumindest zu dieser Reisezeit. Auf der anderen Seite sahen wir unterwegs häufig stundenlang keine anderen Menschen. Es gab viele wunderschöne, einsame Stellen in der Natur.

Wir blieben drei Tage in Christchurch, schauten uns die Stadt zu Fuß und per Bimmelbahn an. Wir waren viel in Parks und dem botanischen Garten unterwegs und entdeckten viele tolle Spielplätze. Die Qualität der Spielplätze hier war viel besser als in Deutschland. Sie waren schöner und besser gepflegt als die, die ich in Deutschland kenne. Sie waren auch größer und es gab mehr. Total gut gefiel uns die Fahrt mit der Christchurch-Gondola auf einen Berg außerhalb der Stadt. Die Station erreichten wir gut mit dem Bus. Dann fuhren wir mit der Gondel – durch eine österreichische Firma produziert – auf den Berg und hatten einen sagenhaften Blick. Es gab ein Restaurant und ein paar Rundwege. Die Landschaft sah aus wie im Bilderbuch und ganz, ganz anders als in Deutschland. Die Farben empfand ich als sehr leuchtend und intensiv. Das Ganze machte Lust auf mehr Neuseeland. Apropos österreichischer Hersteller: Wir stießen oft auf Schilder, die uns an zu Hause denken ließen. Auch in den USA würden wir Seilbahn fahren, ebenso in den Anden – beide Seilbahnen gemäß Aushang von Österreichern gebaut. Andere Beispiele: Die deutsche Bratwurst an der australischen Ostküste, die Container aus Hamburg im Hafen von Buenos Aires, immer wieder diese Wegweiser, die einem sagen, dass Frankfurt gerade 18.631 Kilometer entfernt ist – sie ließen uns oft an Deutschland denken. Heimweh hatten wir dennoch nicht.

Ich empfand Christchurch als eine sehr bunte, junge Stadt, die sich nicht unterkriegen lässt. Sie war schlimm durch Erdbeben betroffen - insbesondere vom Christchurch-Erdbeben im Jahre 2011 mit 185 Todesopfern. Alles war noch im Wiederaufbau, überall waren Baustellen. Auch das Kaikoura-Erdbeben im Jahre 2016 richtete schwere Schänden an. Wir beschlossen unsere Route zu überdenken, denn noch immer waren einige Straßen unpassierbar. Also planten wir um.

Die Menschen in Christchurch wirkten auf mich trotz allem optimistisch und freundlich. Sie schienen in die Zukunft zu blicken. Sehr berührt hat mich ein besonderes Denkmal: Auf einer Wiese stehen weiße Stühle und jeder von ihnen symbolisiert eines der 185 Erdbebenopfer von 2011. Neben Schulbänken, Sonnenliegen, Rollstühlen und Sesseln stehen auch Hochstühle, ein Barhocker, ein Schaukelstuhl. Als ich eine ganz weiß angemalte Babyautoschale sehe, kommen mir die Tränen. Es ist sehr persönlich, sehr berührend. Ich kann die Menschen vor mir sehen. Eine wunderschöne Art, ihrer zu gedenken. Keine Tafeln mit Namen – durch die Stühle, die den jeweiligen Menschen so lebendig werden lassen, erhalten wir ein Bild vor Augen. Ich kann mir die Menschen vorstellen. Und links und rechts daneben wird gebaut. Genau so empfand ich Christchurch: Es gab

Platz zum Trauern und zum Gedenken, aber noch viel mehr wurde wieder aufgebaut.

Dann zogen wir weiter – auf eine besondere Art. Wir fuhren mit dem Transalpin, es war eine Zugfahrt durch die Berge quer auf die andere Seite der Südinsel. Diese Fahrt wird in Reiseführern wärmstens empfohlen, sie soll landschaftlich wunderschön sein. Wir ließen uns morgens früh mit dem Taxi zum Bahnhof fahren, die Tickets hatten wir online gekauft. Das Gepäck ließ sich bequem verstauen und der Zug war gut besetzt, aber nicht zu voll. Pünktlich ging es los, von Christchurch nach Greymouth. Wir hatten genug Platz zum Essen und Spielen, liefen durch die Abteile und verbrachten Zeit am Panoramafenster oder auf der Aussichtsplattform. Die Fahrt dauerte etwa drei bis vier Stunden. Es waren wirklich tolle Landschaften durch die wir fuhren, es lohnte sich in jedem Fall. Wir kamen gut in Greymouth an und holten unseren Mietwagen direkt am Bahnhof ab. Das Auto war riesig und wir waren begeistert. Wir hatten jede Menge Platz für uns und unser Gepäck und großen Fahrkomfort. Das ständige Aus- und Einpacken wurde erheblich erleichtert. Da die Straßen breit und abseits der Städte leer waren, bereitete uns der Verkehr keine Schwierigkeiten. Links fuhren wir ja sowieso schon seit Thailand.

Nach einer kurzen Fahrt kamen wir am Ziel an, einem Holidaypark direkt am Meer. Diese Parks waren ähnlich aufgebaut wie die Campingplätze in Australien. Es gab vielleicht etwas mehr feste Unterkünfte, ansonsten auch Stellplätze, Zeltplätze, große Küchen für alle sowie sehr saubere und gepflegte sanitäre Anlagen, Spielplätze und ab und an einen Pool. Der verlor allerdings ein wenig an Bedeutung, denn Poolwetter war nicht unbedingt immer. Meist hatten wir etwa 20 bis 25 Grad. Und es war trocken, noch...

Auch hier gab es einige größere Ketten von Campingplatzbetreibern. Wir übernachteten häufig in einem „Top 10 Holiday Park" und waren immer zufrieden. Toll waren die „Jumping Pillows", die es in Australien vereinzelt und hier überall gab: Große, mit Luft gefüllte Kissen, die als Trampoline genutzt wurden. Wir würden in Neuseeland immer Glück mit unseren Unterkünften haben, sie waren allerdings auch ziemlich hochpreisig. Aber das hatten wir einkalkuliert.

Am ersten Abend aßen wir Pizza und waren früh im Bett. Anders als in Australien war hier mit Einbruch der Dunkelheit und nicht erst um 22 Uhr Ruhe. Und es wurde kühl. Einige Holidayparks hatten kleinere Spielzimmer mit Spielsachen und Büchern. Das war ganz nett, um sich abends mal dort aufzuhalten. Ansonsten verbrachten wir die Abende in unseren „Cabins", spielten mit Levis neuen Duplosteinen oder lasen etwas vor. Ach ja: Autos spielten wir auch. Autos, Autos und noch mal Autos. Wir trafen viele deutsche Familien und eine sehr nette Familie aus Österreich mit einem vierjährigen Sohn. Levi und er verstanden sich super. Das Timing war gut: Levi sprach mit seinen gerade zwei Jahren inzwischen wie ein Wasserfall und er freute sich sehr darüber, dass er jetzt auch von anderen Menschen als Mama und Papa verstanden wurde – und sie verstehen konnte. Die Parks waren kleiner und übersichtlicher als in Australien. Es war mehr Platz zwischen den Unterkünften, sodass insgesamt deutlich weniger los war. Auch hier buchten wir spontan über eine entsprechende App: Wir fanden hier immer spätestens beim zweiten oder dritten Versuch eine Bleibe. Am nächsten Tag war Strandwetter, das nutzten wir natürlich aus. Der Strand in Greymouth lag direkt hinter dem Holidaypark. Der Sand war dunkelgrau bis schwarz und überall lagen viele Steine. Es war etwas ganz anderes und es sah toll aus. Levi hatte einen Freund gefunden: Die Beiden buddelten den ganzen Tag im Sand und sortierten Steine. Zum Schwimmen war es uns zu kalt. Eine besondere Herausforderung war es abends, den dunklen Sand wieder aus Levis blonden Haaren zu waschen (und aus Ohren und Nase...). Auf einer Wiese in der Nähe war eine Wasserrutsche aufgebaut, auch da schauten wir vorbei und hatten großen Spaß. Dann hieß es weiterfahren. Mit der österreichischen Familie verabredeten wir einen gemeinsamen Aufenthalt in einem Holidaypark ein paar Tage später.

Wir fuhren zum Fox Gletscher und freuten uns total. Kilometermäßig war es gar nicht so weit. Allerdings kamen wir nicht so wahnsinnig schnell voran da der Weg zum großen Teil aus Serpentinen bestand. Auch hier, am Fox Gletscher, hatten wir eine Unterkunft in einem Holidaypark gebucht (Fox Glacier Top 10 Holiday Park). Im Gegensatz zu den anderen Parks war hier vieles innen angelegt. Das Wetter schien nicht oft so gut zu sein wie momentan. Klar: Jetzt war auch Sommer, im Winter würde es sicherlich kühl werden hier oben. Unser Zimmer erinnerte an Klassenfahrt, wir hatten drei Etagenbetten und ansonsten keinen Platz. Die Toilette war eine Gemeinschaftstoilette auf dem Gang, überall lag älterer, dunkler Teppichboden. Die Unterkunft war ein wenig in die Jahre gekommen aber sauber und gepflegt. Außer uns waren nur wenige Familien hier, dafür viele Wanderer und Kletterer. Am ersten Tag erkundeten wir die Gegend zu Fuß und ein wenig mit dem Auto. Viel Wald, viel Wasser, tolle Aussichtspunkte. Für den nächsten Tag wagten wir nach einigem Hin und Her etwas ganz Besonderes: Wir buchten einen Helikopterflug auf den Gletscher. Es wurde eins der Highlights auf unserer Reise.

Früh am nächsten Morgen werden wir wach und sind ein wenig aufgeregt. Wir haben totales Glück mit dem Wetter: Es ist windstill und die Sonne scheint, dem pünktlichen Abflug steht nichts im Weg. Vom Touristencenter aus, in dem wir gewogen und instruiert werden, fahren wir mit den Mitarbeitern zum nahegelegenen Abflugplatz. Auch dort gibt es noch ein paar kleine Instruktionen, es werden Kopfhörer verteilt. Wir sehen Helikopter starten und landen, die Vorfreude steigt. Levi findet alles unheimlich spannend und macht es anstandslos mit: Ein richtiges Abenteuerkind! Dann steigen wir ein und sind ruckzuck oben. Auf dem Gletscher steigen wir aus und stehen im Schnee: Mit Turnschuhen und im T-Shirt. Levi sieht zum ersten Mal in seinem Leben bewusst Schnee und ist begeistert. Wir schießen ein paar Fotos – und dann geht es schon wieder zurück. Der Ausflug hat nicht einmal eine halbe Stunde gedauert – und dennoch hat er sich gelohnt. Klar: Wenn schon zum Gletscher, dann auch hinauf! Wir unternehmen noch eine kleine Wanderung um einen See herum, liefen viel durch Wald und ließen die Seele baumeln. Die Natur entspannte uns, die frische Luft tat sehr gut. Abends beschlossen wir spontan, am selben Tag nach Greymouth zurückzufahren. Die Strecke am nächsten Tag wäre sonst zu weit. Nach dem Abendessen ging es also die gleiche Strecke wieder zurück. Wir kamen spät abends in unserer Unterkunft an, einem Zimmer in einem Privathaus. Zum Schlafen reichte es.

Am nächsten Tag wollten wir bis Carters Beach fahren, anschließend nach Nelson. Dort hatten wir einen Termin zur Gelbfieberimpfung vereinbart. Wir würden uns in Nord-Argentinien an der Grenze zum Gelbfiebergebiet bewegen und hatten uns daher für die Impfung entschieden. Vorteil: Levi war nun einiges älter als er es in Deutschland zum Zeitpunkt einer Impfung gewesen wäre. Die Kosten übernahm auch hier unsere Versicherung, die Terminvergabe lief problemlos. Von Nelson aus würden wir dann einige Tage in einer privaten Unterkunft verbringen. Ein Grund: Falls Impfnebenwirkungen auftreten sollten, wollten wir nicht sofort weiterreisen, sondern in der Nähe der tropenmedizinischen Klinik bleiben. Anschließend würden wir nach Picton fahren, um von da mit der Fähre nach Wellington auf die Nordinsel zu reisen. Whanganui, Waitomo, Rotorua und Whitianga standen auf unserem Weg nach Auckland auf dem Plan. Die letzten Tage in Neuseeland wollten wir am Strand verbringen. Die Strämde auf der Nordinsel sollten traumhaft sein, das bestätigte auch die österreichische Familie. Abwarten: So weit waren wir noch nicht.

Nach einer ziemlich kurzen Nacht wachten wir an einem kühlen, verregneten Morgen auf. Wir fuhren erst einmal in die Stadt, um einen Kaffee zu trinken und zu frühstücken. Dann ging es weiter, es war schon Routine. Wir waren total im Reisefeeling: Es war einfach schön, sich in sein eigenes Auto zu setzen und loszufahren - wann du willst, wohin du willst. Das war meine liebste Fortbewegungsart abgesehen davon zu Fuß gehen. Unterwegs hielten wir immer wieder an, folgten Hinweisschildern zu Aussichtsplätzen und liefen an tollen Stränden entlang. Wir hatten Zeit. Im „Carters Beach Top 10 Holiday Park" trafen wir unsere Bekannten aus Österreich wieder. Die Kinder spielten und uns tat es gut mal mit anderen Menschen zu reden. Egal wie gut wir uns verstehen (toi, toi, toi): Andere Menschen tun uns definitiv gut. Wir kannten die Österreicher schon, die Männer gingen gemeinsam angeln, die Kinder spielten, wir Frauen quatschten. Wir verbrachten schöne Tage am Strand, dessen Sand auch hier dunkel war, fast schwarz. Dann hieß es Abschied nehmen. Diesmal war kein Wiedersehen vereinbart, unsere Reiserouten gingen in entgegengesetzte Richtungen. Mir fiel der Abschied schwer und überhaupt hatte ich hier in Neuseeland ab und an etwas Heimweh. Lag es daran, dass mit unserem Aufenthalt in Australien und der wunderschönen Zeit auf Mauritius und in Thailand meine größten Wünsche schon erfüllt wurden? Vielleicht waren auch vier Monate einfach eine lange Zeit. Wir hatten schon dreimal Besuch, bis zum Treffen mit meinem anderen Schwager würde es drei weitere Monate dauern. Levi war glücklich und zufrieden wie immer, auch Marius ging es gut. Ich kriegte sehr schnell wieder die Kurve. Es ging weiter. Viel Zeit zum Grübeln blieb nicht.

Wir fuhren durch bis Nelson – eine kleine, nette Stadt. Nach den ruhigen Tagen in der Landschaft kam sie uns lauter und größer vor, als sie es war. Auf den Straßen abseits der Städte sahen wir zum Teil stundenlang keine Autos. Nachdem es einmal mit dem Tanken knapp geworden war, achteten wir sehr auf eine ausreichende Befüllung. Manchmal kam sehr, sehr lange nichts – auch keine Tankstelle. Fahren in Neuseeland machte Spaß. Es war nichts los, es war entspannt. Wir konnten problemlos immer halten, wo es uns gefiel. Ab und an kam ein nettes Café, ansonsten sahen wir definitiv mehr Schafe als Menschen. Die Landschaft war auch jetzt im Sommer grün. Überhaupt fielen mir wieder diese kräftigen Farben auf: grün, blau, grau. Es war schön, es wirkte auf mich irgendwie beruhigend.

Am Nachmittag in Nelson spazierten wir umher, kauften etwas ein. Wir sortierten unser Hab und Gut und kochten abends eine Kleinigkeit. Wäsche konnten wir in den Holidayparks waschen. Am nächsten Tag um neun

Uhr wurden wir geimpft. Die Klinik war fußläufig erreichbar und alles klappte problemlos. So ein international verständlicher Impfpass ist toll. Wir bekamen einen Bestätigungsstempel, dass wir gegen Gelbfieber geimpft sind. Der Stempel war unbedingt notwendig weil einige Nationen bei der Einreise aus einem Gelbfiebergebiet auf einer Impfung bestehen.

Am nächsten Morgen fuhren wir weiter in Richtung „Abel Tasman National Park". Unsere Unterkunft die online von privat angeboten wurde hatten wir vor einigen Tagen im Voraus gebucht. Wir waren begeistert: Es war ein kleines, nettes Häuschen – abseits gelegen in einem schönen Garten mit tollen Gastgebern. Auf dem Weg dorthin hatten wir noch schnell ein Planschbecken gekauft, denn das Wetter war sehr gut. Wir entspannten die nächsten Tage und genossen unsere Bleibe – besonders den Garten. Levi spielte mit dem Hund und fütterte die Hühner. Wir fuhren in den kleinen Ort, kauften ein und kochten in der gut ausgestatteten Küche. Es war für ein paar Tage wieder ein kleines bisschen wie zu Hause.

Zu den Stränden des Nationalparks waren es etwa 20 Minuten mit dem Auto. Die Strände waren toll, wunderschön. Der Sand war hier gelb – ein richtig knalliger Gelbton. Wir gingen schwimmen, aßen Eis, spielten Minigolf und waren natürlich auf den Spielplätzen unterwegs. Es war ein toller Urlaub während der Reise. An einem Tag wanderten wir ein Stück mit Levi in der Trage und sahen noch mehr traumhafte, unberührte Strände. Einen anderen Tag verbrachten wir auf dem Wasser, wir fuhren mit einem Boot traumhafte Buchten an. Diese Ecke, der nördliche Teil der Südinsel, gefiel uns wirklich sehr, sehr gut. Die Tage vergingen schnell. Und auf ging es nach Picton, diesmal wieder in einen Holidaypark. Picton ist eine sehr schöne, kleine Küstenstadt - sehr idyllisch, nett zum Bummeln, mit tollen

Geschäften. Die Gegend am Hafen ist schön angelegt. Es gibt einen riesigen Wasserspielplatz und alles ist sehr gepflegt. Wir bedauerten etwas, dass wir nur eine Nacht bleiben würden. Doch am nächsten Morgen ging die Fähre, die Tickets waren gebucht. Das Wetter war nach wie vor super, wir nutzten fleißig den kleinen Pool. Dann gingen wir früh ins Bett denn am nächsten Morgen mussten wir zeitig raus.

Wir fuhren pünktlich zum Hafen und gaben unser Auto ab. Einige Mietwagenfirmen boten an, die Autos mit auf die Fähre zu nehmen und am Ende der Neuseeland-Rundreise auf der anderen Insel zurückzugeben. Dies war aber häufig teurer und allein schon die Überfahrt mit PKW war nicht günstig. Mit unserem Anbieter hatten wir vereinbart, dass wir unser Auto hier abgeben sollten und dafür im Hafen in Wellington ein neues erhalten würden. Das hatte den kleinen Nachteil, dass wir unser Gepäck beisammenhaben und aufgeben mussten. Das funktionierte wie am Flughafen mit Gepäckband. Die Fähre war riesig und die Überfahrt dauerte wenige Stunden, die nur so verflogen. Es gab so viel zu entdecken. Wir spielten auf dem Indoor-Spielplatz, genossen die Aussicht vom Deck, aßen im Restaurant und verbrachten Zeit mit Umherlaufen. Dann kamen wir in Wellington an. Problemlos erhielten wir unser Gepäck und das neue Auto. Die Unterkunft war online wieder privat angeboten und wir waren erneut begeistert: Wir hatten eine eigene, großzügige Wohnung, sauber und toll ausgestattet. Sie lag zentrumsnah, aber ruhig, mit einem Spielplatz in der Nachbarschaft. Wellington war sehr bergig, zu Fuß würden wir noch ganz schön ins Schwitzen kommen.

Nach einem kurzen Einkauf kochten wir eine Kleinigkeit und gingen früh schlafen. Den ersten Tag hingen wir alle ein wenig durch, waren müde und faulenzten. Wir hatten Kopfschmerzen – vermutlich der Wetterumschwung der noch kommen würde. Die Aussicht von unserer Terrasse war super, wir konnten das Meer sehen. Die Vermieter waren extrem freundlich und brachten eine Menge Spielsachen für Levi. Sie hatten tolle Tipps für uns, außerdem durften wir den Garten und das Trampolin mitbenutzen. Das ist auf jeden Fall ein riesiger Vorteil bei privaten Unterkünften: Wir erfuhren ganz oft eine ganz tolle Gastfreundschaft. In der direkten Nachbarschaft stand ein Haus, das aussah wie eine „Hobbithöhle". Überhaupt waren sie fast überall, diese Hobbits. Wir waren keine großen Fans, dachten aber über einen Besuch des Filmsets nach. Es gehörte irgendwie einfach dazu.

Jetzt aber waren wir erst einmal in Wellington und erfuhren, wie wechselhaft das Wetter hier sein kann. Mal war der Himmel pechschwarz und es schüttete, dann schien wieder die Sonne. Während unserer Tage in Wellington war es immer windig, manchmal stürmisch. Wir erkundeten die Innenstadt, fuhren mit einer Seilbahn (Ja: Made in Austria) auf einen Berg und wanderten ein wenig. Bergig war es hier, windig und entsprechend anstrengend. Wir entdeckten weitere tolle Spielplätze. Auch Neuseeland war sehr, sehr kinderfreundlich. Neben den zahlreichen tollen Spielplätzen gab es überall Wickelmöglichkeiten, Baby- und Kinderbetten oftmals ohne Aufpreis und ausreichend Hochstühle in den Restaurants. Es gab immer eine große Speisenkarte für Kinder, Buntstifte, Malbücher und so vieles mehr. Kinder aller Altersklassen schienen hier sehr willkommen zu sein. Es war eine andere Kinderfreundlichkeit als in Thailand oder Südamerika. Dort gehörten Kinder einfach dazu, zu jeder Tages- und Nachtzeit. Es gab dort aber selten ein Kinderbett, einen Hochstuhl oder Ähnliches. Dafür wurden die (fremden) Kinder gerne einmal in und auf den Arm genommen. Mir gefielen beide Arten sehr – die offene und herzliche Kinderfreundlichkeit ohne Extrawürste und die andere, die komfortablere mit jeder Menge Gratis-Ausstattung.

Außerdem verbrachten wir einen tollen Tag im „Te Papa Tongarewa" (Museum of New Zealand). Ein Besuch lohnt sich in jedem Fall und er kostete umgerechnet nur wenige Euro. Auch schauten wir uns ein Baseballspiel an. Für den nächsten Tag hatten wir uns auf Empfehlung der österreichischen Familie den „Red Rocks Walk" vorgenommen – zum Glück, denn danach würde das Wetter komplett in Dauerregen umschlagen. Der „Red Rocks Walk" ist ein Wanderweg am Meer entlang. An der einen Seite war das Wasser, an der anderen Seite standen steile, hoch aufragende Felswände. Red wird das Ganze durch den rötlichen Sand. Wir fuhren mit dem Auto zum Ausgangspunkt und wanderten los. Nach ungefähr zehn Metern überlegten wir bereits, ob das eine gute Idee war. Der Wind, der an unserer Unterkunft etwas abgeflacht war, pfiff hier doppelt heftig. Der rote Sand flog uns um die Ohren, wir sahen zum Teil kaum etwas. Aber da wir schon einmal hier waren, wurde gewandert! So einfach war das. Levi packten wir gut geschützt in die Trage und marschierten los. Es war wirklich sehr, sehr anstrengend. Wir hatten den totalen Gegenwind, sahen nicht viel und mussten immer wieder über Felsen klettern. Wir liefen etwa eine Stunde, dann machten wir eine Pause. Wir fanden eine windgeschützte Stelle und machten ein kleines Picknick. Während wir im Schatten eines Felsens hocken und auf das tosende Meer blicken, entdeckten wir plötzlich eine große Seehundkolonie: Es sind sicherlich 20 bis 30 Tiere. Wir beobachten sie eine Weile, dann geht es zurück. Diesmal konnten wir uns schieben lassen, so stark war der Wind immer noch. Wir waren völlig erledigt, als wir später die Unterkunft erreichten und hinterließen jede Menge rötlichen Dreck in der Dusche. Levi war fit, er hatte den halben Tag in der Trage verschlafen.

An unserem letzten Tag in Wellington regnete es pausenlos. Wir fuhren noch einmal in die Stadt und liefen ein wenig umher. Als der Regen immer stärker wurde, steuerten wir einen tollen Indoorspielplatz an und verbrachten dort den restlichen Tag. Wellington hat mir gut gefallen. Richtig gepackt – wie beispielsweise Christchurch – hat es mich aber nicht. Wohnen würde ich tatsächlich lieber in einem der zahlreichen netten, kleinen Städtchen wie Picton.

Von Wellington aus fuhren wir weiter – diesmal nicht an der Küste entlang, sondern ins Landesinnere, nach Whanganui. Wir hatten drei Nächte in einem Holidaypark gebucht (Whanganui River Top 10), ursprünglich in einem Zelt. Da das Wetter aber immer noch eher kühl und regnerisch war, entschieden wir uns kurzfristig für ein Upgrade auf einen kleinen Bungalow. Das war auch der nun schon ziemlich langen Reisezeit geschuldet: Ich merkte zumindest bei mir, dass die Bereitschaft sank, in kleineren, weniger komfortablen Unterkünften zu schlafen. Derzeit hätten das Hostel aus Chiang Mai, die Holzhütte vom Strand auf Phuket oder der Camper wenig Chancen bei mir gehabt. Vielleicht würde sich das wieder ändern. Die Tage in Wellington haben gut getan, die „Reiserei" war anstrengend. Nach den 18 Tagen Camper folgte nun wieder eine Rundreise – aber anders hatten wir es planungstechnisch nicht hinbekommen. Eine Überlegung: Um eine gewisse Zeit zwischen Camper- und Mietwagen-Rundreise zu bringen, würden wir erst Camper fahren und dann in Sydney wohnen. Es gab allerdings von Phuket aus nur Flüge nach Sydney und nicht nach Brisbane. Somit hätten wir einen weiteren Flug in Kauf nehmen müssen. Es war aber auch so gut gelungen. Wir merkten einfach, dass das dauernde Ein- und Auspacken, Umräumen und Sortieren sowie die häufig kleinen Unterkünfte langsam an die Substanz gingen.

Dazu kam das Wetter, das einen Aufenthalt im Freien nicht immer möglich machte. Wir waren jedenfalls froh, den Camper in Australien und das Auto für Neuseeland gewählt zu haben - aufgrund des Wetters, aber auch deshalb, weil Neuseeland sehr bergig und kurvig ist. Hier mit dem Camper zu fahren, wäre halb so angenehm wie mit dem Auto. Und das Wildcampen lief in Australien auch deutlich einfacher als es hier zu sein schien. Also: Wir hatten doch alles richtig gemacht.

Der Holiday Park war nett. Er lag direkt an einem Fluss, der kleine Ort war auch nicht weit entfernt. Das Wetter wurde besser und wir nutzten den kleinen Pool, gingen im Park und im Ort spazieren. Unser nächstes Ziel war Waitomo, bekannt durch die Glühwürmchen-Höhlen. Wir blieben zwei Nächte, erkundeten die sehr grüne, bewaldete Gegend und machten eine Tour durch die Höhlen. Ganz ehrlich: Meiner Meinung nach ist das überbewertet. Es war sehr teuer, sehr voll, es gab großes Gedränge bei den Führungen. Und dann war es zwar ganz nett aber nicht spektakulärer als eine durchschnittliche Tropfsteinhöhle. Auch auf Kuba würden wir unter die Erde klettern und eine Höhle besichtigen. Auch dort würden wir sie toll finden, aber nicht spektakulär. Wahrscheinlich waren wir einfach „höhlenverwöhnt".

Dann ging es weiter nach Rotorua, das in erster Linie durch die heißen Quellen bekannt ist. Wir schliefen in einem größeren Hostel in der Stadt und vermissten prompt unsere hübschen Holiday-Parks in der Natur. Das Zimmer war geräumig und sauber, die Lage gut. Aber diese kleinen Parks hatten uns inzwischen restlos überzeugt. Levi konnte dort immer andere Kinder finden, es gab Spielplätze, Trampoline und Pools. Naja: Das war in der Stadt halt nicht möglich. Als wir nach Rotorua hineinfuhren sah ich aus den Augenwinkeln eine Seilbahn. Wir beschlossen nach dem Einchecken dorthin zurückzufahren. Es lohnte sich total. Oben auf dem Berg gab es ein großes Restaurant mit Aussichtsplattform und einige Rundwege. Das Allerbeste: Man konnte den Berg hinunterfahren. Es war wie eine Sommer-Rodelbahn ohne Spur – einfach frei mit Lenkung den Asphalt hinunter. Wir hatten jede Menge Spaß und fuhren viele Male. Hoch mussten wir zum Glück nicht laufen: Es gab einen kleinen Lift, der die Fahrzeuge und deren Fahrer wieder nach oben brachte. Auch der Blick über Rotorua war toll – wobei uns die Stadt an sich nicht besonders gut gefiel. Die Ausflugsmöglichkeiten überzeugten jedoch.

Am nächsten Tag fuhren wir nach Waiotapu und bestaunten auf einem abgesperrten Gelände die heißen Quellen unterschiedlichster Farbe. Manche stanken, andere dampften und blubberten. Der Rundweg war ziemlich lang, es gab einiges zu sehen. Da er Kinderwagen geeignet war nutzte Levi einen Teil der Zeit für ein Nickerchen. Gestern war es nach der ganzen Action auf dem Berg ziemlich spät geworden. In der Nähe lag ein Maori Dorf (The Living Maori Village „Whakarewarewa") das nunmehr für Touristen geöffnet war. Als Maori werden die Angehörigen der indigenen Bevölkerung Neuseelands bezeichnet. Vermutlich haben ihre Vorfahren im 13. Jahrhundert das bis dahin unbewohnte Neuseeland bevölkert. Noch heute beträgt der Anteil der Maori an der neuseeländischen Bevölkerung fast 15 Prozent.

Während wir in Neuseeland unterwegs waren, fielen uns in erster Linie die Namen zahlreicher Orte in Te Reo Maori auf, der Sprache der Maori. Wir erfuhren, dass diese Sprache als Alltagssprache verloren geht. Seit einigen Jahrzehnten wird sie daher verstärkt an Schulen und Universitäten unterrichtet, vereinzelt sogar in Kindergärten gesprochen. Wir liefen nun also durch das Dorf der Maori. Alles wirkte sehr touristisch. In den zahlreichen Läden konnte man im Dorf hergestellte Dinge kaufen – von Honig über Cremes bis zu Lippenpflegestiften. Die Vorführung des „Haka", des traditionellen Tanzes der Maori, den heute noch die neuseeländische Rugby-Nationalmannschaft tanzt, war ganz interessant. Levi fand es allerdings ziemlich unheimlich. Sie sahen wirklich etwas bedrohlich aus, die Tänzerinnen und Tänzer. Apropos Rugby: Wir hatten recherchiert, doch leider passte unsere Route durch Neuseeland nicht zum Spielplan. Das hatten wir uns gewünscht: Da, wo es möglich war, zu Sportevents zu gehen – am liebsten natürlich zur Nationalsportart.

Auch in diesem Dorf war die Nähe zu den heißen Quellen deutlich zu spüren. Immer wieder nahmen wir den typischen Schwefelgeruch wahr. Wir beschlossen den Tag in einem Trampolinpark: Levi hatte eindeutig zu wenig Bewegung und zu viel Sightseeing. Er musste noch etwas ausgepowert werden.

Am nächsten Tag auf dem Weg zum Dove Beach in Whitianga, unserem vorletzten Ziel in Neuseeland, war es so weit: Wir würden Hobbiton sehen. Wir hatten eine Tour zum Filmset gebucht und waren gespannt, was uns erwartet. Mit dem Auto fuhren wir nach Hobbiton (der Ort heißt wirklich so), parkten und wurden wie vereinbart von einem Reisebus abgeholt. Auf der Fahrt begann es zu regnen – und es würde nicht mehr aufhören, bis wir Neuseeland verließen. Das Filmset war toll, die ganze Tour gefiel uns. Es war erwartungsgemäß voll, die Tourguides waren aber sehr witzig und charmant. Es machte Spaß. Dummerweise waren wir nach 30 Sekunden außerhalb des Busses klitschnass, da halfen keine Schirme oder Jacken. Leider konnten wir uns nicht frei bewegen, es erinnerte an die Massenabfertigung bei der Glühwürmchenhöhle. Die Zeit vor jeder Höhle, für jedes Foto war an einen engen Terminplan geknüpft – und schon rückte die nächste Gruppe samt Guide nach.

Zum Abschluss kehrten wir in die Dorfkneipe ein. Es gab ein Kaminfeuer und alle versuchten, sich und ihre Sachen einigermaßen zu trocknen. Außerdem gab es warmes Bier das erstaunlich gut schmeckte. Wir nippten aber nur, wir mussten ja noch Auto fahren. Ansonsten wäre die warme, gemütliche Kneipe definitiv ein Ort zum Versacken gewesen. Bei dem Wetter...

Der Bus brachte uns zurück zum Ausgangspunkt. Wir stiegen um ins Auto und fuhren direkt weiter. Unsere letzte Unterkunft war ein kleines Strandhäuschen an einem wunderschönen Strand, dem „Dove Beach Whitianga". Aber schon auf dem Weg dahin war unsere Laune wetterbedingt nicht die beste. Um es kurz zu machen: Es regnete, es war kalt und die Wettervorhersage kündigte für die kommenden acht Tage schwere Unwetter an. „Großartig": Wir drei in einem winzigen Haus am Strand – in einer Gegend, in der ansonsten nichts ist. Wir schliefen eine Nacht und zogen dann spontan unseren Flug nach Buenos Aires eine Woche vor. Das war wirklich sehr spontan, aber die mit Abstand günstigste Alternative einer Umbuchung. Eine Woche im strömenden Regen – oder sogar Schlimmerem - sitzen oder sofort alles packen und die Erde umrunden? Für uns eine klare Entscheidung. Das hieß: Nach dem Frühstück mussten wir packen, und zwar schnell. Bis nach Auckland lagen etwa zwei bis drei Stunden Fahrt vor uns. Den Mietwagen würden wir auch noch abgeben müssen. Wir hatten noch keine Unterkunft in Buenos Aires, wir waren null auf Argentinien vorbereitet. Dafür wollten wir eigentlich die Zeit am Strand nutzen, daraus wurde nun nichts. Am Flughafen in Auckland buchten wir spontan ein Appartement in Buenos Aires. Wir trafen noch schnell eine Bekannte, die in Neuseeland lebt: Toll, dass das zumindest auf einen Flughafenkaffee geklappt hat.

Der Wetterbericht für Buenos Aires versprach Sonne pur und 30 Grad, wir freuten uns. Und dann ging es los – unser längster Flug der Reise, Hals über Kopf. Uns erwarteten 16 Stunden Zeitverschiebung: Wir bekamen quasi einen Tag minus acht Stunden geschenkt. Nach etwas mehr als zwölf Stunden landeten wir erstaunlich erholt in Buenos Aires. Es war Anfang Februar 2018.

Fazit Neuseeland? Es war schön, definitiv. Allerdings hat es uns nicht umgehauen und insgesamt nicht so begeistert wie Thailand oder Australien. Landschaftlich war es wunderschön, absolut. Vielleicht lag es daran, dass wir es als sehr touristisch empfunden haben. Die typischen Sehenswürdigkeiten waren zumindest zu dieser Reisezeit überlaufen. Wir haben mehr Deutsche als Neuseeländer getroffen und es hatte wenig von einem Abenteuerurlaub. Es war eine einfache, bequeme Art zu reisen. Das war auch nett. Leider hatten wir am Ende Pech mit dem Wetter, unser Strandaufenthalt fiel ins Wasser. Einige schönen Ecken der Nordinsel konnten wir somit nicht sehen. Urlaub und einige Wochen dort verbringen ja, absolut. Mit Kindern, gerade mit Kleinkindern und Babys, war es ein super Ziel. Auf der Suche nach mehr Abenteuer und fremder Kultur, nach Einheimischen und deren Art zu leben, würden wir ein anderes Ziel bevorzugen. Zum Beispiel Südamerika.

Ausblick vom Berg, Christchurch

Gedenkstätte in Christchurch

Blick aus dem Zug unterwegs zwischen Christchurch und Greymouth

Strand in Greymouth

Auf dem Fox Gletscher

Abel Tasman National Park

Strand unterwegs in Neuseeland

Überfahrt mit der Interislander Fähre

Red Rocks Walk

Hobbiton, Neuseeland

Februar bis März 2018 – Argentinien, Uruguay

Über Argentinien, dieses etwa 2.780.400 km² große Land mit ungefähr 44,5 Millionen Einwohnern, hatte ich mir zugegebenermaßen wenig bis keine Gedanken gemacht. Von Deutschland aus lag es in weiter Ferne und die Aufenthalte in Thailand, Australien oder Neuseeland waren sehr planungsintensiv. Wir hatten so viel erlebt, dass wir uns nicht schon mit dem nächsten Ziel beschäftigen konnten und wollten. Jetzt waren wir ein wenig reingestolpert in dieses riesige Land, das sich durch seine enorme Nord-Süd-Ausdehnung über mehrere Klimazonen erstreckt. Wir kamen aus dem beschaulichen, ruhigen Neuseeland völlig unvorbereitet nach Argentinien, zunächst nach Buenos Aires. Ehrlich gesagt: Es war ein kleiner Schock. Mein erster Eindruck war, dass die Menschen sich permanent anschrien und stritten. Taten sie aber gar nicht, das Temperament war einfach ein anderes. Am Flughafen war es laut, voll und bunt. Gefühlt sahen wir hier innerhalb von fünf Minuten mehr Menschen aus mehr Nationen als über die kompletten Wochen in Neuseeland. Stimmte vielleicht sogar. Glücklicherweise war mein Mann nicht so unvorbereitet wie ich. Er hatte sich ein wenig mit Buenos Aires beschäftigt, hatte auch einige Kontakte hier oder in der Gegend. Wir hatten vor einer gefühlten Ewigkeit (dabei waren es gerade einmal 15 Stunden) am anderen Ende der Welt, am Flughafen im verregneten, kühlen Auckland für Buenos Aires ein Appartement im Stadtteil Recoletta gebucht. Für ganze zehn Tage. Hoffentlich würde uns die Unterkunft gefallen. In Buenos Aires ist deren Lage absolut entscheidend: Es ist eine riesige Stadt mit sehr, sehr schönen, aber auch weniger schönen Ecken. Es herrschte enorm viel Verkehr, sodass die Lage am „falschen" Ende der Stadt wirklich ärgerlich sein konnte. Wir würden uns aber in Recoletta sehr, sehr wohlfühlen.

Buenos Aires

In der Stadt Buenos Aires leben etwa 2,9 Millionen Menschen und in der gesamten Region etwa 13 Millionen – was mehr als ein Viertel der Gesamtbevölkerung des Landes ist. Zahlen würden wir mit argentinischen Pesos, für einen Euro erhielt man zum Zeitpunkt unserer Reise etwa 25 Pesos. Heute, nicht einmal drei Jahre später, bekämen wir sage und schreibe 90 Pesos – also mehr als das Dreifache. Das Finanzielle, insbesondere das Thema Bargeld, würde uns in Argentinien sowieso noch ziemlich beschäftigen.

Mit dem Taxi ließen wir uns zum Appartement fahren und waren erst einmal begeistert wie günstig diese Fahrt war: Nicht zu vergleichen mit dem australischen oder neuseeländischen Preisniveau. Die Sonne schien und zunächst standen wir im Stau. Es war viel los. Hier war Leben, es war laut, es herrschte viel Trubel. Uns fielen sofort die vielen Straßencafés auf – und dass sehr viele Menschen zu Fuß unterwegs waren. Genau unser Ding! Nach einer Weile kamen wir an der Unterkunft an. Sie lag in einer ruhigeren Seitenstraße, neben einer Feuerwache. Schräg gegenüber war ein kleines Café, ansonsten gab es Wohnhäuser. Es sah nett aus, sauber und gepflegt. Der Vermieter war freundlich, sprach allerdings nur Spanisch und kein Englisch. Machte nichts, denn Marius spricht spanisch. Ich nicht – und ich hätte kaum eine Chance in den nächsten Wochen. Es würde mir noch schwerfallen mich in Argentinien, in Uruguay, in Chile und auf Kuba fast ausschließlich mit Hilfe meines Mannes zu unterhalten. Irgendwann hat es mich genervt. Zum Glück ging manches auch ohne Sprache und ich fühlte mich nicht ganz so unselbstständig. Für Levi war es auch befremdlich, er redete inzwischen wie ein Wasserfall. In Neuseeland hatten wir so viele Deutsche getroffen, nun verstand ihn (und mich) keiner mehr. Aber das sollte schon werden: Gerade Kinder können sich super verständigen, ohne die gleiche Sprache zu sprechen.

Der Vermieter unserer Unterkunft wollte die Miete gerne in bar. Komplett für die zehn Tage. So viel Bargeld hatten wir bei Weitem nicht. Er nehme auch Euro. Oder US-Dollar. Hatten wir beides ebenfalls nicht. Marius erklärte, dass wir nicht aus Deutschland angereist seien. Die Barzahlung war wohl als Mietbedingung online aufgeführt, doch das hatten wir in der Hektik schlicht überlesen. Machte aber nichts, denn der junge Mann war super freundlich. Er erklärte uns den Weg zur nächsten Bank und sagte er komme in den nächsten Tagen vorbei, um das Geld abzuholen. Er spielte noch ein wenig mit Levi, dann verabschiedete er sich.

Die Wohnung über zwei Etagen war toll, gut ausgestattet und sauber. Auf dem Dach gab es sogar einen kleinen Pool. Wir packten aus, dann gingen wir los. Wir erkundeten die Gegend und kauften im Supermarkt ein. Beim Zahlen an der Kasse gab es ein Problem: Wir mussten bei Kartenzahlung unseren Reisepass vorzeigen. Und der lag in der Wohnung. Alle waren total freundlich, bestanden aber auf dem Ausweis. Levi, die Einkäufe und ich warteten an der Kasse, während Marius den Pass holte. Sorgfältig notierte die Kassiererin jede Menge Daten des Passes. Wohlgemerkt: Wir hatten für umgerechnet 30 Euro eingekauft. Das kannten wir so gar nicht. In Australien und Neuseeland, selbst in vielen Gegenden Thailands, kamen wir problemlos ohne Bargeld aus. Kartenzahlung selbst bei geringen Beträgen war dort an der Tagesordnung. Also gingen wir zum nächsten Geldautomaten – und standen Schlange. Als wir an der Reihe waren, stellten wir fest, dass wir maximal umgerechnet etwa 80 Euro abheben konnten. Dazu kamen saftige Gebühren in Höhe von etwa zehn Prozent. Die Bank hatte geschlossen. Na super! So würden wir in wenigen Tagen nicht die etwa 700 Euro Miete zahlen können. Uns schwante, dass das Thema Bargeld und Bezahlung hier etwas speziell sein könnte...

Zunächst aber machten sich der lange Flug und die Zeitumstellung bemerkbar. Wir gingen zurück zur Unterkunft und nahmen auf dem Weg drei Pizzen mit, die sich als riesig herausstellten. Selbst zwei wären zu viel gewesen. Wir verbrachten einen ruhigen Abend in der Wohnung, gingen schlafen – und wurden mitten in der Nacht von einem Gewitter geweckt. Dann rückte auch noch die Feuerwehr aus: Gefühlt fuhr sie durch unser Schlafzimmer. Überhaupt war es ziemlich laut im Vergleich zu den mucksmäuschenstillen Nächten in Neuseeland. Es dauerte eine Weile, ehe wir alle wieder schliefen – und zwar bis zum nächsten Mittag. Wir frühstückten im Café gegenüber und staunten, dass es einen Rabatt für Barzahlung gab. Wir schonten allerdings lieber unsere Reserven und zahlten mit Karte.

Dann ging es los zum botanischen Garten. Wir hatten darauf geachtet, Parks in der Nähe zu haben und waren begeistert. Das Wetter war toll, die Sonne schien, die Menschen waren gut gelaunt und fröhlich. Auf den zahlreichen Spielplätzen war viel los, die Kinder lachten und Levi fand sofort Anschluss. Wir beobachteten ein ganz anderes Verhalten der Eltern: Die Kinder wurden mehr sich selbst überlassen, als wir es in Australien oder Neuseeland beobachtet hatten oder aus Deutschland kennen. Die „klassische" Familie aus Eltern mit ein bis zwei Kindern trafen wir kaum. Es waren deutlich mehr Großfamilien unterwegs, kunterbunte Mischungen durch alle Altersstufen.

Oft wurden wir angesprochen, immer angelacht. Marius musste in die Sprache reinkommen, vor allen Dingen in das Sprechtempo. Am Abend fuhr er zum Fußball – ein Heimspiel der Boca Juniors, ein Traum für Marius. Er traf dort einen Kollegen aus Deutschland, der zufällig ebenfalls in Buenos Aires war. Levi und ich waren lange draußen unterwegs, auch nach Einbruch der Dunkelheit waren die Straßen voll und die Kinder lange wach. Wir gingen noch einmal zur Bank und bekamen zu hören, dass wir selbst am Schalter nicht mehr als die umgerechnet 80 Euro pro Tag bekommen könnten. Wir überdachten verschiedene Möglichkeiten – wie beispielsweise die, uns Geld aus Deutschland schicken zu lassen.

Am nächsten Tag besichtigten wir den Friedhof in Recoletta – aber erst nachmittags. Wir schliefen lange und saßen dann gemütlich im Café. Das würden wir an den nächsten Tagen immer so machen. Der Friedhof war riesengroß, sehr beeindruckend und ganz anders als deutsche Friedhöfe. In den nächsten Tagen erkundeten wir weiter die Gegend. Vieles ging zu Fuß, wir fuhren aber auch aus alter Tradition mit dem Hop-on-Hop-off-Bus. Wir hielten uns viel in Parks und auf Spielplätzen auf. Wir waren begeistert von der großen Anzahl an Parks in der sonst engen, vollen Stadt. Buenos Aires gefiel uns richtig gut. Es herrschte ein angenehmer Trubel, es war laut, aber nicht störend laut. Das Wetter war toll. Wir schliefen aus, verbrachten viel Zeit in Straßencafés und beobachteten das Treiben. Nachmittags schlief Levi meistens.

Wir planten die nächsten Tage und faulenzten ein wenig. Dann ging es wieder raus in die bunte Stadt. Abends aßen wir oft erst gegen 21, manchmal 22 Uhr. Und doch waren überall noch Kinder unterwegs. Wir witzelten, dass Levi vom Temperament her definitiv besser zu den argentinischen als zu den australischen Kindern passte. Er blühte noch mehr auf und war kaum zu bremsen.

Auf den Spielplätzen war einiges los und es gab kleinere Fahrgeschäfte. Clowns kamen vorbei und boten gegen eine kleine Entlohnung Luftballontiere an. Jeden Abend wuschen wir ein Stückchen Buenos Aires von unseren pechschwarzen Füßen ab. Wir waren glücklich und fühlten uns total wohl. Die Zahlung der Miete konnten wir super regeln. Als wir dem netten Vermieter unser kleines Dilemma erklärten, organisierte er von irgendwoher ein Kartenlesegerät, Glück gehabt! Inzwischen wussten wir, dass Bargeld in Argentinien streng limitiert ist, um der Inflation entgegenzusteuern. Daher gab es die Schlangen vor den Automaten, die Begrenzung der Auszahlung und die hohen Gebühren sowie den Rabatt bei Barzahlung in Restaurants und Geschäften. Es half ja nichts, wir zahlten während unseres Aufenthalts die extrem hohen Gebühren. Dafür war es sonst recht günstig. Wir kochten fast nie selber. Wir gingen sehr häufig essen, das war kaum teurer und machte einfach Spaß.

Morgens gab es Tostadas, überbackene Toasts mit Käse und Schinken. Besonders Levi und ich verliebten uns in die Media Luna – Halbmonde, kleine Croissants, die extrem süß und lecker waren. Einige Straßen weiter war ein großes Shoppingcenter. Dort kaufte ich mir ein zweites Paar Schuhe, die ich heute noch habe. Es sind meine „Buenos Aires Chucks". Nie, niemals werde ich sie wegwerfen! Natürlich erkundeten wir auch Boca – ein kunterbuntes Viertel, in dem es jede Menge zu sehen gab. Mittendrin liegt das Fußballstadion der Boca Juniors. Die Gegend am Hafen war auch nett und es gab viel zu sehen. Levi staunte über die riesigen Containerschiffe und wir dachten an zu Hause, als wir Frachtkisten aus Hamburg entdeckten. An jeder Ecke wurde Fußball gespielt, es war immer und überall etwas los. Alle waren freundlich und lachten. Sie spaßten mit Levi und halfen uns gerne weiter, wenn wir eine Frage hatten.

Die Straße des 9. Juli (Tag der argentinischen Unabhängigkeit) war nicht weit von unserer Unterkunft. Es ist eine 14-spurige Straße nebst Bahnschienen. Ein Riesengetümmel, der absolute Wahnsinn. Zum Glück gab es viele grüne Plätze – mit Platz zum Toben für Levi, zum Ausruhen und Zurückziehen für uns.

Die Feuerwache neben unserer Unterkunft wurde zum Highlight für Levi: Die sehr netten Feuerwehrleute begrüßten uns jedes Mal freundlich. Levi durfte sich alles anschauen, in die Feuerwehrautos klettern und Helme anprobieren. Da machte die Rückkehr zur Unterkunft doppelt so viel Spaß. Auch im Café kannte und grüßte man uns nach kurzer Zeit wie alte Bekannte. Zur argentinischen Küche kann ich nicht viel sagen. Wir aßen international, in einer Großstadt eben. Fleischlastig war es, das ja.

Dann war da noch der Karneval. Wir bekamen Bilder von Verkleideten aus der Heimat und dachten uns: Das können wir auch. Eines Abends fuhren wir ein Stückchen mit dem Taxi und schauten uns einen kleinen Karnevalsumzug an, der in einer Bühnenshow endete. Es war ein netter Abend. Wenn wir nicht zu Fuß unterwegs waren, fuhren wir Taxi oder per Uber. Es war günstig und bequem, doch dafür standen wir oft im Stau, sehr oft. Nicht weiter schlimm, wenn man – wie wir – keine Termine hatte. Es war nur etwas lästig. Während ich mir die Fotos anschaue, bekomme ich Lust, zurück nach Buenos Aires zu fliegen. Das hätte ich nie für möglich gehalten. Obwohl ich die Sprache nicht spreche, gefiel es mit richtig, richtig gut. Es war nicht so wie in Sydney, die Städte sind nicht zu vergleichen. Aber es war auf eine andere Art ein ganz toller Aufenthalt. Levi strahlt mich von den Fotos an. Er lacht auch sonst immer, aber ich finde, dass er ausgelassener aussieht – bereit, wieder loszuflitzen, barfuß, den anderen Kindern hinterher. Buenos Aires tat uns gut, vertrieb bei mir alle klitzekleinen Zweifel und den winzigen Funken Heimweh aus Neuseeland. Wir fühlten uns lebendig, als Teil dieser Stadt, mittendrin. Levi ging zum Frisör: In einem Rennauto sitzend, bekam er die Haare geschnitten. Alles war sehr kinder- und familienfreundlich. Kinder, die nach 22 Uhr durch Restaurants rennen? Ist völlig normal. Kinder, die laut sind, herumalbern, Spaß haben, auch mal Passanten anrempeln – kein Grund für jemanden, zu schimpfen und die Stirn zu runzeln. Unser quirliger Zweijähriger war hier genau richtig – und wir somit auch.

Dann gingen wir noch einmal alle gemeinsam zum Fußball. Diesmal war es ein Heimspiel des Racing Clubs, für das Marius über einen Bekannten Karten besorgen konnte. Es war ein tolles Erlebnis. Die Stimmung war unbeschreiblich – so viel Herz, so viel Leidenschaft.

Es war heiß geworden in den vergangenen Tagen und wir fuhren mit dem Taxi zu einem Freibad. Es war riesengroß, mit vielen Becken und tollen Rutschen. Und es war voll, sehr voll. Alleine bist du in Buenos Aires wirklich nie. Ab und an frage ich mich, ob die Menschen nicht arbeiten gehen, ob die Kinder nicht in den Kindergarten oder zur Schule müssen. Es war immer etwas los. Levi war übrigens schon wieder zerstochen: Diese internationalen Mücken kannten keine Gnade. Die zehn Tage vergingen unheimlich schnell, die Stadt riss uns mit. Während unseres Aufenthaltes haben wir dennoch weitergeplant, weiterplanen müssen.

Von Buenos Aires aus würden wir einen Abstecher nach Montevideo in Uruguay machen, anschließend nach Buenos Aires zurückkehren und von dort aus zu den Iguazú-Wasserfällen fliegen. Darauf freute ich mich ganz besonders. Anschließend würden wir vom Norden des Landes ins Landesinnere fliegen, nach Cordoba. Dort würden wir auf der Farm entfernter Bekannter zu Gast sein, abseits in den Bergen. Anschließend würden ein paar Tage im Zentrum Cordobas folgen, dann sollte es weitergehen in Richtung Mendoza an der Grenze zu Chile – und von dort aus zu einem Trip in die Anden. So sah der Plan für die nächsten Wochen aus. Wir freuten uns und wir waren gespannt darauf mehr von dem Land zu sehen, das uns schon jetzt so gut gefiel.

Stadion von Boca "La Bombonera", Buenos Aires

Unterwegs in Boca, Buenos Aires

Montevideo

Wir ließen uns vom Taxi am Hafen in Buenos Aires absetzen und fuhren mit der Fähre nach Uruguay, das deutlich kleiner ist als Argentinien. Mit rund 3,3 Millionen Einwohnern ist es das kleinste spanischsprachige Land Südamerikas. Von Argentinien trennt es der Rio Uruguay. Auch hier gibt es den Peso – diesmal den uruguayischen, dessen Kurs etwa bei 50 Pesos zu 1 Euro stand. Mit nur 19 Einwohner pro km² ist auch Uruguay nicht dicht besiedelt. In der Hauptstadt Montevideo leben 1,3 Millionen Menschen, also mehr als ein Drittel der Gesamtbevölkerung. Und nach Montevideo waren wir nun unterwegs. Die Fähre war viel, viel kleiner als die in Neuseeland und längst nicht so gut ausgestattet. Die etwas unter zwei Stunden Fahrt bekamen wir trotzdem gut rum. In Uruguay angekommen, mussten wir etwa genauso lang mit dem Bus fahren: Das war uns nicht bekannt, doch so sahen wir schon etwas von der Gegend. Und die gab es hier viel – beziehungsweise ausschließlich. Gras, Steppe, ein paar Bäume, ab und zu einzelne Wohnhäuser: Es war ein krasser Gegensatz zu Buenos Aires. In Montevideo kamen wir schließlich am Busbahnhof an und fuhren mit dem Taxi zu unserem Hotel direkt am Meer – an der Promenade, etwas außerhalb des Zentrums. Das Hotel „Esplendor Montevideo" war nagelneu, unser Zimmer war toll: Es sah fast aus wie ein Erstbezug. Wir hatten ein schickes Badezimmer und ein riesiges Bett. Hier konnte man es aushalten! Schade war nur, dass das Frühstück in einer Art Tagungsraum im Keller stattfand. Das Ganze wirkte lieblos und provisorisch, vielleicht war der Speisesaal noch nicht fertiggestellt. Am ersten Abend gingen wir gegenüber in ein Restaurant zum Essen und waren zufrieden. Wir hatten es gut angetroffen.

Es war sehr, sehr windig, fast stürmisch. Das Meer rauschte und tobte, es gab hohe Wellen. Wir gingen früh schlafen und wir schliefen gut, denn das Bett war ein Traum. Das Wetter in den ersten Tagen war durchwachsen und wir hingen ein bisschen durch, Levi hatte an einem Abend etwas Fieber.

Montevideo überzeugte uns nicht richtig, wir trauerten etwas Buenos Aires hinterher. Das Hotel lag für uns gut: Nur von einer Straße und einer großen Wiese vom Meer getrennt – und mit vielen Steinen zum Werfen für Levi. Wir schlenderten die Promenade entlang und entdeckten einen kleinen Sandstrand. Das Zentrum war nett, wir hatten aber schon schönere gesehen. Wurde das vielleicht langsam zu unserem Luxusproblem? Hatten wir schon zu viel Schönes gesehen, wussten wir die Dinge nicht mehr zu schätzen?

Wir nahmen uns jeder etwas Zeit für sich. Marius ging zum Fußball, wir joggten abwechselnd und ich machte Strandspaziergänge. Dann kam die Sonne heraus: Unsere Stimmung stieg! Wir hatten noch so viel Schönes vor uns. Einzigartiges. Es folgten noch ein paar schöne Tage in Montevideo. Wir fuhren Hop-on-Hop-off-Bus, schlenderten über Märkte, sahen ein Fußballspiel und gingen an den Strand. Alles in allem war der Aufenthalt okay, aber zu teuer. Das Hotel war teuer im Vergleich zur Wohnung in Buenos Aires, auch die Fährfahrten gingen ordentlich ins Geld. Montevideo war hochpreisiger als Buenos Aires, Essen gehen oder Lebensmittel aus dem Supermarkt sowie die Taxifahrten waren deutlich teurer. Die Altstadt war abends wie leergefegt – was uns wunderte. Ein Taxifahrer und ein Restaurant-Betreiber erzählten uns, dass die Kriminalitätsrate ziemlich gestiegen sei. Das könnte ein Grund dafür gewesen sein. Auf dem Hoteldach gab es einen tollen Pool, den wir in den letzten sonnigen Tagen ausgiebig nutzten. Fußläufig war ein großes Einkaufszentrum. Auch hier hielten wir uns auf. Dann ging es mit der Fähre zurück. Wir hatten eine Nacht in einem kleinen Hotel in Buenos Aires gebucht um am nächsten Tag in den Norden Argentiniens zu fliegen.

Die Ein- und Ausreise nach und von Uruguay via Fähre erfolgte problemlos. Wir bekamen Stempel in unsere Pässe – ein kurzer Blick darauf, das war es schon. Als wir in Buenos Aires ankamen, war es ein bisschen wie nach Hause zu kommen. Das Hotel hatten wir bewusst gewählt. Es lag in der Nähe des Parks in dem wir immer gerne gewesen waren und neben einem guten Restaurant, das wir ebenfalls schon kannten. Es waren noch einmal nette Stunden in Buenos Aires. Wir liefen zu Levis Lieblingsspielplatz, fühlten uns einfach viel wohler als in Montevideo. Vermutlich kamen einige Faktoren zusammen, denn andere schwärmten in Reiseberichten von Aufenthalten in Montevideo. Sie beschrieben Montevideo als kleine Schwester von Buenos Aires – ähnlich, nur noch schöner. Das empfanden wir ganz anders, aber Geschmäcker sind glücklicherweise verschieden. Wenn Uruguay, dann wäre eine Farm im Landesinneren vielleicht eher etwas für uns gewesen.

Iguazú

Am nächsten Tag fuhren wir vormittags zum Flughafen und stellten dort fest, dass unser Flug mehrere Stunden Verspätung hatte. Das erste und einzige Mal war es wirklich ärgerlich: Der Flughafen für Inlandsflüge war klein, in der Gegend war nichts. Wir überlegten kurz, wieder in die Stadt zurückzufahren. Aber wohin sollten wir mit dem Gepäck? Auch das konnten wir noch nicht aufgeben. Gegen Abend ging es dann endlich los und wir landeten spät im Norden Argentiniens. In Iguazú fuhren wir mit dem Taxi zum Hotel, checkten ein und gingen schlafen.

Die Gegend um Iguazú ist ausschließlich wegen der Wasserfälle bekannt. Die 20 größeren und über 250 kleineren Fälle stürzen an der brasilianisch- argentinischen Grenze den Fluss Iguazú hinunter. Sie wurden im Jahr 2011 in die Liste der „Sieben Weltwunder der Natur" aufgenommen. Wir waren gespannt und freuten uns riesig darauf, die Wasserfälle inmitten eines der letzten Reste des atlantischen Regenwaldes zu sehen.

Unser Hotel „Exe Hotel Cataratas" etwas außerhalb der kleinen Stadt war toll. Das Zimmer war in Ordnung, der Pool oder besser die Poollandschaft war großartig. Am nächsten Morgen frühstückten wir allerdings erst einmal. Dann ging es mit dem Taxi los zum Nationalpark Iguazú. Ich war bereits an den Niagarafällen gewesen – doch das hier war etwas völlig anderes. Wir standen mitten im Dschungel, das Gebiet war riesengroß und noch war nichts zu sehen von den Wasserfällen. Neben den großen Fällen würden wir unzählige kleinere Fälle sehen. Es gab zahlreiche Wanderwege —wir würden nur einen winzig kleinen Teil schaffen.

Mit einer kleinen Bahn, dem „Tren Ecologico de la Selva", fahren wir vom Besucherzentrum aus ein Stück bergauf. Wir sind dankbar, nicht laufen zu müssen, denn es ist sehr warm und die Sonne knallt. Bei einem Zwischenstopp steigen wir um und fahren weiter bis zur Haltestelle „Garganta del Diablo". Das bedeutet übersetzt etwa Teufelsschlucht oder Teufelsschlund. Ab hier liegt noch ein ziemliches Stück Fußweg vor uns.

Einen großen Teil gehen wir über kleine Stege, unter uns ist Wasser. Je weiter wir kommen, desto reißender und lauter wird es. Jetzt – ohne schützende Bäume – ist es sehr heiß und schwül. Es ist ein ganz anderes Klima als in Buenos Aires.

Unterwegs sehen wir jede Menge kunterbunte Schmetterlinge, die es sich auf dem Kinderwagen und auf uns bequem machen. Ich las, dass es hier an die 800 verschiedene Schmetterlingsarten geben soll: Wahnsinn! Dann sind wir da, an der letzten Aussichtsplattform mit Blick auf den Hauptwasserfall, den „Garganta del Diablo". Wir sind sprachlos und total beeindruckt. Ein wahnsinniges Naturphänomen. Es ist laut, wir können uns kaum verständigen. Und nass werden wir. Eine solche Wassergewalt: Wir kommen uns ganz klein vor.

Nach einer Weile und einigen Fotos machen wir uns tief beeindruckt auf den Rückweg, fahren jetzt zur Mittelstation der kleinen Bahn. Dort verschnaufen wir, essen eine Kleinigkeit und freuen uns über Schatten. Dann brechen wir auf und gehen einen kleineren Rundweg, der einigermaßen Kinderwagentauglich war. Diesmal sind wir mitten im Grünen – rechts, links und über uns Urwald. Wir sehen unzählige kleinere Wasserfälle, die trotzdem noch riesengroß sind. Nach einem erfüllten, aber auch anstrengenden Tag fahren wir zum Hotel zurück und erholen uns am Pool.

Morgen wartet die brasilianische Seite der Fälle auf uns. Wir sind gespannt.

Am nächsten Morgen fahren wir erneut mit dem Taxi los – in die entgegengesetzte Richtung, nach Brasilien. Achtung: Reisepässe nicht vergessen! An der Grenze ist eine Warteschlange. Unser Taxifahrer stellt sich geschickt an, wir kommen schnell und problemlos durch. In diesem Nationalpark fahren wir zunächst mit einem großen Bus ein ganzes Stück durch den Wald. An der Endstation angekommen, haben wir direkt einen Blick auf die Wasserfälle. Wir gehen einen Rundweg und bestaunen diesmal alles aus der Entfernung. Auf dem gesamten Weg werden wir von unzähligen kleinen Tierchen begleitet – auch Moskitos. Aber diese sind doch etwas größer und pelzig. Ich glaube, wir haben es mit einer Art Nasenbär zu tun. Frech sind sie: Sie versuchen, in den Kinderwagen zu springen, wollen Levi sein Brötchen aus der Hand reißen und sind zur Stelle, sobald irgendwo mit einer Tüte geraschelt wird. Ein anderer Besucher bekommt die scharfen Krallen zu spüren. Wieder einmal sind wir dankbar, gegen Tollwut geimpft zu sein und gegen Gelbfieber natürlich. Denn wir haben die Erfahrung gemacht, dass die Mücken allesamt höchstens ein wenig beeindruckt sind von sämtlichem prophylaktisch angewendeten Mückenschutz. Sie stechen trotzdem. Wir versuchen, uns so gut wie möglich mit langer Kleidung zu bedecken, aber auch das ist keine Garantie gegen Stiche. Über dieses Thema hatten wir vorab gesprochen: Wir wussten, dass ein Restrisiko besteht, wenn du in diesen Teilen der Erde unterwegs bist. Die Mücken unserer Reiseziele konnten beispielsweise Dengue-Fieber, Zika-Virus, Gelbfieber und was weiß ich noch übertragen. Wir hatten uns entschieden, zu impfen was geht – und den Rest hinzunehmen. Wir wollten nicht bei jedem Stich in Panik verfallen. Wir reisen nur da, wo es eine ausreichende medizinische Versorgung für den Fall der Fälle gab. Wir wussten, dass das Zika-Virus für Embryonen extrem gefährlich ist. Und wir verhüteten daher sehr konsequent. Übrigens sollte dies sogar ein halbes Jahr nach der Ausreise aus dem Zika-Virus-Gebiet gelten. Das Virus kann bei einem gesunden Erwachsenen unentdeckt bleiben und zwar bis zu sechs Monaten. Für uns war dieser Weg - eine Mischung aus Vorsicht, Vorbeugung, Notfallplan und etwas Gelassenheit genau richtig.

Zurück zum brasilianischen Rundweg. Ein besonderes Highlight wartet am Ende: Nach einem guten Stück bergab können wir ganz nah rangehen – quasi ein Stück unter einen Wasserfall. Und werden pitschnass. Es ist wahnsinnig laut und überall in der Gischt leuchten Regenbogen. Ein toller Anblick! Wir freuen uns über die Abkühlung, es ist wieder sehr, sehr warm.

Auch dieser Ausflug war toll, wir waren begeistert. Ganz klar würde ich immer zu beidem raten: Besucht die argentinische Seite, auf der man sich die Wasserfälle ein Stück erarbeiten muss, und die brasilianische Seite mit dem tollen Weit- und Rundumblick sowie der Möglichkeit, sozusagen im Wasserfall zu baden. Unser Trip hier hoch in den Norden hat sich definitiv gelohnt. Besonders schön fand ich, dass die Gegend weitestgehend naturbelassen ist. Der Mensch ist ein nur ein kleiner, staunender Gast.

Der Ort Iguazú schien hauptsächlich aus Hotels und Geschäften zu bestehen: Er lebt vom Wasserfalltourismus. Etwas besonders Sehenswertes entdeckten wir hier nicht, aber die Wasserfälle waren auch Grund genug, hierherzukommen. Beim Betrachten der Fotos staune ich gerade schon wieder: So eine Menge Wasser, so eine Naturgewalt. Dazu kam die Lage im Dschungel. Es war eine richtig tolle, sehr beeindruckende Gegend – überhaupt nicht zu vergleichen mit den Niagarafällen. Da war alles zubetoniert, von Natur keine Spur. Trotzdem hatten wir die Niagarafälle noch als Ziel geplant.

Sicherlich hätten wir weitere Tage in Iguazú und Umgebung verbringen können. Es gab tolle Wanderrouten im Nationalpark. Außerdem wurden zahlreiche Aktivitäten wie eine Jeepsafari angeboten. Aber der Weiterflug war gebucht und früh am nächsten Morgen ging es ins Landesinnere, wir flogen nach Cordoba. Der Abstecher zu den Iguazú-Wasserfällen war eines der Highlights unserer Reise. Absolut empfehlenswert! Marius sagte mir später, dass es für ihn sogar **DAS** Highlight der ganzen Reise gewesen sei.

Als wir nach dem Auschecken auf unseren Flughafentransfer warteten, verschenkten wir einige zu klein gewordene Kleidungsstücke von Levi an bettelnde Kinder, die regelmäßig vor dem Hotel standen. Die Tage zuvor hatten sie sich sehr über Süßigkeiten gefreut und sie sofort in den Mund gesteckt. So hatten auch wirklich sie etwas davon und nicht die manchmal im Hintergrund wartenden Erwachsenen. In diesen Momenten war ich so dankbar. Es machte mich nachdenklich, Levi zu sehen und neben ihm die gleichaltrigen, bettelnden Kinder. Uns geht es so gut. Das wurde uns auf der Reise immer wieder bewusst.

Argentinische Seite, Iguazu

Wasserfälle brasilianische Seite

Wasserfälle brasilianische Seite 1

Links: Tierische Begegnung, brasilianische Seite
Rechts: Klitschnass, brasilianische Seite

Cordoba

In Cordoba, der mit 1,3 Millionen Einwohnern zweitgrößten Stadt Argentiniens, wussten wir nicht wirklich, was auf uns zukommt. Ein Bekannter meines Mannes stammte aus Cordoba und ein Teil seiner Familie lebte noch dort. Schon in Deutschland hatte er angekündigt, wir könnten bei seiner Tante und seinem Onkel wohnen. Irgendwann während unserer Reise schickte er uns Kontaktdaten seines Cousins. Dieser wiederum lud uns ein, auf der Farm seiner Eltern zu wohnen. Wir waren etwas zurückhaltend, denn wir kannten uns ja gar nicht. Doch er war super sympathisch und betonte immer wieder, wie sehr sie sich freuen würden. Es war immer noch eine Ewigkeit bis Cordoba, doch nun waren wir da, standen am Flughafen und warteten auf den Cousin eines Bekanntes meines Mannes, der uns zu seinen Eltern fahren würde. Klingt ein wenig verrückt, war es aber gar nicht: Es fühlte sich direkt toll und vertraut an. Alessandro war super nett und er sprach Englisch – worüber ich mich sehr freute. Endlich konnte ich mich wieder ohne meinen Mann als Dolmetscher unterhalten. Alessandro fuhr einen Pick up, womit er bei Levi punktete. Levi nannte ihn nur „Freund", denn Marius und ich hatten ihm einen Freund angekündigt, der uns vom Flughafen abholt, viel mehr wussten wir ja auch noch nicht. Noch viele Monate später erinnerte sich Levi sehr gerne an den netten Freund mit dem Pick up.

Wie angekündigt, wartete Alessandro am Flughafen. Dann fuhren wir in einen großen Supermarkt. Wir sollten für eine Woche einkaufen, da es in der Nähe der Farm keine Geschäfte gebe. Wir kauften also im Wesentlichen Windeln und frische Lebensmittel. Getränke und vieles mehr sollten wir nicht einpacken, das sei alles vor Ort. Danach fuhren wir aus der Stadt. Immer weiter, Richtung Berge. „Ale" war super nett und witzig. Er bot an, sofort anzuhalten, sollte jemandem übel werden. Der Weg in die Berge sei nicht ohne. Wir schafften es, obwohl es zum Teil sehr holprig und steil war. Und wir waren froh, nicht selbst fahren zu müssen –wir stellten fest, dass hier oben nur Pick-ups oder andere Geländewagen unterwegs waren. Aus sehr gutem Grund. Mehrmals fuhren wir durch Wasser, die Wege waren zum Teil überflutet. Wir fuhren über eine Brücke, von der ich im Traum nicht geglaubt hätte, dass sie hält. Dann kamen zwei, drei kleine Häuser. Das Dorf, wie Ale sagte. Er zeigte uns das Haus der nächsten Nachbarn. Dort könnten wir uns melden, sollte es Probleme geben. Seine Eltern und alle anderen würden die Farm nämlich am Sonntag verlassen (also morgen). Naja. Wer immer hier schreit und Abenteuer möchte wie wir, bekommt es halt. Mitten in den argentinischen Bergen, mutterseelenallein. Aber noch war es nicht so weit.

Wir holperten und ruckelten ein ganzes Stück weiter. Dann fuhren wir durch ein Tor und weiter bergauf. Das zur Farm gehörige Grundstück war riesengroß – mit viel Wiese, einigen Felsen und Bäumen. Es gab zwei Häuser. In dem einen verbrachten die Eltern ihre Wochenenden, in dem anderen durften wir wohnen. Ein ganzes Haus für uns alleine. Einfach so. Wahnsinn! Wir waren total begeistert – und das noch viel mehr, als wir Ales Eltern kennenlernten. Sie waren unglaublich herzlich. Sie umarmten uns und freuten sich sichtlich, uns zu sehen, für sie wildfremde Menschen. Ich fühlte mich zu Hause.

Wir packten aus und richteten uns etwas ein. Dann erkundeten wir die Farm. Enkelkinder waren zu Besuch und Levi war glücklich, denn sie nahmen ihn sofort mit. Es gab Pferde, einen Fuchs, ein Trampolin und einen Pool. Der Tag endete wunderbar gemütlich: Wir aßen alle zusammen auf der Terrasse des Haupthauses Empanadas, gefüllte Teigtaschen, die wir schon aus Buenos Aires kannten, die Kinder spielten Fußball. Für den nächsten Tag war ein Besuch der ganzen Familie geplant: Es sollte gegrillt werden und wir würden alle zusammen den Sonntag verbringen. Weil Ales Eltern kein Englisch beherrschten, wurde doch wieder Spanisch gesprochen. Ich fühlte mich dennoch pudelwohl: Wir wurden so toll aufgenommen! Später schliefen wir alle tief und fest. Es war still, so still wie selten auf der Reise. Und nachts wurde es ziemlich kalt: Bergklima.

Am Sonntagmittag traf die Familie ein. Es kamen noch mehr Kinder, die durcheinander wuselten, und Ales sehr, sehr nette Geschwister mit Partnern. Wir sprachen einen Mischmasch aus Spanisch und Englisch. Aber meistens lachten wir, das ist international. Ich bekam Heimweh. Ich sehnte mich nach meiner Familie, als ich sah, wie diese tolle Familie miteinander scherzte. Ales Mutter war sehr herzlich: Sie drückte mich immer wieder und umarmte Levi. Dann gab es Asado, die argentinische Art des Grillens, dazu einige Beilagen und Bier. Das Fleisch schmeckte mir zu stark, zu herb. Es war sehr „fleischig" irgendwie. Marius schmeckte es. Nach einem langen Tag mit viel Trubel, ganz viel Spaß und gutem Essen reisten alle ab – alle bis auf uns.

Zuvor hatten die Eltern und Ale uns einige Dinge erklärt – beispielsweise, wo die Sicherungen sind, was zu tun war, wenn das Licht nicht angeht, wie die Waschmaschine funktionierte und so weiter. Wir passten sehr gut auf, waren ja bald auf uns gestellt. Mein Handy funktionierte überhaupt nicht, Marius hatte nur sehr selten und sehr schwachen Empfang. Es war

Sonntagabend. Wir vereinbarten, dass Ale und seine Freundin uns am Freitag gegen Abend wieder abholen würden.

Dann waren alle weg. Es herrschte Ruhe – gespenstisch nach dem ganzen Trubel. An diesem ersten Abend alleine gingen wir früh schlafen. Ehrlich gesagt: Mir war ein klein wenig mulmig zumute, aber wirklich nur ein wenig. Ale hatte uns noch den Tipp gegeben, unbedingt auf Schlangen zu achten. Diese könnten sich unter den Steinen verstecken. Na super! Da fühlte ich mich gleich viel besser. Das war in Australien schon meine Schwachstelle: Schlangen und andere Reptilien sind mir einfach überhaupt nicht geheuer. Wir versprachen, gut aufzupassen und Levi nicht allein an den Felsen spielen zu lassen.

Dann kam der erste Morgen, die Sonne schien und wir waren kein bisschen einsam. Wir hatten ja uns! Und etliche Hektar Land, die wir nach und nach erkundeten. Einmal am Tag kam jemand und versorgte die Pferde, also wäre da jemand für den Notfall. Wir genossen die Tage und es war eine kleine Zwangspause: Wir wurden gezwungen, zu entspannen. Levi hatte so viel Bewegungsfreiraum wie noch nie und er genoss es sehr. Wir spielten fangen und verstecken, kletterten, sammelten Tannenzapfen und spielten am Bach. An ein oder zwei Tagen war es sogar warm genug, um in den Pool zu springen. Allerdings merkte man, dass der Herbst kam – jetzt, Anfang März. Für die ersten Tage hatten wir noch jede Menge Reste vom Familienessen. Dann kochten wir selbst, ganz einfache Mahlzeiten. Zwei oder dreimal verließen wir das Grundstück und liefen ein Stück den Bach entlang. Wir trafen dabei aber niemanden. Die Aussicht war toll, wir befanden uns mitten in den Bergen. Diese fünf Tage waren wunderbar ereignislos, wir hatten sehr viel Zeit für Levi und für uns. Es war toll, ohne

Handy beziehungsweise ohne Internetverbindung zu sein. So konnten wir auch nichts weiter planen. Ich las mein letztes Buch auf dem E-Book-Reader, ein neues Herunterladen konnte ich nicht. Wir spielten Karten, erzählten und malten. Ich schrieb meinen Eltern Briefe, die ich später von der Stadt aus versenden würde. Fast langweilten wir uns: Ein tolles Gefühl! Levi beschäftigte sich zwischendurch lange Zeit alleine, er sortierte Steine von rechts nach links. Er war total in sich versunken. Es war schön, ihn dabei zu beobachten. Der kleine Mann war unheimlich groß geworden. Bald waren wir ein halbes Jahr unterwegs.

Die Tage vergingen schneller als gedacht. Ale hatte sich zwischendurch gemeldet und erkundigt, ob alles gut sei. War es! Er kündigte an, etwas später zu kommen am Freitag. Seine Freundin müsse noch arbeiten. Wir räumten auf, machten sauber, packten unsere Sachen zusammen. Und warteten. Es wurde dunkel, Ale war noch nicht da. Wir warteten weiter. Wir waren sicher, dass er kommt, aber es war schon spät geworden. Dann kamen sie: Ale und Flo, seine Freundin. Es war sicher 21, eher 22 Uhr. Und wir hatten noch zwei Stunden Fahrt in die Stadt vor uns. Das gebuchte Hotel in der Innenstadt von Cordoba hatte Ale uns empfohlen. Und er hatte einen tollen Rabatt ausgehandelt.

Nun befuhren wir also diese holprige, unebene, zum Teil überflutete Straße im Stockdunkeln. Ich war wieder heilfroh, dass wir nicht fahren mussten – hätten wir aber sicherlich in der Dunkelheit auch nicht gemacht. Ale kannte den Weg in- und auswendig. Gut und sicher erreichten wir das Hotel und verabredeten uns für den nächsten Abend. Es sollte zum Fußball gehen. Dann fielen wir sehr, sehr müde in unsere Betten, Levi war schon im Auto eingeschlafen. Auf der Farm waren wir früh schlafen gegangen. Es wurde ja ziemlich früh dunkel. Wir gingen dann rein ins Haus, aßen und duschten. Dann war der Tag vorbei. Jetzt befanden wir uns wieder in einer größeren argentinischen Stadt. Hier war auch gegen 24 Uhr noch jede Menge los. Müde wie wir waren, hörten wir aber nichts mehr. Wir schliefen tief und fest.

Am nächsten Tag schliefen wir lange und genossen dann ausgiebig das Frühstücksbuffet. Es war schön mal wieder in einem Hotel sein. Unseres, das „Yrigoyen 111 Hotel", war toll, sehr gepflegt. Und es lag zentral. Nach dem Frühstück erkundeten wir ein wenig die Innenstadt von Cordoba. Wir sahen eine Kirche an und schlenderten herum. Nachmittags machte Levi einen langen Mittagsschlaf – gut so, denn abends würde es spät werden. Dann holte Ale uns ab, wir fuhren zum Stadion. Er hatte super Karten organisiert: Wir waren VIP-Gäste und durften in den Innenraum und auf das Spielfeld. Wir sahen den Bus mit den Spielern hautnah an uns vorbeifahren. Nach dem Spiel fuhren wir zurück, Levi und ich gingen schlafen. Marius wollte sich in unserem Namen wenigstens ein bisschen revanchieren für alles, was uns diese tolle Familie geschenkt hatte. Ale und er gingen essen und ein paar Biere trinken.

Vielen, vielen Dank an Ale und seine gesamte Familie! Ihr habt uns unterwegs Familienanschluss geschenkt. Eure Gastfreundschaft war einfach unbeschreiblich.

Mendoza

Mittags am nächsten Tag ging es für uns wieder zum Flughafen. Wir flogen in Richtung chilenische Grenze, nach Mendoza. Ich erinnere mich an ziemlich scharfe Kontrollen, wir wunderten uns. Nach der Landung wurden wir mehrfach darauf hingewiesen, dass wir keine Lebensmittel einführen dürften, insbesondere keine Früchte. Dann verstanden wir, warum: Die Region Gran Mendoza ist ein riesiges Weinanbaugebiet. Leider waren wir etwas zu früh um das im März gefeierte Fest der Weinlese zu erleben. Mit den strengen Einreiseregelungen und Kontrollen wollen die Behörden vermeiden, dass für die Pflanzen möglicherweise schädliche Insekten eingeschleppt werden.

Wir fuhren wieder einen Mietwagen und hatten ein Häuschen in einer kleinen Anlage außerhalb der Stadt Mendoza mit ihren rund 115.000 Einwohnern gebucht. Diesmal waren wir nicht so glücklich mit der Unterkunft, es war aber weitestgehend in Ordnung. Wir hatten ja das Auto und würden uns wenig dort aufhalten. Wir waren gut erholt – bereit, wieder etwas mehr zu sehen und zu erleben.

Mendoza gefiel uns sehr gut. Ein bisschen erinnerte mich alles an Buenos Aires – nur in viel kleiner. Die Umgebung war wunderschön, sehr grün. Mendoza selbst hatte tolle Parks, Spielplätze, Cafés und Fußgängerzonen. Außerdem gab es einen großen Fluss in der Nähe, an dessen Ufer man toll Spazierengehen konnte. Es war ziemlich ruhig, nicht sehr touristisch und ein anderes Tempo als in der Hauptstadt. Auf einem großen Spielplatz war auch abends noch etwas los, Levi flitzte mit den argentinischen Kindern um die Ecke. Ein Clown mit Luftballons tauchte auf und wir erinnerten uns erneut an Buenos Aires. In den nächsten drei oder vier Tagen schlenderten wir durch die Stadt und besuchten eins der zahlreichen Weingüter. Wir sahen, wie eine Ladung Trauben per LKW geliefert und weiterverarbeitet wurde. Wir bekamen die Rebstöcke gezeigt. Alles auf Spanisch, sodass ich mich eher an die Weinprobe hielt. Levi und Marius tranken Traubensaft.

Dann kamen plötzlich jede Menge Fußballfans in unsere eigentlich ruhige Unterkunft. Marius recherchierte und erfuhr: Der Superclàsico fand am nächsten Tag statt – und zwar direkt vor unserer Nase, in Mendoza. Da musste er hin, unbedingt. Spontan, wie wir sind, änderten wir kurzerhand unsere Pläne. Wir hatten bereits eine Unterkunft in den Anden gebucht, konnten diese aber glücklicherweise um eine Nacht nach vorne verschieben. Wir packten schnell, setzten uns ins Auto, verschenkten eine Übernachtung in der ohnehin nicht so tollen Unterkunft und fuhren in die Anden, um am nächsten Abend wieder zum Spiel in Mendoza zu sein.

Wir waren ein wenig unvorbereitet. Einer fuhr, einer las. Wir informierten uns noch schnell über die Gegend, in die wir unterwegs waren. Wir hatten tatsächlich mal überlegt, mit dem Auto durch die Anden von Argentinien nach Chile zu fahren. Das war aber mit der Mietwagenfirma nicht zu vereinbaren gewesen – und an der Grenze in den Anden sollte man wohl zum Teil stundenlang auf die Abfertigung warten. Außerdem waren wir jahreszeitlich gesehen an der Grenze: Es war Mitte März und ab Ende März wurden die Pässe wegen Schneefalls geschlossen, den ganzen Winter über. Also mussten wir, Fußball hin oder her, sowieso wieder zurück nach Mendoza, um von dort nach Santiago de Chile fliegen zu können.

Erst einmal fuhren wir durch eine atemberaubende Landschaft. Je weiter wir fuhren, desto karger wurde alles. Eben waren wir noch im grünen Weinanbaugebiet gewesen, jetzt sahen wir nur noch Steine, Erde und Sand. Immer wieder hielten wir an, stiegen aus und genossen den Ausblick. Der Himmel war strahlend blau, der Rest setzte sich aus verschiedenen Erdtönen zusammen. Wir merkten, dass es kühler wurde. Die Sonne knallte, aber die Außentemperatur sank. Wir hielten an einer alten Inkastätte – an einer Ruine, die wir nur von außerhalb betrachten konnten. Wenn ich mich richtig erinnere, diente eins der Gebäude als berüchtigtes Gefängnis. Es staubte, alles war trocken.

Wir aßen und tranken etwas, dann fuhren wir weiter. Wir kamen an einem Schild vorbei, das zum „Parque Provincial Aconcagua" wies: Da wollten wir später noch hin. Die Zeit drängte ein wenig, weil es auch hier früh dunkeln werden würde (gegen 18 Uhr). Wir fuhren zunächst an unserer Unterkunft vorbei, ehe wir sie als solche erkannten. Es war ein kleines, flaches Gebäude mitten im Nichts. Dorthin gelangten wir über einen kleinen, holprigen Weg und einmal fuhren wir über Bahnschienen. Wir checkten ein und waren die einzigen Gäste. Die Gastgeberin erzählte uns, dass wir in einem alten Bahnhof schlafen würden. Die Gleise, die wir überquert hatten, endeten im Nichts. Viele Jahre war hier eine Bahnstrecke zwischen Chile und Argentinien betrieben worden, irgendwann aber wurde sie eingestellt weil immer wieder Schäden durch herabfallendes Geröll entstanden waren. Und durch den Schneefall sei die Strecke ohnehin nur einen Teil des Jahres nutzbar gewesen. „Hospedaje Lenas del Tolosa" war eine tolle Unterkunft, sehr speziell und sehr liebevoll in Erinnerung an ihren ursprünglichen Nutzen eingerichtet.

Unser Zimmer sah gemütlich aus, wir legten nur kurz unsere Sachen ab und setzten uns wieder ins Auto. Wir fuhren zurück zum Eingang in den „Parque Provincial Aconcagua". Der Aconcagua ist ein 6962 Meter hoher Berg, der höchste Berg Südamerikas. Wir parkten und wanderten los, zum Glück hatten wir unsere Jacken eingepackt. Denn die Sonne war weg – hinter den Bergen verschwunden. Es war sofort viel, viel kälter. Wir liefen eine Weile, hielten an Aussichtspunkten und bewunderten den Aconcagua, den wir weit, weit entfernt mit seiner schneebedeckten Spitze sehen konnten. Das Gebirge war riesig. Es war windig und wurde schlagartig immer kälter und dunkler. Also gingen wir zurück zum Auto. Nach einer kurzen Fahrt hielten wir an einem kleinen Imbiss am Straßenrand und wärmten uns bei Burger und Pizza auf. Unser Handy zeigte nur noch wenige Grad über null an, tagsüber waren es 25 Grad. Gut, dass wir im Zimmer eine kleine Heizung hatten.

Wir kuschelten uns ins Bett und schliefen schnell und gut. Es war ein anstrengender Tag gewesen. Am nächsten Morgen wollten wir gar nicht aufstehen: Es war eiskalt. Zum ersten Mal auf der Reise zeigte das Handy eine Temperatur unter null Grad an. Wir blieben noch ein wenig im warmen Zimmer. Dann kam die Sonne hinter den Bergen hervor und es wurde minütlich spürbar wärmer. Wir frühstückten, checkten dann aus und beluden das Auto. Wir fuhren ein wenig herum, erkundeten die Gegend und waren begeistert. Die Landschaft war wunderschön – auf ihre ganz eigene Art. Wir sahen kaum Menschen und kaum Tiere. Nur der Wind pfiff, die Sonne knallte und es staubte. Dementsprechend sehen wir auf den Fotos aus – lachend, zerzauste Haare, eingestaubt. Levi war im Paradies: So viele Steine zum Werfen. Und er musste nicht aufpassen. Hier war nichts oder niemand, den er treffen konnte. Wir hätten noch etwas bleiben wollen, mussten aber Richtung Mendoza weiter: Am Abend war der Superclàsico.

Wir fuhren ein Stück und hielten dann an einem Sessellift. Jawohl, made in Austria. Wir fuhren ein Stück einen Berg hoch und wurden ordentlich durchgepustet. Es war nur mit geschlossenen Augen auszuhalten. Oben war es noch windiger, wir guckten uns einmal kurz um und fuhren wieder bergab. Im Winter ist das ein Skigebiet. Hier standen auch einige größere Hotels, in denen jetzt aber noch nichts los war. Auch auf dem Rückweg hielten wir immer wieder begeistert an. Wir stiegen aus, machten Fotos und staunten. Der Mensch wirkte unheimlich klein und unbedeutend, dabei sahen wir nur einen Bruchteil der Anden. Nachmittags waren wir wieder in Mendoza und wir waren uns einig: Der kurze Abstecher in die Anden hatte sich in jedem Fall gelohnt.

Diesmal hatten wir ein Hostel in der Innenstadt von Mendoza gebucht. Wir machten uns kurz frisch (Staub abduschen), aßen etwas und brachen dann auf zum Stadion. Der Chef meines Mannes, der über sehr gute Kontakte verfügt, hatte uns kurzfristig zwei Tickets besorgen können. Levi brauchte keins. Wir gingen in die hoffentlich richtige Richtung und versuchten eine ganze Weile vergeblich, ein Taxi anzuhalten. Kurz bevor Marius nervös wurde, weil die Zeit knapp zu werden drohte, erwischten wir eins.

In der Stadt war wahnsinnig viel los, alles voller Fußballfans. Boca Juniors gegen River Plate! Marius war total begeistert und er hat sich riesig gefreut: Das sei **DAS** Spiel weltweit, Superclàsico eben. Der Taxifahrer war überrascht, dass wir mit Kind ins Stadion wollten. Es werde voll sein, sagte er. Wir ahnten nicht, wie voll.

Wir fuhren so weit wie möglich ans Stadion heran und gingen dann zu Fuß weiter. An einer Stelle sollten die Tickets kontrolliert werden. Kurz bevor wir bei den Ordnern ankamen, wurden diese von den Fans überrannt – beziehungsweise sie machten Platz, um nicht überrannt zu werden. Okay...Das hatten wir so noch nicht erlebt und auch nicht erwartet. Wir kamen also ins Stadion, ohne ein einziges Mal unsere Tickets gezeigt zu haben und ohne dass unsere Taschen oder wir kontrolliert wurden.

Es war schon absehbar, dass mehr Zuschauer als Plätze im Stadion sein würden. Wir fühlten uns dennoch sicher. Es war eine tolle Stimmung – kein bisschen aggressiv. Es freuten sich vielmehr alle gemeinsam auf das Spiel. Der Block, in dem unsere Sitzplätze lagen, war total überfüllt. Alle standen – grob geschätzt doppelt so viele Menschen, wie Plätze vorhanden sind. Es war wahnsinnig laut. Alle sangen und klatschten. Dabei hatte das Spiel noch nicht einmal angefangen. Es war nicht zu vergleichen mit einem deutschen Fußballspiel, überhaupt nicht.

Levi und ich warfen einen kurzen Blick auf das Spielfeld und hielten uns die restliche Zeit hinter dem Block auf. Hier war jede Menge Platz. Levi spielte mit Luftballons und wir aßen eine Art Bratwurst im Brötchen. Marius sah sich das Spiel eine Weile an. Später brachen wir wieder auf – vor dem Ende des Spiels, um nicht in die Menschenmassen zu geraten. Obwohl ich kein Freund von großen Menschenmengen bin, fühlte ich mich kein bisschen unwohl. Es war eine tolle, sehr friedliche Stimmung. Wir liefen ein Stück, fanden ein Taxi und fuhren zurück zum Hostel. Es war spät geworden, wir gingen schlafen.

Am nächsten Abend würden wir von Mendoza nach Santiago de Chile fliegen, eine Nacht in einem Hotel am Flughafen verbringen und weiter in die Atacama-Wüste fliegen. Wir freuten uns sehr, die Anden hatten uns in Stimmung gebracht. Wir waren gespannt auf die Atacama Wüste und freuten uns auf die sicherlich spektakuläre Landschaft. Auch dort würden wir einen Mietwagen nehmen und auf eigene Faust reisen – meine liebste Art zu reisen. Es würde unser Abschied von Argentinien sein. Wir waren schon lange hier, durch den früheren Aufbruch aus Neuseeland länger als ursprünglich geplant. Und es war super. Wir hatten dennoch so wenig von diesem riesigen, abwechslungsreichen Land gesehen. Oft war uns empfohlen worden, in den Süden zu reisen, zum Gletscher. Das würden wir gerne nachholen, irgendwann einmal. Momentan fehlten uns dafür Zeit und Geld. Die Flüge waren recht teuer und dort angekommen, muss man noch weite Strecken mit dem Auto zurücklegen. Wir hatten keine Wintersachen, dafür aber einen Zweijährigen dabei. Also verschoben wir das auf später. Hoffentlich.

Argentinien hat mich überrascht, durchweg positiv. Buenos Aires war toll, wir fühlten uns sehr wohl. Die Iguazú-Wasserfälle waren ein Highlight. Das Landesinnere hat uns gut gefallen und die Zeit mit Ale und seiner Familie bleibt unvergessen. Dann waren da der Westen des Landes, Mendoza, die schöne Stadt, das riesengroße, grüne Weinanbaugebiet und die Anden – nur ein paar Kilometer entfernt und so gegensätzlich. Argentinien ist ein absoluter Reisetipp. Nicht verschweigen will ich allerdings, dass Spanischkenntnisse definitiv von Vorteil sind, zumindest, wenn man wie wir auf eigene Faust reist. Nicht alle sprechen unserer Erfahrung nach Englisch, die Jüngeren eher als die Älteren. In den ländlichen Gegenden findet man aber kaum jemanden, der Englisch spricht. Klar: Im Notfall ging es auch mit Hand und Fuß. Wir hatten jedoch hier wie auf der gesamten Reise viele tolle Tipps von Einheimischen bekommen – und die verstand man detailliert eben doch nur, wenn man der Sprache mächtig war.

Noch eine kleine Anekdote zum Thema Sprache: In Buenos Aires waren wir einmal in einem Restaurant essen, als uns eine Frau vom Nebentisch auf Spanisch ansprach. Ihre Mutter – eine ältere Dame, die mit am Tisch saß – sei der Meinung, dass wir Deutsch sprechen. Ob das denn stimme? Als wir bejahten, fragte sie, ob wir mit ihrer Mutter ein paar Worte auf Deutsch sprechen würden. Wir stimmten natürlich zu. Und die alte Dame sprach nach einem kurzen Moment ein sehr, sehr gutes Deutsch. Sie erzählte, dass sie als Jugendliche mit ihrer Familie aus Deutschland nach Argentinien gekommen sei. Ihrem Vater sei die Pflege der Muttersprache wichtig gewesen. Nachdem er verstorben war, sprach sie immer weniger Deutsch. Wir unterhielten uns eine ganze Weile. Es war ein netter Abend. Wir erfuhren, dass viele Deutsche zur Zeit des Zweiten Weltkrieges und danach nach Südamerika eingewandert waren (zum Teil auch Kriegsverbrecher auf der Flucht). Tatsächlich trafen wir immer wieder auf ältere Menschen, die uns auf Deutsch ansprachen, in Chile noch mehr als in Argentinien. Nichtsdestotrotz ist es absolut lohnenswert, die Landessprache zu sprechen.

Marius wurde oft für sein Spanisch gelobt. Ich glaube, dass es als ein Zeichen von Respekt angesehen wird, wenn ein Tourist die Landessprache beherrscht und sie anwendet. Jetzt sollte es erst einmal weitergehen, ins nächste Spanisch sprechende Land. Wir verbrachten den nächsten Tag in der Stadt, die wir ja schon kannten, aßen ein Eis, spazierten herum und powerten Levi auf den Spielplätzen aus. Dann fuhren wir zum Flughafen, gaben den Mietwagen zurück und starteten pünktlich nach Chile. Für die

Zeit nach dem dreitägigen Aufenthalt in der Atacama-Wüste hatten wir vor einigen Tagen ein Appartement in Santiago de Chile gebucht, für zwölf Tage am Stück. Darauf freute ich mich schon jetzt – wieder ein wenig mehr Komfort, eine Pause vom Reisen, die Gelegenheit, eine Stadt im Detail kennenzulernen, und alles auszupacken, zu sortieren, Wäsche zu waschen, einen Kühlschrank zu füllen. Chile, wir kommen.

Links: Unterwegs in den Anden, Region Mendoza,
Rechts: Nationalpark Aconcagua, Mendoza

Superclàsico, Mendoza City

März 2018 – Chile

Atacama

Chile ist ein sehr langes, schmales Land, das viele verschiedene Klima- und Vegetationszonen aufweist. Von Norden dehnt sich der Staat über mehr als 4.000 Kilometer Richtung Süden aus. Im Vergleich dazu ist die West-Ost-Ausdehnung mit gerade einmal rund 200 Kilometern sehr gering. Der chilenische Peso ist eine recht schwache Währung – für einen Euro erhielten wir mehrere hundert Pesos. Im Herbst 2020 waren es beispielsweise etwa 900. In Chile leben rund 17,5 Millionen Menschen. Jeder dritte Chilene, sprich 5,6 Millionen Menschen, lebt in der Hauptstadt Santiago de Chile. Dorthin waren wir unterwegs. Nach einem kurzen, aber ziemlich turbulenten Flug über die Anden landeten wir schließlich gut. Es war windig unterwegs, wir wurden gut durchgeschüttelt. Der Blick war sagenhaft, kilometerweit über die Anden. Allein dafür lohnte sich der Flug. Wir schafften es gerade noch im Hellen, bald dämmerte es. Wir reisten problemlos ein, nahmen unser Gepäck und gingen zum Taxischalter. Darin hatten wir inzwischen Routine. Mit einem Sammeltransfer fuhren wir den kurzen Weg bis zu unserem Hotel. Unsere Wahl war auf ein internationales Flughafenhotel gefallen: Nichts Besonderes, aber völlig ausreichend. Es war ziemlich spät; wir bestellten Essen beim Zimmerservice und gingen früh schlafen.

Am nächsten Tag ging es nach dem Frühstück zurück zum Flughafen. Dieses Mal flogen wir Richtung Norden, in die Atacama-Wüste. Fanden wir den vorherigen Flug schon leicht turbulent, wurden wir eines Besseren belehrt: <u>Dieser</u> Flug war turbulent! Mir war zwischendurch sehr, sehr übel, Levi schluckte auch einige Male bedenklich. Zum Glück dauerte es nur eine knappe Stunde, dann landeten wir. Auch dieses Mal war die Aussicht toll, ich war aber eher damit beschäftigt, ruhig ein- und auszuatmen. Diese Maschine war auch relativ klein und somit noch anfälliger für die Windböen zwischen den Bergen. Naja, wir landeten gut und ohne Zwischenfall.

Der Flughafen und die dazugehörige kleine Stadt liegen mitten in der Wüste, es gibt nur eine größere Straße. Die Atacama-Wüste ist die trockenste Wüste der Erde. Hier gibt es Orte, an denen jahrzehntelang überhaupt kein Niederschlag gemessen wird.

Alles war extrem trocken und staubig, ein strahlend blauer Himmel, die Sonne schien. Und wie sie schien. Wir merkten sofort die Höhe, waren auf über 2.000 Metern. Als erstes registrierten wir jede Menge Windräder, die überall standen. Mein Schwager Christoph witzelte als Kommentar zu einem Foto, dass wir nach Deutschland schickten, ob wir denn in den Niederlanden gelandet seien. Die Windräder sind aber auch die einzige Gemeinsamkeit. Hier sah es eher so aus, wie ich es mir auf dem Mond vorstelle. Stein, Stein und nochmals Stein. Erdtöne, ein wenig grau dazu. Und diese unendliche Weite, so viele Kilometer voller Nichts. Die eine Straße, die immer weiter führte, soweit das Auge reichte. Einfach geradeaus. Wir hatten sagenhaften Weitblick. Bis zu unserer Unterkunft waren es etwa zwei Stunden Fahrt. Levi schlief ein und wir genossen und staunten. Es hatte wirklich etwas von einem anderen Planeten. Unsere Unterkunft „Hotel Geiser del Tatio" lag in San Pedro de Atacama. Der kleine Touristenort auf etwa 2.500 Metern Höhe über dem Meeresspiegel bestand hauptsächlich aus kleinen Hotels, Restaurants und Geschäften. Die gesamte Kommune San Pedro de Atacama hat rund 11.000 Einwohner, die sich auf mehr als 23.000 km² verteilen – eine verschwindend geringe Dichte von 0,24 Einwohnern pro km².

Als wir am frühen Abend ankamen, wurde es schon fast wieder dunkel und damit kühl, sehr kühl. Wir aßen noch etwas, packten aus und duschten den Staub ab. Fanden wir die Anden schon staubig, waren sie kein Vergleich mit diesem Staub. Er war überall. Kein Wunder: Es gibt so gut wie keine Niederschläge hier. Nach der ersten Nacht ließen wir die Tür zum Badezimmer auf, um die Luftfeuchtigkeit zum Schlafen ein wenig steigern zu können. Wir cremten uns fast ununterbrochen ein, tranken sehr, sehr viel und hatten trotzdem das Gefühl, zu vertrocknen: eine Mischung aus der Höhe und dem extremen Wüstenklima. Tagsüber brannte die Sonne, es war sehr heiß. Mit Anbruch der Dunkelheit wurde es schlagartig kühl. Wir erlebten Temperaturen von 0 bis 30 Grad Celsius. Das Hostel war ganz nett: Alles kleine Häuschen, wie in dem ganzen Ort. Zum Glück gab es hier keine großen Hotels, alles war einstöckig und großzügig angelegt, Platz war ja genug. Wir hatten im Innenhof einen kleinen, aber leider eiskalten Pool. Zum kurzen Reinspringen ging es aber.

Am ersten Morgen frühstücken wir gemütlich. Anschließend setzen wir uns ins Auto und machen uns auf den Weg zu unserem ersten Ziel: Wir fahren zu einem Salzsee, dem „Salar de Atacama", wo es zahlreiche Flamingos geben soll. Die Fahrt ist wieder spektakulär, die Landschaft ist so anders, so besonders. Es gibt nur einzelne, kleine Wege, verfahren können wir uns also nicht. An einem kleinen Parkplatz angekommen, steigen wir aus und machen uns zu Fuß auf den Weg. Mützen, Sonnenbrillen und Sonnencreme nicht vergessen! Hier dominieren helle Töne, wir sind geblendet. Levi ist damit beschäftigt, Steine in die vielen, kleinen Salzseen zu werfen – von beidem gibt es dort genug. Wir sind fast alleine, nur ab und an begegnen wir anderen Touristen. Es herrscht eine totale Stille. Es sieht nicht nur alles anders aus, es fühlt sich auch anders an. Wir befinden uns nun auf fast 3.000 Metern Höhe, sind aufmerksam, damit uns keine Symptome der Höhenkrankheit entgehen. Es sei nicht unüblich, dass Touristen, die die Höhe nicht gewohnt sind, unter Kopfschmerzen und Schwindel litten, wurde uns gesagt. Wir trinken weiterhin viel, viel Wasser und achten darauf, uns nicht zu viel zuzumuten. Levi ist topfit, ihm macht das alles sichtlich nichts aus. In San Pedro de Atacama gab es jede Menge kleinerer Tourenschalter, die unter anderem auch Pillen verkauften, mit denen es sich in der Höhe leichter leben sollte. Brauchen wir glücklicherweise nicht, die hätte ich auch nicht ohne Weiteres eingenommen. Sollte unser Körper eine Pause brauchen, soll er sie bekommen. Levi läuft zum Teil ein großes Stück vor, aber wir können ihn problemlos sehen – ein sehr entspannter Spaziergang also. Und schließlich sehen wir auch Flamingos – nicht viele, aber ein paar. Wir merken, dass wir schneller erschöpft sind, als üblich, und fahren zurück zum Hostel. Levi findet einen Jungen zum Spielen, wir sitzen auf der Terrasse und sehen ihnen zu. Im Ort gibt es einige Restaurants, Marius holt uns Pizza und wir stärken uns am Pool.

Gegen Abend fahren wir zum Valle de la Luna, Tal des Mondes. Ich sagte es doch: Hier sieht es aus wie auf dem Mond. Es gibt viel Stein, große Felsen und Unmengen von rotbraunem, ganz feinem Sand, der noch warm von der Sonne ist. Wir laifen barfuß umher, klettern auf Felsen, erkunden die Gegend und fühlen uns ein bisschen wie Astronauten. Am Eingang zum Tal gibt es eine kleine Touristeninformation. Wir fahren mit dem Auto auf das Gelände und halten an verschiedenen Punkten. Die Mitarbeiter an der Information warnen uns noch, rechtzeitig wieder herauszufahren. Wenn es dunkel sei, sei es sehr, sehr dunkel. Den Sonnenuntergang nehmen wir aber mit – er ist traumhaft! Wir wollen gar nicht wieder los, finden viele kleine Wege durch die Felsen, spielen Verstecken. Aber die Dunkelheit kommt, also geht es zurück zum Hostel. An diesen Ort wollen wir noch einmal wiederkommen. Wir haben längst nicht alles gesehen im Tal des Mondes.

Übrigens fuhren wir eine klassische Limousine. Der Mietwagenverleih wies uns darauf hin, wir sollten nur auf befestigten Straßen fahren. So weit, so gut, die gab es hier aber kaum. Oder die Definition von befestigt war gegebenenfalls eine etwas andere, mehr den Örtlichkeiten angepasst. Für den nächsten Tag stand ein Ausflug zu heißen Quellen auf unserem Plan, auf den wir gespannt waren. Die Atacama-Wüste hatte es uns angetan, gefiel uns richtig, richtig gut. Im Hostel trafen wir auf ein älteres, deutsches Ehepaar: Er war ein Geologe in Rente und die Beiden waren mehrere Wochen in der Gegend und wie wir hin und weg. Für den nächsten Tag planten sie einen Ausflug zu einer Station der NASA, inklusive Führung. Von dieser großen Station am trockensten Platz der Erde wird hauptsächlich der Mars erforscht und es finden entsprechende Studien statt. Das Gelände kann natürlich nicht einfach betreten werden, das ist nur über eine Anmeldung möglich. Die heißbegehrten Plätze für die Führungen werden gelost. Sicherlich sehr interessant, aber wir verzichteten – unsere To-do-Liste für die Atacama Wüste war auch ohne die NASA-Station schon sehr voll.

Es gab hier unheimlich viel zu sehen, tolle geführte Touren wurden angeboten und es gab viele Ziele für Selbstfahrer wie uns. Wir überlegten kurz, zu einem Geysir, dem El Tatio – Namensgeber unserer Unterkunft - zu fahren. Dort sollte der Sonnenaufgang spektakulär sein. Das hätte allerdings bedeutet, gegen drei Uhr nachts in völliger Dunkelheit loszufahren. Außerdem liegt der Geysir auf fast 5.000 Metern Höhe – das trauten wir weder uns noch dem Auto ohne weiteres zu. Die angebotenen Touren sind uns mit Levi zu viel. Es geht halt auch nicht immer alles und hier gab es auch so genug zu entdecken. Wir hörten von anderen Gästen, die eine Tour dorthin mitgemacht haben, es sei absolut beeindruckend gewesen. Das glaube ich gerne! Vielleicht beim nächsten Mal. Die Gegend war riesig und obwohl San Pedro de Atacama günstig gelegen schien, saßen wir jeden Tag stundenlang im Auto. Levi war glücklicherweise ein sehr geduldiger Autofahrer und schlief häufig während der Fahrt ein wenig.

Während das ältere Ehepaar sich auf zur NASA-Station machte, ging es für uns zu den heißen Quellen, den Termas de Puritama. Wir fuhren lange, lange Zeit bergauf. Die Straße wurde immer schlechter, dann endlich etwas besser. Es gab wieder nur einen Weg – keine Chance, sich zu verfahren. Am Parkplatz angekommen, merkten wir sofort den erneuten Höhenunterschied – wir waren auf knapp 4.000 Metern – so hoch war ich noch nie! 3.000 Meter ja, im Skiurlaub am Gletscher, aber 4.000 sind nochmal etwas anderes. Wir mussten ein Stück laufen, trugen unsere Rucksäcke mit viel Wasser und zusätzlich Levi und waren unheimlich schnell außer Atem. Die Sonne schien – perfekt, denn in den Quellen kann man baden. Und das machten wir dann auch, und zwar ausgiebig. Das Wasser war toll, ganz sauber und schön warm. Wieder waren wir fast alleine und konnten alles in Ruhe genießen. Anders als in Neuseeland waren die Stellen nicht überlaufen, es war viel, viel weniger los und das Gebiet war riesig. Nach einer Weile bekamen Marius und ich Druck auf dem Kopf und wir beschlossen, sofort zurückzufahren. Die Höhe merkten wir nun doch ein wenig. An das, was nun folgte, erinnere ich mich noch sehr gut.

Zurück am Auto stellen wir fest, dass es Öl verloren hat, viel Öl. Was nun? Wir stehen mitten im Nirgendwo auf 4.000 Metern und wollen eigentlich nur zurück in unser Hostel, um uns auszuruhen. Einige Einheimische kommen dazu, diskutieren und schlagen schließlich vor, wir sollten trotzdem fahren. Es gehe schließlich bergab. Das ist nicht von der Hand zu weisen. Ein Pannendienst werde eine Ewigkeit brauchen, spekulieren sie, und wir glauben das gerne. Also steigen wir ins Auto und rollen los. Die Fahrt dauert lange – sehr lange. Ich meine, es waren fast zwei Stunden, jedenfalls mehr als eine. Während Levi hinten friedlich und total erschöpft vom Schwimmen schläft, schwitzen Marius und ich vorne Blut und Wasser. Bloß keinen Motorschaden, nicht hier mitten im Nirgendwo! Handyempfang ist selten, wir müssen es bis in den Ort schaffen. Und das tun wir. Wir sind sehr, sehr erleichtert, als wir uns der Zivilisation nähern. Am Hostel angekommen, telefoniert Marius mit dem Mietwagenverleih – übrigens ein großer, internationaler Anbieter – und kommt nicht weiter, trotz seiner Spanischkenntnisse. Über Stunden geht es hin und her. Der Kundenservice ist unheimlich schlecht – niemand fühlt sich für unser Problem zuständig. Der Mitarbeiter des Hostels ist leider auch nicht wirklich hilfsbereit. Unser Problem: Wir müssen am nächsten Morgen früh zum Flughafen. Sieht nicht so aus, als ob das mit dem Auto möglich sein wird.

Während Marius am Telefon fast verzweifelt, spielen Levi und ich am Pool. Letztlich beschließen wir, schnell noch einen Flughafentransfer zu buchen, bevor die Touristenschalter im Ort schließen. Als das erledigt ist, kommt Marius auch bezüglich des Mietwagens ein Stück weiter: Er wird abgeschleppt. Das Auto, nicht Marius. Levi ist begeistert: Ein echter Abschleppwagen! Es wird dunkel und wir bedauern, nun kein zweites Mal zum Tal des Mondes fahren zu können.

Mit der Mietwagenfirma führten wir in den folgenden Wochen noch regen Schriftverkehr. Dank der Unterstützung von Ale, unserem Freund aus Cordoba, der uns sofort seine Hilfe anbot, ging das Ganze gut aus und wir zahlten nur eine kleine Selbstbeteiligung. Zunächst einmal waren wir froh, noch einen Transfer gebucht zu haben, sodass wir unseren Flug zurück nach Santiago de Chile antreten konnten.

Noch eine letzte Nacht in der Wüste, dann ging es früh am nächsten Morgen los. Diesmal mit einem Reisebus. Wieder sahen wir unzählige Windräder. Am Flughafen angekommen, stiegen wir in das kleine Flugzeug. Dieser Flug verlief deutlich ruhiger, zum Glück. Wir kamen gut in der chilenischen Hauptstadt an und waren uns einig: Der Abstecher in die Atacama Wüste hatte sich absolut gelohnt. Wenn ich mir die Fotos ansehe, staune ich noch immer. Nun aber hatten wir zwölf Tage in Santiago de Chile vor uns und freuten uns auf unser Appartement. Wir hatten jede Menge Ausflugstipps von einer älteren Dame im Hostel erhalten, die aus Santiago stammte, und freuten uns auf die nächsten Tage.

Es war schon Mitte März. Seit wir uns in Südamerika aufhielten, verging die Zeit plötzlich nochmal etwas schneller.

Links: Flug von Santiago nach Atacama, Chile,
Rechts: Valle de la Luna, Atacama

Unterwegs im Norden Chiles

Salzsee „Salas de Atacama", Atacama

Valle de la Luna, Atacama

Santiago de Chile

Das erste Foto aus Santiago de Chile zeigt ein Puddingteilchen, wie es sie eins zu eins in Deutschland gibt. Ich erinnere mich noch genau: Mit dem Taxi in der Unterkunft angekommen, packten Levi und ich aus und Marius zog los, um etwas zu Essen aufzutreiben. Er kehrte unter anderem mit eben diesem Teilchen zurück. Ich war so glücklich! Ein Stück Heimat – und lecker war es auch. Wir hatten es gut angetroffen in Santiago: Unser Appartement war sauber, modern und im Garten gab es einen Gemeinschaftspool. Waschmaschinen waren auch vorhanden – die brauchten wir dringend, denn alles war voller Staub. Wir wohnten im Stadtteil Providencia, empfohlen von einer älteren Dame aus Santiago, die wir in unserer Unterkunft in der Atacama Wüste getroffen haben. Sie gab uns neben zahlreichen Ausflugstipps sogar ihre Telefonnummer, falls wir Fragen hätten oder Hilfe bräuchten.

Ich hatte ein wenig Halsschmerzen, vermutlich bedingt durch die extrem trockene Luft, der wir ausgesetzt waren, und die Klimaanlagen während der Flüge. Nach ein paar Tagen war es aber wieder gut. Allerdings merkte ich, dass ich eine Pause brauchte. Etwas Ruhe zum Durchatmen und Kraft tanken, ohne aufwändiges Programm. Dafür waren wir hier genau richtig. Der nette Vermieter brachte Spielsachen für Levi und wir zweckentfremdeten einen großen Wäschekorb, um ihn als Planschbecken auf dem kleinen Balkon zu nutzen. Im Haus wohnten viele Kinder, die wir regelmäßig im Garten trafen. Für den Pool war es zu kalt, der Herbst kam, aber es waren tolle, sonnige Tage mit angenehmen Temperaturen. Am ersten Tag unternahmen wir nichts mehr, sondern lebten uns nur etwas ein. So schön das Appartement auch war – die Lage war nicht die allerruhigste. Unten auf der Ecke befand sich ein Restaurant. In der ersten Nacht hörten wir bis zwei Uhr Leute erzählen und lachen. Mit der Zeit gewöhnten wir uns daran, doch im ersten Moment war der Unterschied zu der absoluten Stille in der Wüste sehr groß. In den nächsten Tagen erkundeten wir zu Fuß die Gegend. Wir spazierten durch Parks mit tollen Spielplätzen, gingen Essen und schlenderten umher. Die Einheimischen waren total freundlich, suchten das Gespräch mit uns und wir fühlten uns wohl. Ein wenig erinnerte uns die Stadt an Buenos Aires, wobei mir persönlich Buenos Aires noch ein kleines bisschen besser gefällt. An einem der Tage machten wir einen tollen Ausflug: Wir gingen zu Fuß zu einer Seilbahnstation und fuhren auf einen Berg. Oben angekommen auf dem 880 Meter hohen Cerro San Cristóbal hatten wir eine wahnsinnig tolle Aussicht über die Stadt. Noch etwas weiter oben – das letzte Stück waren Treppen, wir ließen den Kinderwagen also unten stehen – gab es eine 22 Meter hohe Statue der Jungfrau Maria. 1987, in meinem Geburtsjahr, hielt Papst Johannes Paul II. hier oben eine Messe. Hier war dann doch Einiges los und wir bemerkten viele andere Touristen – zu voll war es aber nicht. Ein paar Tage später kamen wir wieder, fuhren mit der Seilbahn aber nicht ganz nach oben, sondern besuchten den Zoo an der mittleren Station. Er war ganz nett – besonders gut haben uns die Giraffen gefallen, weil wir sehr nahe an sie herankamen.

Wir fuhren mit dem Hop-on Hop-off-Bus und entdeckten so ein großes Einkaufszentrum mit dem höchsten Gebäude Südamerikas, dem rund 300 Meter hohen Gran Torre Santiago. Am nächsten Tag kamen wir mit der Bahn wieder und fuhren in den 61. Stock. Die Aussicht war gigantisch:

Santiago lag uns zu Füßen und wir konnten bis zu den Anden sehen. Es war ein toller Ausflug, der sich auf jeden Fall lohnte. Auf der Rückfahrt passierte uns dann etwas Ärgerliches: Wir wurden gelinkt, das erste und – wie wir glauben – einzige Mal! Ale hatte uns gewarnt, dass die chilenischen Taxifahrer versuchen würden, Touristen wie uns auszunehmen. Und genau das passierte dann auch – doppelt ärgerlich, da wir es hätten besser wissen müssen. Wir waren mit der chilenischen Währung noch nicht wirklich gut vertraut beziehungsweise fanden das Umrechnen ziemlich kompliziert. Ein Euro entspricht mehreren hundert chilenischen Pesos, das ist nicht so schnell im Kopf gerechnet. Bis dahin hatten wir alles mit Karte gezahlt und zugegebenermaßen nicht exakt auf die Preise geachtet. Lebensmittel erstanden wir günstig, ähnlich wie in Buenos Aires. Aber wir hatten keine Ahnung, was Taxifahren kostet. Nach unserem Ausflug in den 61. Stock und einem Abendessen im Shopping Center fuhren wir mit dem Taxi zurück. Wir hatten vergessen, was die Fahrt vom Flughafen zu unserer Unterkunft gekostet hatte, und somit kein gutes Gespür. Marius saß vorne, das Taxameter lief – darauf achteten wir grundsätzlich. Der Fahrer textete Marius in einer Tour zu, erzählte, gestikulierte, verwickelte ihn ein Gespräch – anscheinend ein Ablenkungsmanöver. Das Taxameter lief derweil weiter und ich versuchte, im Kopf umzurechnen, aber auch mich lenkte er ab. Noch dazu hatte ich Levi, der auf meinem Schoß herumturnte. Das Ende vom Lied war, dass wir das Zehnfache des eigentlichen Preis zahlten. Das Zehnfache! Die Uhr war so manipuliert, dass sie eine Null mehr anzeigte, dazu Nachkommastellen. Mir kam die ganze Zeit etwas komisch vor, aber darauf war ich nicht gekommen. Wir zahlten unten vor dem Appartement – zack, war das Taxi weg! Oben recherchierten wir und ärgerten uns ziemlich. Statt der üblichen vier hatten wir umgerechnet 40 Euro gezahlt. Dumm gelaufen, selber schuld. Wobei vier Euro wirklich sehr, sehr günstig gewesen wären – ich hatte mit einem Preis um die zehn, vielleicht 15 Euro gerechnet. Naja, Ostern stand vor der Tür. Wir hoffen, die Kinder des Taxifahrers bekamen in diesem Jahr die eine oder andere Süßigkeit mehr. Jedenfalls wussten wir jetzt Bescheid – Taxifahren in Chile ist eigentlich sehr, sehr günstig.

Dann hatte ich Geburtstag. Levi und Marius überraschten mich mit einem leckeren Teilchen, einer Kerze und sangen. Zur Feier des Tages durfte ich ausschlafen – mal wieder, ehrlich gesagt. Meistens übernahm Marius das morgendliche Aufstehen mit Levi. Die Tage in Santiago haben mir gutgetan. Jeder hatte noch einmal etwas Zeit für sich – und wir als Paar machten es uns abends zu zweit im Wohnzimmer gemütlich, wenn Levi schon schlief. Ich weiß gar nicht mehr, was wir an meinem Geburtstag gemacht haben – es war einfach einer dieser Tage in Santiago.

An einem Nachmittag trat ich im Garten irgendwo rein und es piekte. Abends entdeckte ich einen kleinen Splitter oder Stachel im Fuß, versuchte, ihn herauszuholen, brach dabei ein Stück ab und machte es nur schlimmer. Nach zwei weiteren Tagen war die Stelle entzündet. Wir beschlossen, zum Arzt zu gehen, denn es waren nur noch wenige Tage bis zu unserem Abflug nach Kuba. Und Havanna wollte ich unbeschwert erleben, statt mit einem entzündeten Fuß herumsitzen zu müssen. Niedergelassene Ärzte, wie wir sie aus Deutschland kannten, schien es in Chile nicht zu geben. Marius recherchierte und wir fuhren schließlich zu einem Krankenhaus in der Nähe. Dieses erste Krankenhaus, das wir ansteuerten, behandelte mich aufgrund irgendwelcher Formalitäten nicht. Die Mitarbeiterin half aber sehr freundlich weiter und verwies uns an eine andere Klinik. Dort angekommen zogen wir eine Wartemarke. Ärgerlich, dass ich Marius als Dolmetscher brauchte und Levi und er somit mit mir dort festsaßen, aber mit Englisch allein wäre ich nicht so weit gekommen. Nach einer Weile wurden wir zu einem netten Arzt hereingebeten. Er wirkte sehr kompetent, sah sich die Stelle an und verschrieb mir eine Salbe und Antibiotika gegen die Entzündung. Es sei aber noch ein Stück Stachel im Fuß, oder ein Splitter oder Ähnliches, sagten wir mehrfach. Der Arzt war der Meinung, es sei nur die Entzündung – von einem Fremdkörper sei nichts zu sehen. Schließlich machte er sogar eine Ultraschalluntersuchung und gab Entwarnung: Kein Fremdkörper, nur eine kleine Entzündung. Er musste es wissen, er war der Arzt. Also fuhren wir zurück ins Appartement, ich versuchte, den Fuß etwas zu schonen, und schnell wurde es auch besser. Unsere Auslands-Reisekrankenversicherung hat übrigens alles anstandslos erstattet und wir bekamen sofort eine entsprechende, ordnungsgemäße Rechnung in Chile ausgestellt, als wir darum baten.

Wir planten weiter und beschäftigten uns – leider jetzt erst – detailliert mit der bereits gebuchten und demnächst anstehenden Kreuzfahrt. Uns hatte die Strecke gereizt: Den Panamakanal zu durchqueren, das klang toll! Ich erinnere mich genau daran, wie wir von Deutschland aus mit dem Veranstalter telefonierten, uns als absolut Kreuzfahrt unerfahren outeten und um Tipps und Hilfe baten. Im Endeffekt buchten wir besagte Kreuzfahrt, um nun festzustellen, dass das Schiff alles, aber nicht kinderfreundlich war. Ohne jetzt die Ausstattung im Detail aufzählen zu wollen – es gab eine Whiskeybar, aber keinen Pool mit Rutschen, die Zielgruppe scheint demnach weitestgehend festgelegt zu sein. Wir riefen beim Veranstalter an, der uns zustimmte. Dies sei nicht unbedingt eine Reise für kleine Kinder. Abgesehen davon hatten wir beide keine Kreuzfahrt taugliche Garderobe dabei: Wir waren fast ausschließlich mit kurzer Hose und Turnschuhen oder Flip Flops unterwegs. Warum sie uns, einer weltreisenden Familie mit Kleinkind, denn diese Kreuzfahrt verkauft hätten, konnte uns der Mitarbeiter nicht beantworten. Na gut, er war es ja auch nicht persönlich gewesen. Nach einigem Hin und Her stornierten wir und blieben auf einer kleineren Anzahlung sitzen. Wir konnten uns aber nicht vorstellen, 16 Tage auf diesem Schiff zu verbringen. Um ehrlich zu sein, genossen wir gerade auch den Platz, den das Appartements mit sich brachte. Wie schon einmal erwähnt, schwand mit zunehmender Reisedauer meine Bereitschaft, auf Komfort und Platz zu verzichten. Das sah man übrigens auch an unseren Ausgaben – wir zahlten mehr und mehr für unsere Unterkünfte. Nachdem wir das Thema Kreuzfahrt über Bord geworfen haben, stellten wir die Frage, was denn mit der freigewordenen Zeit anzufangen sei, erst einmal hintenan. Wir mussten uns dringend um unsere Touristcard für Kuba kümmern – in wenigen Tagen wollten wir bereits nach Havanna fliegen. Also fuhren wir zur kubanischen Botschaft in Santiago und beantragten mit unseren Pässen eine Touristcard. Dummerweise musste die Gebühr in US-Dollar bezahlt werden, also fuhren wir als Deutsche – mit dem Euro als Heimwährung – zu einer chilenischen Bank, um US-Dollar zu holen, um in der kubanischen Botschaft damit zu bezahlen. Nun ja. Das Ganze erledigte sich erstaunlich schnell und unkompliziert. Die Unterkunft in Havanna hatten wir bereits für die ersten drei Tage gebucht – wir sollten bei der Tante des Spanischlehrers meines Mannes unterkommen. Überhaupt gab dieser uns tolle Tipps und empfahl eine grobe Route. Nun buchten wir nach einigem Hin und Her noch ein teures, toll aussehendes All-inclusive-Hotel in Varadero. Eins aus der Melia-Kette, am langen, weißen Sandstrand. Wir sehnten uns nach Meer und Strand! Das freigewordene Geld von der Kreuzfahrt investierten wir also zum Teil in Varadero. Wie wir die „gewonnene" Zeit verbringen wollten, wussten wir allerdings noch nicht. Wir merkten, dass wir ein klein wenig reise- und planungsmüde waren. Heimweh war es nicht – wir waren einfach noch so erfüllt von Argentinien und Chile und den sagenhaften Erlebnissen dort, dass wir kaum weiter denken konnten. Also klangen ein paar Tage Strandurlaub doch ganz gut. Den letzten Tag in Chile verbrachten wir noch einmal im wunderschönen Bustamante-Park. Hier hätten wir auch gut eine Unterkunft mieten können, eine tolle Gegend.

Dann hieß es Packen und Abschiednehmen. Chile war toll, die Atacama-Wüste der Wahnsinn! Santiago war auch schön, aber richtig gepackt hatte uns die Gegend im Norden. Naja, wir haben halt auch schon viele tolle Städte gesehen. Ein Luxusproblem. Schnell schoben wir noch eine kleine Runde Eier-, oder – besser gesagt – „Autos verstecken" ein. Es war Ostern, das hatten wir fast vergessen! Einige dieser „Osterhasenautos", wie Levi sie nennt, haben wir noch immer. Ziemlich lädiert, aber sie fahren noch. Danach packten wir endgültig – die Reise nach Havanna würde anstrengend werden. Der Flug nach Panama ging frühmorgens. Dort sollten wir einen kurzen Aufenthalt haben und dann von Panama nach Havanna weiterfliegen – Direktflüge gab es nicht. Über Kuba hatten wir uns noch nicht allzu viele Gedanken gemacht, sondern nur bis zum Strand geplant. Am Flughafen waren wir aber gezwungen, das kurzfristig zu ändern: Zwischen Tür und Angel mussten wir schnell noch einen Flug von Kuba weg buchen, sonst wäre uns die Einreise verweigert worden. Wir überlegten, planten vier Wochen für Kuba ein und buchten schließlich einen Flug von Havanna nach Miami, USA. Wohlwissend, dass das eventuell kompliziert werden könnte... Aber auf die Schnelle fiel uns nichts Besseres ein und die Flüge waren günstig.

Jedenfalls durften wir nun ins Flugzeug und starten, via Panama ging es nach Havanna. Wir waren gespannt!

Aussicht vom Monte Christo auf Santiago de Chile

Links: Camillo und Levi, Santiago de Chile,
Rechts: Hop-on-Hop-off Bus, Santiago de Chile

April 2018 – Kuba

Kuba ist ein realsozialistischer, etwa 109.000 km² großer Inselstaat in der Karibik. Mit den rund elf Millionen Einwohnern, von denen in etwa zwei Millionen in der Hauptstadt Havanna leben, sind wir nun wieder an einem Reiseziel mit einer deutlich höheren Bevölkerungsdichte eingetroffen. Kuba ist groß und vielseitig – neben vielen schönen Stränden finden sich hier auch dichte Regenwälder und bis zu 2.000 Meter hohe Berge. Der Abstand zum amerikanischen Festland (Key West, Florida) beträgt gerade einmal 154 Kilometer. Kaum vorstellbar – zu groß sind die Unterschiede, zu verschieden die Länder.

Am frühen Abend landeten wir endlich in Havanna. Wir waren seit einer gefühlten Ewigkeit unterwegs und müde und geschafft – unter anderem, weil wir mitten in der Nacht aufgestanden waren. Mit dem Taxi ließen wir uns zu unserer Unterkunft fahren, einer privaten Casa. Ein Großteil der rundreisenden Touristen kommt auf Kuba in diesen Privathäusern unter, in denen die Bewohner ein oder mehrere Zimmer vermieten. Hotels gibt es abseits von Havanna und Varadero kaum. Wir lernten diese Art zu wohnen sehr zu schätzen, hatten immer Glück mit den Gastgebern und auf Kuba so engen Kontakt zur Bevölkerung wie nirgendwo zuvor. Am ersten Abend vertraten wir uns nach dem Einchecken noch kurz die Beine und zählten begeistert Oldtimer. Damit hörten wir bald auf: Es waren viel zu viele! Neben den Oldtimern fielen uns immer wieder Plakate, Schriftzüge und Denkmäler von Che Guevara und Fidel Castro auf – sie sind überall. Wir aßen gut in einem Restaurant in der Nähe und gingen früh schlafen. Das Zimmer war ganz einfach, kein Vergleich zum Appartement, aus dem wir gerade kamen. Es kostete allerdings auch deutlich weniger, war sauber und die Gastgeber waren sehr nett. Unser erster Eindruck von Havanna? Es war – zumindest in der Gegend, in der wir wohnten – weniger los als in den südamerikanischen Großstädten. Die Leute wirkten entspannter. Es war schmutziger und sehr viele Häuser waren renovierungsbedürftig, zum Teil in sehr schlechtem Zustand. Wir ahnten schon, dass sich der Lebensmitteleinkauf schwieriger gestalten würde. Wie Recht wir hatten – nicht nur der. Gegen Ende unserer Reise sollte Kuba uns noch einmal richtig fordern. Wir reisten individuell, auf eigene Faust und das wurde anstrengend, zeitaufwendig und kompliziert. Aber auch viel schöner, spannender und authentischer als eine gebuchte Rundreise. Kuba sollte uns faszinieren, wir würden es zum Teil lieben und uns zum Teil weit weg wünschen. Dahin, wo ein Bus kommt, wenn er kommen soll (zumindest ungefähr zur geplanten Zeit), wo es Windeln zu kaufen und etwas anderes als Reis mit Bohnen zu Essen gibt. Alles in allem waren wir nach den vier Wochen erholt und gleichzeitig war es die anstrengendste Zeit der Reise. Aber der Reihe nach.

Wir begannen unseren ersten richtigen Tag auf Kuba, Frühstück in Havanna. Das Frühstück war nett angerichtet und lecker – so konnte es weitergehen. Wir starteten zu Fuß, liefen durch die Straßen Richtung Hotel Habana Libre und stiegen dort in einen Hop-on Hop-off-Bus. Uns fiel zunächst auf, wie schlecht viele Straßen und Gebäude in Schuss waren, wie viele Menschen irgendwo für Dinge Schlange standen und wie laut die vielen Autos waren. Der Bus fuhr in Richtung Meer, bog dann ab und fuhr eine Weile an der Küste entlang. Es war warm und bewölkt, super Sightseeing-Wetter. Habana Vieja, die Altstadt, durchquerten wir auch, stiegen aus und liefen ein wenig herum. Es gab wenig Grünflächen, aber viele großen Plätze, viele alte Gebäude, wenige neue, einige müssten renoviert oder saniert werden. Menschen saßen überall vor den Häusern oder auf den kleinen Balkonen, es wirkte insgesamt beengt. Wir hielten an einem alten Bahnhof. Davor stand eine alte, gut erhaltene Lokomotive. Levi war begeistert, als wir hineinklettern durften. In der Halle waren lauter Marktstände. Weil es voll war und die Händler sehr verkaufstüchtig waren, gingen wir schnell wieder ins Freie. Überall sahen wir Oldtimer, alle tipptopp in Schuss. Wir erfuhren, dass das die Autos waren, mit denen die Touristen gefahren werden. Die Privatautos der Einheimischen sahen oft nicht mehr so toll aus. Wir stiegen wieder in den Bus, fuhren am Parque Central vorbei, der eigentlich auch ein Platz ist, an dem großen Cuba-Schriftzug an der Promenade, an einem verlassenen Sportstadion und an einem großen Friedhof, der in der Nähe unserer Unterkunft lag. Am Havanna Aquarium stiegen wir schließlich aus und gingen hinein. Die Gründe dafür waren im Wesentlichen die Mittagshitze und die nun knallende Sonne, der wir entgehen wollten. Doch wir stellten fest, dass das Aquarium ein Open Air Aquarium war – das war also nichts mit Schatten. Wir drehten trotzdem eine Runde, aber es war nicht besonders schön und das Aquarium befand sich in keinem guten Zustand. Hier waren nur einheimische Familien mit Kindern, keine Touristen. Wir lernten den Unterschied zwischen CUC – die an den US-Dollar gekoppelte Währung, der Kurs betrug 1:1 – und CUP – die Währung der Einheimischen – kennen. Der Kurs zwischen diesen beiden Währungen lag bei etwa 1:24. Das Ganze war ein wenig verwirrend: Den Touristen wurde häufig ein CUC abgenommen, wo Einheimische nur einen CUP zahlten, also einen Bruchteil. Am Geldautomaten bekamen wir nur CUC. Als Levi und ich auf Toilette gingen, gaben wir einen CUC Trinkgeld. Die Reinigungsdame war hellauf begeistert und bedankte sich überschwänglich. Um das klarzustellen: Wir konnten die CUC-Preise gut bezahlen, sie kamen uns fair vor. Es war einfach nur erstaunlich, wie Kuba mit diesen beiden Währungen hantierte. Wir sahen einen Imbiss mit einer sehr langen Schlange, wurden aber zum zweiten Schalter durchgewunken, an dem wir mit CUC bezahlten. An CUC kamen wiederum die Einheimischen nicht heran, es sei denn, sie erhielten Trinkgeld von den CUC-Touristen. Es war verwirrend. Nach dem Besuch des Aquariums gingen wir in einen Supermarkt – und enttäuscht wieder hinaus. Es gab hunderte, wahrscheinlich tausende Dosen passierter Tomaten und sonst nicht viel. Die Regale waren leer. Ich werde nie diesen Anblick vergessen: Viele leere Regale und einige wenige mit tausenden identischen Dosen. Bis zu diesem Zeitpunkt hatten wir uns zugegebenermaßen kaum mit Kuba beschäftigt. Das mussten wir unbedingt nachholen! Wir lernten, dass Lebensmittel auf dem Land deutlich einfacher zu beschaffen sind, weil sie zum großen Teil dort angebaut werden und die Leute sich Nutztiere halten. Die Supermärkte in Havanna waren auf die Lebensmittel-Lieferungen aus dem Landesinneren angewiesen. Wir beobachteten einmal einen „Eiertag": Die Bewohner Havannas liefen zahlreich mit großen Paletten Eiern durch die Straßen. Und wir sahen Läden, in denen an diesem Tag fast ausschließlich Eier verkauft oder gegen Lebensmittelmarken getauscht wurden. Ebenso wurde mit Obst und Gemüse verfahren. Heute gab es dies, morgen das. Wie viel mehr wussten wir jetzt das Frühstück am Morgen zu schätzen. Es war nicht möglich, alles in einem Laden zu erhalten. Die Einheimischen liefen durch die Straßen und besuchten zahlreiche Läden und Marktstände, um am Ende ihre Lebensmittel zusammenzuhaben. Abends gingen wir zum Essen in das Restaurant vom Vorabend – es war lecker und wir waren zu müde für Experimente. Bei uns in der Gegend hatten wir auch nichts anderes gesehen. Wir schliefen gut, wegen der Erschöpfung. Es war warm im Zimmer, eine Klimaanlage gab es nicht.

Am nächsten Tag schlenderten wir erneut zur Altstadt und machten dann eine Rundfahrt in einem der schicken Oldtimer. Wir fuhren durch enge Straßen mit bunten Häusern, es war laut, Menschen lachten und Musik spielte. Wir fuhren ein Stück raus aus der Stadt in einen kleineren Park, hielten dort an und vertraten uns die Beine. Außerdem warfen wir einen Blick auf einige toll aussehende Villen. Hier, außerhalb der Stadt, war es auch nicht so beengt; die Grundstücke waren größer, die Luft war besser. Einen Großteil der Strecke kannten wir schon vom Vortag – wir sind sie mit dem Hop-on Hop-off-Bus gefahren. Wir stiegen aus, gingen durch die Gassen. Die Häuser waren hoch und standen eng beieinander, so dass wir glücklicherweise etwas vom Schatten abbekamen. Von den kleinen Balkonen hing überall Wäsche und auch hier saßen Menschen vor ihren Häusern, tranken, aßen und unterhielten sich. Da, wo wir einen Blick hineinwerfen konnten, sahen wir kleine Räume. Kein Wunder dass sich die Allermeisten im Freien aufhielten. Wir besichtigten auch das „Museo de la Revolución": Es war beeindruckend zu sehen, was erst vor relativ kurzer Zeit hier geschehen ist. Im Museum waren jede Menge Panzer, Raketen und anderes Kriegsgerät ausgestellt und in Gedenken an die Helden der Revolution brannte ein Feuer in einem eisernen Stern. Als wir das Museum verließen, brauchten wir leichte Kost. Wir setzten uns in ein nettes Lokal in einem Hinterhof, tranken Bier und sahen und hörten einer Musikgruppe zu. Kurz vor Dämmerung fuhren wir erneut zum Habana Libre, diesmal hoch nach oben in das Aussichts-Restaurant. Unbedingt zu empfehlen: Um die sagenhafte Aussicht zu genießen, ist es nicht notwendig, für viel Geld Essen zu bestellen. Wir tranken also nur zwei Cuba Libre, Levi ein Wasser und wir staunten – Havanna lag uns zu Füßen. Danach gingen wir in unser Stammrestaurant – unser letzter Abend in der kubanischen Hauptstadt. Für den nächsten Tag hatten wir über unsere Vermieterin einen Transfer in einem Sammeltaxi, einem Collectivo, gebucht. Es ging nach Varadero. Wir freuten uns sehr auf den Strand.

Havanna hat uns gut gefallen, aber es ist nicht „unsere" Stadt geworden. Wir verstehen, dass ohne die Unterstützung der Einheimischen nichts geht. Entweder buchst du eine komplett organisierte Rundreise oder – wenn du es, wie wir, auf eigene Faust machen möchtest –wohnst du in Casas und organisierst von der jeweiligen Unterkunft aus mithilfe der Vermieter die nächsten Schritte. Im Voraus zu planen ist schwierig. Internetverbindungen gibt es nur in den großen Hotels – und auch da nur sehr begrenzt – und an großen, öffentlichen Plätzen. Wir sollten in den nächsten Wochen noch häufig eine Telefonkarte kaufen, um damit für einen CUC eine Stunde ins Netz zu kommen. Mehr oder weniger. Die Verbindung bricht ständig ab, wir laufen wie viele andere Empfang-suchend hin und her. Wenn du, wie wir, nicht die kompletten vier Wochen planst, geschweige denn die Zeit danach, kann das schon echt nervig werden. Uns wird klar, wie gut es uns geht und wie verwöhnt wir sind. Viele Kubaner, insbesondere in den größeren Städten, haben keine Arbeit. Gerade junge Leute leiden unter der mangelnden Perspektive. Wir unterhalten uns mit Einheimischen – immer auf Spanisch, also unterhält sich im Wesentlichen

Marius mit ihnen und übersetzt dann für mich. Sie erzählen, dass ein Arzt in etwa so viel verdient wie ein Zimmermädchen inklusive Trinkgeldern. Also versuchen die meisten im Tourismus Fuß zu fassen. Das Gesundheitssystem ist hervorragend, es gibt so viele Ärzte, dass sie beispielsweise nach Venezuela entsendet werden.

Aber zurück zu unserem Transfer. Kurz vor der Abfahrt hieß es, er komme etwa eine Stunde später. Wir hatten Zeit. Nach etwa zwei Stunden fährt ein Oldtimer vor, diesmal ein Original. Der Zustand ist nicht so toll, aber es wird schon gehen. Im Collectivo sitzen schon zwei junge Männer aus Argentinien. Begeistert unterhalten sie sich mit Marius, als sie hören, dass wir einige Wochen in ihrem Land verbracht haben. Dann steigt eine deutsch-kubanische Familie dazu. Wir erfahren viel über das Land und die Leute, hören gespannt den Erzählungen des Kubaners und seiner deutschen Frau zu. Sie sind in Kuba, um seine Familie zu besuchen, und fahren nun für ein paar Tage mit ihrem Sohn an den Strand. Ein Platz Im Auto ist noch frei, deshalb fahren wir einige Extrarunden. Der Fahrer bekommt ihn aber nicht mehr verkauft. Wir sind schon eine knappe Stunde unterwegs, als wir endlich die Stadt verlassen. Die Fahrt dauert ewig, es ist warm und eng – gut, dass ein Platz freibleibt. Das Gepäck fährt auf dem Dach mit. Wir fahren über kleinere Straßen und durch Dörfer. Der kubanische Familienvater erklärt uns, der Fahrer mache dies, da er illegal fahre, sprich keinen Taxischein habe und sich das Geld komplett in die eigene Tasche stecke. Er meide also größere Straßen und die Autobahn, da hier Kontrollen drohen. Wir holpern weiter. Der Fahrer hupt ununterbrochen, trotzdem schläft Levi irgendwann erschöpft ein. Wir halten an: Toilettenpause. Wir halten erneut an, der Fahrer kauft sich etwas zu essen. Beim nächsten

Stopp etwas zu trinken. Wieder Toilette. Offensichtlich hat er Zeit, hat gutes Geld verdient und ist gemütlich unterwegs. Nach einer halben Ewigkeit kommen wir in Varadero an. Die Familie und die beiden Argentinier steigen an ihrer jeweiligen Unterkunft aus, wir suchen daraufhin – zunächst vergeblich – unser Hotel. Wir fahren und fahren, der Fahrer fragt unzählige Passanten. Dann sind wir endlich da. Wir steigen in der Auffahrt aus, nehmen unser Gepäck und betreten verschwitzt, erschöpft, hungrig und durstig das Hotel. Wir wollen einchecken, aber die Rezeptionisten finden unsere Buchung nicht. Da stehen wir also in der Lobby wie bestellt und nicht abgeholt.

Der Service war miserabel – so einen schlechten Start hatten wir nirgendwo. Und das in diesem teuren fünf-Sterne-Hotel! Wir versuchten, den Reiseveranstalter zu erreichen, aber in Deutschland war längst Abend – nichts zu machen. Über eine Notfallnummer erreichten wir endlich jemanden, der uns weiterhelfen konnte. Die Damen und Herren an der Rezeption ließ unsere Not völlig kalt, wir bekamen von ihnen nicht einmal etwas zum Trinken angeboten. Levi war fix und fertig und dabei so tapfer. Dann endlich kam Bewegung in die Sache: Ohne weitere Erklärung bekamen wir ein Zimmer zugewiesen. Um es kurz zu machen: Das Zimmer war voller Mängel. Nägel standen aus den Betten heraus, die Toilettenspülung war defekt, alles wirkte dreckig und ungepflegt. Das Hotel hätte so schön sein können, war aber in einem schlechten Zustand und wurde offensichtlich vernachlässigt. Auch der Service war mies. Wir trafen einige Urlauber, die das genauso sahen: Sie verbrachten ihren Jahresurlaub hier und waren total enttäuscht. Wir machten das Beste draus, auch wenn es uns ärgerte. Der Strand war traumhaft, der Pool auch. Das entschädigte etwas für das

Zimmer, Essen und den Service. Wir lernten dazu: Kuba ja, unbedingt! Aber authentisch in Casas, nicht in großen internationalen Hotels, die völlig überteuert waren und nicht das hielten, was sie versprachen. Wir hatten „All inclusive" gebucht und bezahlt, bekamen es aber nicht, da dauernd Lebensmittel nicht verfügbar waren. Verständlich, aber dann durfte es auch nicht angeboten und eingepreist werden – das ärgerte mich. Und wo landete das Geld? Bei den kubanischen Angestellten jedenfalls nicht. Die Inhaber des Hotels investierten es auch nicht übermäßig in die Instandhaltung, in Lebensmittel ebenso nicht. Blieb noch die internationale Kette, die vermutlich einen riesigen Gewinn einfuhr. Nun ja, wir entspannten am und im Meer und dem Pool und blieben doch noch eine Woche lang in der Anlage. Das Publikum war gemischt: Viele Europäer, einige Kanadier und US Amerikaner. Wir fanden hier und da Anschluss, Levi hatte Kinder zum Spielen.

Und dann, am letzten oder vorletzten Tag, meldete sich plötzlich mein Fuß wieder – der mit der Entzündung. Ich dachte, ich sehe nicht recht, als ich schließlich doch einen Dorn herausziehen konnte. Mein vom Pool aufgeweichter Fuß hatte ihn herausgerückt. Den Dorn, der laut chilenischem Arzt nach Ultraschalluntersuchung ja gar nicht da war...

Levi schlief in der Mittagshitze lang, wir lasen und saßen an der Lobby, um online ein wenig zu recherchieren und weiter zu planen.

Die Tage vergingen schnell, bald sollte es weitergehen. Wir hatten zwischenzeitlich folgende Route geplant: Von Varadero nach Cienfuegos, dann weiter nach Trinidad und ins „Valle de los Ingenios" – auf dem Weg sollten wir wunderschöne Wasserfälle sehen, in Trinidad und um Umgebung würden wir uns Zuckerrohrplantagen und eine Tropfsteinhöhle ansehen und einen Strandtag einlegen. Von Trinidad aus planten wir, weiter nach Santa Clara zu fahren, und dort einen echten, einheimischen Tierpark zu erkunden. Außerdem sollten wir noch mehr über die Revolution lernen. Anschließend würden wir einige Tage an den Playas del Este verbringen – Strände in der Gegend von Havanna – und von dort aus nach Vinales fahren, eine landschaftlich wunderschöne Gegend. Der Weiterflug von Havanna war gebucht – wir ließen uns in der Planung für alle Fälle zwei, drei Tag Puffer. Das waren bei Weitem nicht alle sehenswerten Ecken von Kuba, aber wir ließen es eher ruhig angehen, wollten uns nicht stressen. Abgesehen von Vinales – da würden wir in einem Hotel schlafen – wohnten wir ausschließlich in Casas. Dabei gingen wir so vor, dass die jeweiligen Casa-Gastgeber uns eine Casa in der nächsten Stadt vermittelten. Oft organisierten sie auch den Transfer, wuschen unsere Wäsche, waren sehr gastfreundlich und dankbar für kleine Extraverdienste. Die Casas waren online nicht oder kaum zu finden – es empfiehlt sich, die Hilfe der Kubaner anzunehmen. Hätten wir eine geführte Reise unternommen oder einen Mietwagen geliehen, wären uns unheimlich schöne Ecken – echte Geheimtipps – entgangen. Wir hätten nie die tollen Wasserfälle oder den See mit den Flamingos gefunden und wären auf der Suche nach Milch für Levi gescheitert. Es sollten spannende zwei Wochen werden.

Aber der Reihe nach. Am 11. April 2018 brachen wir zu unserer kleinen Kuba-Rundreise auf. Wir ließen uns vormittags am Hotel abholen – diesmal ein privater Transfer, den wir online buchen konnten. Er war für kubanische Verhältnisse relativ teuer; die kommenden, über die Casas vermittelten Transfers, würden günstiger sein. Auf dem Weg nach Cienfuegos fallen uns wieder die unzähligen Plakate mit Schriftzügen auf wie „Por siempre Fidel" (für immer Fidel), oder „Por la revolución y el socialismo" (für die Revolution und den Sozialismus). Überall gab es nun wieder vermehrt Bilder und Plakate von Fidel Castro, José Martí und Che Guevara. Die Revolution der Jahre 1953 bis 1959, die schlussendlich den Sturz des kubanischen Diktators Fulgencio Batista bewirkte, war sehr präsent und schien auch nach einigen Jahrzehnten immer noch ein Thema.

Nach einer Weile kamen wir an und fuhren am Zentrum von Cienfuegos vorbei. Unsere Unterkunft lag nah am Meer, auf einem schmalen Stück Land, das weit ins Wasser ragte. Unsere erste Casa abseits von Havanna war nett, unser Zimmer sehr klein, aber sauber. Das wurde eine Herausforderung in der nächsten Zeit: Die Zimmer in den Casas hatten meist nur wenige Quadratmeter. Sich dort mit Levi – abgesehen vom Schlafen – aufzuhalten, war quasi nicht möglich. Wir mussten ja auch unser Gepäck unterbringen. Die folgenden Tage und Wochen verbrachten wir also im Freien. Es war ein bisschen wie die Zeit mit dem Camper in Australien – viel mehr Platz für uns hatten wir nicht. Dafür so tolle Gastgeber! Sie begrüßten uns und wir mussten unsere Pässe vorzeigen. Die Daten trugen sie in ein Buch ein, das war von der Regierung so vorgegeben. Wir hörten, dass die Kontrollen sehr streng seien – alle unsere Gastgeber waren sehr gewissenhaft in ihrer Buchführung. Wir machten einen kleinen Spaziergang, tranken ein Bier und einen Cuba Libre und warfen Steine ins Wasser. Wenn das so weiterginge mit Levi, sollte Kuba bald eine Steinknappheit haben, zumindest an Land. Plötzlich fing es an zu regnen – nein, zu schütten! Von jetzt auf gleich, wie aus Kübeln. Wir waren sofort klitschnass, stellten uns aber trotzdem noch unter. Zum Sonnenuntergang klarte es auf – es sah toll aus. Wir aßen in der Casa, wo es Fisch und verschiedene

Beilagen gab. Dann gingen wir früh schlafen. Am nächsten Morgen bekamen wir ein tolles Frühstück und einen Ausflugstipp serviert: In der Nähe gab es einen See mit zahlreichen Flamingos, die Laguna Guanaroca. Unser Gastgeber organisierte uns einen Fahrer. Ich glaube, es war ein Verwandter. Wir fuhren ein Stück, sahen zahlreiche Mangobäume und kamen schließlich zu einer kleinen Hütte. Von hier aus wurden wir zu Fuß noch ein ganzes Stück weit geführt. Es war heiß, die Sonne knallte. Keine Spur mehr vom Regen des Vortags. Am See angekommen, warteten Ruderboote auf uns. In einem von ihnen wurden wir auf den See gerudert. Und dann sahen und hörten wir die Flamingos. Es waren hunderte, vielleicht tausende! Einmal flog ein Schwarm dicht über uns hinweg, wir fühlten den Windzug. Unseres und die anderen Boote fuhren nicht zu nah an die Tiere heran, um sie nicht zu stören – das gefiel uns gut. Nach einer Weile ruderten wir zurück und liefen den Weg bis zum Auto. Der Fahrer hatte auf uns gewartet und setzte uns im Zentrum ab. Wir liefen ein wenig umher, sahen uns den Parque José Martí an. Parks im Sinne von Grünfläche und Spielplätzen fanden wir keine: Die kubanischen Parques sind asphaltierte, aber oft hübsch angelegte Plätze. Und sie hatten immer eine Bedeutung, eine Geschichte. Wo man steht und geht kann man auf Kuba etwas lernen. Wir liefen durch kleine Geschäftsstraßen bis zum Meer und wieder zurück und aßen eine Kleinigkeit. Anschließend fuhren wir mit einer kleinen Bimmelbahn, sahen wunderschöne, bunte Häuser – und viele dringend renovierungsbedürftige daneben. Überall saßen die Menschen draußen, Kinder spielten auf der Straße. Es war ein schönes, lebendiges Bild. Die Einheimischen schienen sich in ihren Häusern nur zum Schlafen aufzuhalten – für mehr war meistens einfach kein Platz. Dann wieder ein Regenguss. Wir stellten uns in einem Pavillon unter und kamen auf diese Weise mit einigen Leuten ins Gespräch – nur auf Spanisch, ich war leider raus. Neben den Oldtimern sahen wir zahlreiche Pferdekutschen, auf den Straßen war viel los. Der Regenguss dauerte nur kurz, trotzdem waren die Straßen total überflutet. Das Wasser lief nicht oder nur sehr langsam ab. Wir kehrten in die Unterkunft zurück, am nächsten Morgen sollte es weitergehen.

Während wir hinter dem Haus auf der Terrasse frühstückten, kam ein Fischerboot bis an das Haus herangefahren. Der Fischer rief und unsere Gastgeberin kaufte ihm Fisch für das Abendessen ab –frischer ging es kaum! Unser Fahrer von gestern hatte sich angeboten, uns auch am nächsten Tag zu begleiten und wir haben das gerne angenommen. Auf dem Weg nach Trinidad wollte er uns Wasserfälle zeigen. Diese lagen rund 800 Meter über dem Meeresspiegel im Nationalpark „Topes de Collantes". Wir stimmten zu und waren gespannt. Die Fahrten waren, um ehrlich zu sein, wenig komfortabel, sie schlauchten ganz schön. Es waren eben sehr alte Autos, selbstverständlich ohne Klimaanlage und gefühlt auch ohne Federung. Wir wurden gut durchgeschüttelt und gerüttelt, schwitzten zu dritt hinten, während auf dem Beifahrersitz der zusammengeklappte Kinderwagen mitfuhr. Die Fenster – wenn denn Scheiben vorhanden waren – blieben geöffnet, es kam aber kaum Wind an. Wir konnten selten schnell genug fahren. Aber es war auch entspannt, wir sahen viel von der Gegend und wir hatten Zeit. Zeit, die schienen auch die Kubaner zu haben. Hier war niemand in Eile oder Hektik. Das brachte zum Teil eine gewisse Unpünktlichkeit mit sich, wir lernten aber dazu und eigneten uns nach und nach die landestypische Gelassenheit an. Wir hielten an einem Parkplatz und gingen zu Fuß weiter, ein ganzes Stück in den Wald hinein. Unser Fahrer wies uns den Weg und legte sich dann ins Auto – Zeit für ein Nickerchen. Dummerweise hatten wir die Trage nicht griffbereit und es war weiter, als wir dachten. Also trugen wir Levi abwechselnd, kleinere Stücke lief er auch. Es war heiß und schwül, zum Glück aber schattig durch die dichten Bäume. Das waren mit meine liebsten Momente auf der Reise: Wir drei alleine in der Natur, ohne Zeitdruck, ohne Handy, zu Fuß unterwegs. Wir sahen wunderschöne bunte Blumen, kletterten über ziemlich marode Brücken und Levi sammelte Stöcke. Schließlich kamen wir ja wohl an Wasser, hatte er verstanden, und da mussten sie reingeworfen werden. Dann hörten wir den ersten Wasserfall und wenig später sahen wir ihn auch. Wir waren sprachlos – so eine wunderschöne Gegend! Das Wasser war glasklar und sah, gesammelt in den zahlreichen Becken, türkisleuchtend aus. Levi kannte kein Halten mehr: Es war heiß, also sprangen wir hinein und planschten am Wasserfall. Die Regenzeit stand bevor, es war also verhältnismäßig wenig Wasser da, sodass wir gefahrlos schwimmen konnten. Gewarnt hatte uns der Tropenmediziner in Deutschland übrigens vor dem Baden in stehenden Gewässern – dort könnte es unter Umständen Parasiten geben. Dieses hier floss aber ganz eindeutig. Wir hatten großen Spaß, kletterten, wanderten von Becken zu Becken und von Wasserfall zu Wasserfall und kühlten uns immer wieder ab. Als wir oben ankamen, wurden wir mit einer tollen Aussicht über das bewaldete Tal belohnt. Nur ein einziges Mal während der ganzen Stunden begegneten wir Menschen. Der Rückweg wurde anstrengend; wir waren müde und froh, als wir endlich am Auto ankamen. Levi schlief ein, noch bevor das Auto startete.

Nach einiger Zeit erreichten wir Trinidad. Die Gegend um Trinidad ist besonders bekannt für den Zuckerrohranbau, der früher von Sklaven erbracht wurde. Unsere Unterkunft war schön: Ein typisch kubanisches Haus, so wie wir sie kennengelernt hatten. Ein Reihenhaus, eng und auf den ersten Blick etwas verbaut, vieles offen gehalten mit kleinen Räumen. Wir trafen hier immer auf Mehrgenerationenwohnen. Neben den schmiedeeisernen Fenstergittern sind mir die kleinen Veranden mit den Schaukelstühlen in Erinnerung geblieben, von denen aus die Bewohner das Treiben auf den Straßen beobachteten. Wir wurden sehr herzlich begrüßt. Die Kubaner, die wir trafen, waren alle sehr kinderfreundlich und freuten sich jedes Mal riesig über Levi. Und Levi fand fast überall mindestens eine Katze zum Spielen. Wir machen uns zu Fuß in Richtung Zentrum auf. Trinidad ist eine schöne Stadt: Die Häuser befanden sich in gutem Zustand, alles schien recht gepflegt und es war bunt. Am Parque Céspedes hielten wir uns länger auf: Nachdem wir eine Telefonkarte aktivierten, gab es hier Internetempfang. Unsere Gastgeber erzählten, dass es schon seit Jahren heiße, Internet solle für alle in den Häusern verfügbar gemacht werden. Bis jetzt sei davon nichts zu merken. Es war viel los, Levi fand schnell Anschluss und so verbummelten wir den restlichen Tag und den halben Abend. Zum Abendessen ging es zurück in die Casa. Wir vereinbarten grundsätzlich immer nur Übernachtungen mit Frühstück, aßen in unserer Unterkunft aber gerne gegen einen sehr, sehr fairen Aufpreis auch zu Abend. Restaurants waren selten und das Essen in den Casas war immer gut. Es gab halt das, was gerade da war – immer liebevoll zubereitet. Am Meer gab es viel Fisch, ansonsten Hühnchen. Dazu Reis und Bohnen, ab und an ein anderes Gemüse. Und jede Menge leckeres, frisches Obst. Am ersten Abend in Trinidad wurden wir sehr lecker bekocht. Als wir fertig waren, setzten sich unsere Gastgeber zum Essen. Levi bekam zusätzlich etwas zum Mittagessen. Unsere fürsorgliche Gastgeberin fragte dauernd nach, ob er noch etwas brauche oder sie ihm etwas geben dürfe. Und das ohne Aufpreis: Für Levis Essen und die damit verbundenen Mühen nahm unsere Gastgeberin kein Geld an. Wir zahlten im Schnitt umgerechnet etwa 40 Euro – für Übernachtung inklusive Halbpension, Getränken, zahlreiche Tipps und Hilfe bei der weiteren Planung und jede Menge unbezahlbare, herzliche Gastfreundschaft. Auch die vermittelten Transfers waren nie teuer.

Am nächsten Morgen wurden wir ins „Valle de los Ingenios" gefahren, was übersetzt in etwa „das Tal der Zuckermühlen" bedeutet. Dieser Oldtimer war richtig schick und gefiel mir sehr gut. Wir hielten zunächst an einem Aussichtspunkt, von dem aus wir über das ganze Tal blicken konnten. Dann fuhren wir einige ausgewählte Punkte an, lernten etwas über die Gegend und das frühere Sklaventum. Als wir sahen, wie die Sklaven gehalten wurden, wurde uns ganz anders. Es gab zahlreiche Ruinen ehemals stattlicher Herrenhäuser und zu jedem dieser Anwesen gehörte ein Turm, von dem aus die Arbeit überwacht werden konnte. Diese historischen Stätten waren, ähnlich wie damals Ayutthaya in Thailand, frei zugänglich und wurden überhaupt nicht geschützt – in Deutschland meiner Meinung nach undenkbar. Wir fuhren zu einem der höchsten Türme, der restauriert und somit zugänglich war. Zu seinem Fuße gab es einen kleinen Markt mit total überzogenen Preisvorstellungen. Das fand selbst ich unverschämt – und ich bin da eigentlich recht tolerant. Wir kletterten auf den Turm – eine etwas heikle Angelegenheit mit Levi – und genossen, oben angekommen, die Aussicht. Der Rückweg war um einiges wackeliger, deshalb waren wir froh, als wir heil unten ankamen. Auf dem Weg zurück zu unserer Unterkunft hielten wir am ältesten Auto Kubas. Levi schlief, also blieb ich mit ihm sitzen, während Marius sich das Auto kurz anschaute. Ein Oldtimer unter den Oldtimern. Unsere Mittagspause verbrachten wir im Zimmer, mit eingeschalteten Ventilatoren. Am Nachmittag gingen wir am Zentrum vorbei zu einem Hotel, auf dessen Gelände eine tolle Tropfsteinhöhle liegen sollte. Wir irrten ziemlich lange umher, fanden erst das Hotel nicht und dann niemanden, der für die Höhle zuständig war. Im Endeffekt holte der Animateur einen Schlüssel und bedeutete uns, mitzukommen. Hinter dem Pool kletterten wir einen Berg hinunter und standen unvermittelt vor einem Tor. Der nette Animateur schloss auf und wir bekamen eine private Führung in einer tollen Höhle. Sie war riesig, es waren noch gar nicht alle Ecken erschlossen. Ehrlich gesagt fragte ich mich kurz, ob das alles wirklich einsturzsicher war, und hoffte dann einfach darauf. Der Animateur erzählte, die Höhle sei noch sehr unbekannt, er wolle sie aber groß rausbringen, Eintritt verlangen, etwas darüber lernen und das an die Besucher weitergeben. Wir durften uns sehr lange und sehr gründlich umsehen; er erzählte von seiner Familie und Marius und er verquatschten sich ein wenig. Schließlich wurde es Zeit, er musste den Schlüssel zurückbringen. Eintritt nahm er keinen, aber er freute sich über ein Trinkgeld.

Den nächsten Tag verbrachten wir am Strand. Es war ein kleiner, aber feiner Strand und wir erholten uns gut. Nach einigen Tagen Rundreise hatten wir schon viel erlebt und einiges zu verarbeiten. Wir faulenzten also ausgiebig, bevor wir am nächsten Tag weiterfuhren.

Morgens weckte uns der Regen: Es schüttete. Prompt stand die halbe Casa unter Wasser. Die Bewohner blieben aber sehr entspannt, es trocknete ja auch wieder. Mit frisch gewaschener Wäsche und Proviant für Levi brachen wir im andauernden Regen auf, es ging nach Santa Clara. Dummerweise hatte dieser Oldtimer keine Scheiben. Wir hängten Tücher davor, unser auf dem Dach verstautes Gepäck wurde jedoch pitschnass. Unterwegs hörte es ab und zu auf zu regnen, aber die dunklen Wolken verhießen nichts Gutes. In Santa Clara angekommen regnete es wieder sehr stark und auch hier standen die Straßen unter Wasser. Unser Fahrer hielt etwas entfernt von unserer Unterkunft an. Er wollte nicht in die stark überflutete Seitenstraße einbiegen. Wir kamen trotzdem gut an, packten aus und gingen in der Gegend etwas essen. Es hörte nicht auf zu regnen, also gingen wir früh schlafen. Am nächsten Morgen schien die Sonne. Nach einem Frühstück auf der kleinen Dachterrasse unserer Unterkunft erkundeten wir zu Fuß die Gegend. Ganz in der Nähe lag der Parque Vidal. Wir stiegen hier in eine Art Planwagentaxi und ließen uns zur Gedenkstätte fahren.

Santa Clara hatte während der Revolution eine wichtige strategische Bedeutung. Hier befindet sich außerdem die letzte Ruhestätte von Che Guevara und anderen Helden der Revolution. Ein Teil der Gedenkstätte war unter freiem Himmel. Es gab noch weitere Bereiche innerhalb des Gebäudes. Um sie betreten zu können, hätten wir uns allerdings im Voraus registrieren lassen oder eine lange Wartezeit in Kauf nehmen müssen, denn es war viel los. Hoch oben über der Anlage stand eine Statue von Che Guevara auf einer Säule mit der uns schon bekannten Aufschrift: „Hasta la Victoria Siempre". Übersetzt bedeutet das in etwa „Sieg für immer". Überall wehte die kubanische Flagge. Es lohnt sich sicherlich, hier mehr Zeit zu investieren, sich einzulesen und eine Führung mitzumachen.

Jetzt, während ich im Nachhinein schreibe, erwische ich mich oft bei dem Gedanken daran, dass wir vieles nur oberflächlich gesehen haben und oftmals unvorbereitet drauf losgereist sind. Die Tempel in Bangkok, zahlreiche Museen überall auf der Welt, Kuba als Ganzes – die eine oder andere Führung hätte uns gutgetan und unseren Horizont erweitern können. Auf der anderen Seite – welchen Horizont? Zugegeben den des Wissens, Wissen über Kultur, Politik und Geschichte des jeweiligen Landes. Unseren anderen Horizont, ich nenne ihn mal „Horizont des Lebens", des Alltags, haben wir erweitert wie es weiter nicht mehr geht. Wir haben neun Monate lang wechselnde Situationen, andere Länder, Menschen und eben auch deren Kulturen kennen- und häufig lieben gelernt. Hatten viele tolle und einige weniger tolle Erfahrungen und Begegnungen. Waren spontan und flexibel, konnten uns auf alles und jeden einstellen. Wir haben definitiv gelernt, sehr viel mit und von Levi. Ein Kleinkind sieht alles noch einmal aus einem ganz anderen Blickwinkel. Der Fokus unserer Reise lag eben nicht darauf, Wissen zu sammeln und Sehenswürdigkeiten abzuklappern, sondern Zeit miteinander zu verbringen und an jedem Tag mehr oder weniger beiläufig etwas Neues zu lernen. Dennoch, während ich nun an der einen oder anderen Stelle online recherchiere, wünsche ich mir ein wenig mehr konkretes Wissen zu einigen Themen. Vielleicht beim nächsten Mal vor Ort, ansonsten lässt sich glücklicherweise alles nachlesen.

Nun aber fuhren wir weiter mit unserem Planwagen und ließen uns an einer Art Tierpark mit Attraktionen für Kinder absetzen. Wir waren etwas abseits von der Innenstadt und der Gedenkstätte – hierhin verirrten sich anscheinend außer uns keine Touristen. Der Eintrittspreis hing nur in CUP aus, der kubanischen Währung. Wir hatten aber nur CUC und bezahlten damit. Klar, ein Vielfaches vom ausgewiesenen Preis, aber trotz allem nur einige wenige Euro. Als Wechselgeld bekamen wir CUP und hatten nun zum ersten Mal die Währung der Einheimischen zur Verfügung. Auf diese Weise konnten wir alle Fahrgeschäfte in CUP zahlen und hatten somit viel und lange Spaß für umgerechnet vielleicht ein oder zwei Euro. Den Teil des Parks, in dem die Tiere gehalten wurden, mieden wir nach ein paar Schritten in diese Richtung – die Gehege waren furchtbar klein und die Tiere schienen in keinem besonders guten Zustand. Die Seite mit den kleinen Fahrgeschäften, Spielplätzen, Rutschen und Autoscootern gefiel uns besser. Alles war sehr einfach gehalten und vieles in einem schlechten Zustand: Das kleine Riesenrad wurde von Hand gekurbelt, die Schiffsschaukel ebenfalls manuell betrieben. Aber das machte nichts! Levi hatte Spaß; er freute sich über die anderen Kinder und wir schnupperten echte kubanische Luft, denn hier waren nur Einheimische unterwegs. Einen kurzen Moment erschraken wir, als das Riesenrad blockierte, während Levi oben in der Gondel saß – es sah wirklich ziemlich altersschwach aus. Aber alle kamen wohlbehalten wieder unten an.

Im Anschluss ließen wir uns zu einer weiteren historischen Stätte bringen, zum „Tren Blindado". Dieses Denkmal stellt einen gepanzerten Sonderzug amerikanischer Herkunft dar, der am 23.12.1958 Havanna verließ und in seinen 17 Güter- und Mannschaftswagen Soldaten, Munition und Proviant transportierte. Der erfolgreiche Angriff auf den Zug unter dem Kommando von Che Guevara stellte den Wendepunkt im Kampf gegen das „Batista Régime" dar. Nachdem der Zug eingenommen worden war, fiel drei Tage später auch die Stadt Santa Clara, woraufhin Batista am 1. Januar 1959 in die Dominikanische Republik floh. Che Guevara und seine Verbrüderten zogen vorübergehend in das Hotel „Habana Libre" in Havanna ein, um von dort aus eine neue Regierung zu bilden. Das Denkmal gefiel uns gut: Die einzelnen Waggons konnten betreten werden und im Inneren wurden Waffen, Kleidung und weiteres ausgestellt. Waren an den anderen Orten, die wir bereisten, die Helden der Revolution schon sehr stark vertreten, kamen wir in Santa Clara um keine Ecke, ohne dass uns eine Gedenkstätte, ein Plakat oder eine Statue ins Auge fiel.

Neben der Anlage mit dem Zug gab es einen kleinen Spielplatz. Dort hielten wir uns kurz auf und schlenderten dann zurück Richtung Unterkunft. Wir gingen in einige Geschäfte, mussten nämlich langsam, aber sicher Windeln kaufen. Es gab aber keine. Inzwischen wissen wir, dass Hygieneartikel nicht in den Supermärkten, sondern in kleineren Läden – zu verhältnismäßig hohen Preisen – verkauft werden. Selbst Zahnpasta und Waschmittel sind somit für die kubanische Bevölkerung kaum zu bezahlen. Wir konnten und wollten bezahlen, wenn wir denn etwas gefunden hätten. Im Nachhinein sind wir schlauer: Wir hätten uns in Chile mit sämtlichen Hygieneartikeln eindecken sollen. Naja, etwas Vorrat hatten wir noch. Zum Schluss entdeckten wir einen Laden, der vielversprechend aussah, allerdings geschlossen hatte. Den merkten wir uns. Den Abend verbrachten wir im Parque Vidal, zogen auch nach dem Abendessen in unserer Unterkunft noch einmal los. Levi bekam von Passanten Kreide geschenkt und malte mit den vielen Kindern. Es wurde dunkel, aber es blieb warm und es war immer noch viel los. Die Kinder spielten, Musik erklang. Wir fühlten uns sehr wohl, beobachteten das Geschehen. Außerdem nutzten wir die Zeit für eine Runde Internet, und gaben zu Hause Bescheid, dass alles in Ordnung sei. Wir versuchten auch, Fotos zu schicken, aber dafür reichte die Verbindung nicht. Sie tat uns gut, diese Zeit weitestgehend ohne Handy. Schade fand ich nur, dass wir uns so wenig über den jeweiligen Ort informieren konnten. Kuba war so interessant – ich wollte gerne mehr erfahren, mich besser einlesen. Die Informationen an den Gedenkstätten waren häufig nur auf Spanisch, ebenso natürlich die Erklärungen der Kubaner. Selbst Marius stieß hier an seine sprachlichen Grenzen. Einen Reiseführer hatten wir nicht. Ich beschloss also, alles aufzunehmen, wie es war, und bei Bedarf nach unserem Kuba-Aufenthalt zu recherchieren. Wir ließen den Abend gemütlich ausklingen. Für die nächsten Tage hatten wir Strand geplant: Wir würden an die Playas del Este fahren, Strände in der Nähe von Havanna. Wir mussten ohnehin in diese Gegend zurück, um nach Vinales zu kommen. Und ein paar Tage Ruhe nach der anstrengenden, ereignisreichen Zeit würden uns sicherlich guttun.

Bevor wir Santa Clara verließen, buchten wir unsere Rückflüge von New York nach Düsseldorf. Es war ein unheimlich großer Schritt: Das Datum unserer Rückkehr stand nun fest. Wir brauchten diese Flugbuchung aus den USA heraus, um dort einreisen zu können. Und ich brauchte sie ehrlich gesagt gerade auch, denn ich hatte ab und an etwas Heimweh. Wir beschlossen endgültig, auf einen Aufenthalt in Skandinavien zu verzichten. Zu teuer, um nur halbherzig dabei zu sein, und so weit im Voraus konnten und wollten wir gerade nicht planen. Unsere Rückkehr stand fest: Am 12.06.2018 würden wir in Düsseldorf landen. Levi sollte dann genau zweieinhalb Jahre alt sein und wir wären fast neun Monate unterwegs gewesen. Mir fiel es in den nächsten Tagen etwas schwer, mich auf die Reise einzulassen, Kuba weiter zu genießen und mich auf die USA und den kleinen Abstecher nach Kanada zu freuen. Ich dachte viel an Deutschland, es waren nur noch etwa sieben Wochen. Aber es waren auch noch sieben lange Wochen. Wer kann schon von sich behaupten, häufig sieben Wochen am Stück zu verreisen? Wir sprachen viel in diesen Tagen, bekamen dann die Kurve. Ein Teil Kuba lag noch vor uns, dann Florida und Kalifornien, die Niagarafälle und New York. Sehr viele Menschen würden sehr viel für diesen relativ kleinen Teil unserer Reise geben, machten wir uns klar. Also fokussierten wir uns neu, kamen wieder in den Reisemodus. Und verschwiegen unseren Familien erst einmal das Datum der Rückkehr. Noch waren wir unterwegs, wir wollten noch nicht zu sehr an Deutschland denken.

Am nächsten Morgen schien die Sonne – es sah nach bestem Strandwetter aus. Wir fuhren eine ganze Weile und kamen gut in unserer Casa an. Dieses Zimmer war geräumiger als die vorherigen, das ganze Haus war größer. Wir waren abseits der Städte, das merkten wir sofort. Die freistehenden Häuser befanden sich meistens in einem guten Zustand. Vor unserem Zimmer gab eine Terrasse und wir konnten auch die tolle Dachterrasse nutzen. Dafür war es tagsüber allerdings zu heiß. Wir wurden herzlich begrüßt und besprachen, dass wir gerne neben Frühstück auch das Abendessen hier einnehmen wollten. Wir bekamen Handtücher und anschließend gingen wir zu Fuß an den Strand, nur kurz die Straße entlang. Der Strand war schön, naturbelassen und überhaupt nicht touristisch. Wir waren alleine, es gab – anders, als in Varadero – keine Hotels oder andere Gebäude in Strandnähe. Allerdings war hier auch sonst nichts in der Nähe:

Kein Geschäft, keine Möglichkeit, online zu gehen. Am ersten Tag war uns das egal. Wir genossen den Strand, die Ruhe und den Platz, konnten Levi endlich noch einmal frei spielen lassen. Abends gab es ein tolles, für kubanische Verhältnisse reichhaltiges Essen. Wir merkten, dass unsere Gastgeber weitestgehend Selbstversorger zu sein schienen, die nicht auf Lebensmittellieferungen angewiesen waren. Wir bekamen Tomaten und Gurke, Kartoffeln und Omelette. Reis und Bohnen durften natürlich auch nicht fehlen. Wir tranken einen Absacker auf der Dachterrasse, die einen tollen Blick bis zum Meer bot. Im Bett stellten wir fest, dass es absolut ruhig war. Das kannten wir so gar nicht mehr. Jedenfalls, bis am Morgen die Hähne loslegten – wir waren halt auf dem Land. Das Frühstück war toll und genau so reichhaltig wie das Abendessen. Am Vorabend hatte sich für uns übrigens das Milchrätsel geklärt: Levi trank vor dem Einschlafen gerne noch eine Milch – ein Wunsch, den alle unsere Gastgeber sehr, sehr gerne erfüllten. Jedoch kam die Milch immer kochend heiß bei uns an. Mehrfach hatten wir darum gebeten, sie nicht ganz so heiß zu machen – erfolglos. Jetzt verstanden wir: Es war Milchpulver, das in kochendem Wasser aufgelöst wurde. „Echte" Milch war eine Art Luxusgut; es gab nur wenig davon und sie war sehr, sehr teuer. Wieder etwas gelernt, Levi trank auch die Pulvermilch, also alles gut. Kühe sahen wir auch tatsächlich überhaupt nicht, nur Hühner und ab und zu Schafe oder Ziegen. Und Pferde, vor den zahlreichen Kutschen. Jedenfalls war das Frühstück gut.

Im Anschluss wollten wir ins Zentrum fahren. Unsere Gastgeberin hatte uns den Weg zur Bushaltestelle beschrieben, der Bus müsse gleich kommen. Wir warteten. Und warteten und warteten. Der Bus kam nicht. Wir gingen ein Stück in Richtung Hauptstraße, hofften auf ein Taxi, aber es kam keins. Wir mussten ein paar Dinge einkaufen und vor allem hatten wir noch keine Unterkunft in Miami gebucht, Internetzugang wäre also auch nicht schlecht. Schließlich kam eine Kutsche vorbei und der Fahrer nahm uns mit. Wir holten noch kurz jemanden ab und brachten eine kleine Lieferung weg, dann ließ er uns am zentralen Platz raus. Die Städte und auch die Städtchen die wir sahen, waren alle ähnlich aufgebaut: Es gab immer einen Parque Central, einen Platz mit Geschäften, eventuell Cafés oder Restaurants und einem kleinen Laden, in dem die Internetkarten gekauft werden konnten. Am Platz angekommen kauften wir erst einmal belegte Brote, denn es war inzwischen längst Mittagszeit. Dann stellte Marius sich in die Schlange vor dem Laden mit den Internetkarten. Auch daran waren wir mittlerweile gewöhnt: Vor den Läden war grundsätzlich eine Schlange und manchmal warteten wir sehr, sehr lange. Bei jedem Verkauf einer Karte musste der Verkäufer die Personalien des Käufers notieren, wir hatten also immer unsere Reisepässe dabei.

Um ehrlich zu sein, fragte ich mich manchmal, ob das die Freiheit war, für die die Kubaner gekämpft hatten. Aber gut, das ganze Thema ist unheimlich komplex und jeder Kubaner hat eine andere Meinung dazu. Selten die gleiche, aber immer emotional und energisch vertreten. Es ist ein spannendes Land! Wir verstanden nur einen Bruchteil dessen, was es bedeutete, auf Kuba zu leben, und konnten uns nicht in die Lage der Menschen hineinversetzen. Oberflächlich betrachtet gab es aus meiner Sicht so viele Widersprüche, vieles schien mir undurchsichtig. Aber vielleicht war es das gar nicht. Wir stellten jedenfalls fest, dass sich das Leben in Havanna sehr stark von dem in den anderen Städten unterschied und das wiederum von dem Leben auf dem Land. Und Kuba ist flächenmäßig nicht extrem groß, mit dem Auto könnte man in wenigen Stunden die Insel durchqueren. Es gab übrigens auch einen Inlandsflug, von dem uns jedoch vehement abgeraten wurde – er lag ohnehin nicht auf unserer Route. Busse fuhren auch, für uns war aber nicht die richtige Route dabei und es erschien uns ziemlich umständlich, schließlich mussten wir ja auch erst einmal zum entsprechenden Busbahnhof gelangen. Die sogenannten Taxen fuhren recht häufig ohne staatliche Genehmigung und waren somit sehr günstig. Das galt auch für die Hotelpreise: Teuer, da staatlich, viele Restaurants ebenfalls. Nach und nach lernten wir mehr und mehr und wussten immer noch so wenig. Und wir bekamen nie eine neutrale Meinung oder Erklärung zu hören. Natürlich nicht, die Menschen lebten schließlich hier, fühlten sich gerecht oder eben auch ungerecht behandelt. Wobei sich die, mit denen wir sprachen, in einem einig waren: Der Sieg der Revolution war wichtig und richtig, nur musste Kuba jetzt auch etwas daraus machen. Wir hörten, dass viele jüngere Kubaner ohne Perspektive da standen. Es bleibt zu wünschen, dass sich in den nächsten Jahren dahingehend etwas verbessert. Wir erlebten einen Mischmasch, etwas von allem, und genau das machte Kuba so interessant. Unsere Art zu reisen war anstrengend, aber für uns genau richtig.

Zurück zum Internetladen: Marius war erfolgreich, hatte eine Karte erstanden und nach einigem Hin und Her bekamen wir auch eine Verbindung zu Stande. Wir stellten fest: Wir konnten kein Hotel in den USA buchen. Es wurde blockiert, war schlicht nicht möglich. Wir texteten unsere Familien in Deutschland an und baten sie, eine Buchung vorzunehmen. Dann fuhren wir zurück zur Unterkunft. Von hier aus, dem zentralen Platz, war es einfacher, eine Mitfahrgelegenheit zu finden. Wir gingen noch ein paar Stunden an den Strand, aßen dann und tranken unseren Cuba Libre. Übrigens immer eine sportliche Mischung, geschätzt 50:50. Wir schliefen gut.

Vor uns lag noch ein schöner, ruhiger Strandtag. Die Unterkunft in den USA ließ uns jedoch keine Ruhe, also fuhren wir noch einmal an den Platz. Meine Schwiegermutter Birgit konnte uns ein Appartement in Miami buchen, alles gut. Plötzlich freute ich mich riesig auf die USA, Kuba schaffte mich. Es war so mühsam und anstrengend. Vieles, was wir als selbstverständlich kannten, war hier umständlich und kostete Zeit. Es tat uns gut – so wussten wir vieles wieder mehr zu schätzen. Dennoch, ich freute mich auf eine Unterkunft mit eigenem Kühlschrank und der Möglichkeit, ihn ohne Umstände zu füllen. Freute mich auf unseren Mietwagen, den wir am Flughafen mieten wollten. Platz und Zeit für uns, auf eine andere Art und Weise. Zum Glück konnten wir in Santa Clara noch Windeln und Zahnpasta kaufen, Entwarnung in dieser Sache. Aber hier, auf Kuba, kam ich zum Teil an persönliche Grenzen, die ich noch gar nicht kannte. Es war die Summe aller Umstände, die es hier anstrengend machte. Individuell zu reisen, mit Kleinkind, ohne großen Plan und Vorbereitung war eine große Herausforderung. Aber wir meisterten sie und das tat gut.

Diesmal baten wir die Gastgeberin, uns einen Transfer zum Platz zu besorgen. Am Vortrag sei der Busfahrer krank gewesen, erzählte sie uns. Daher kam den ganzen Tag kein Bus – da hätten wir lange warten können! Es waren schöne letzte Stunden, das Wetter war perfekt und wir entspannten.

Abends gingen wir in ein Restaurant an der Hauptstraße Essen. Das hätten wir besser gelassen, denn in der Casa war es viel leckerer und auch deutlich günstiger.

Am nächsten Morgen fuhren wir recht früh los; bis Viñales war es ein Stück. Hier hatten wir ein Zimmer in einem Hotel gebucht, einfach, weil es günstig gelegen war und einen tollen Blick über das Tal versprach. Außerdem hatte uns der Pool überzeugt. Für nationale Verhältnisse war das Hotel recht teuer, aber das nahmen wir in Kauf. Wir durchqueren schöne Landschaften, die Sonne schien, wir genossen die Fahrt. Als wir ankamen, waren wir begeistert und nach der Pleite in Varadero auch erleichtert: Dieses Hotel, das Los Jazmines, hielt, was es versprach. Wir waren allerdings auch ein wenig nachsichtiger nach unseren Wochen auf Kuba. Wir wussten jetzt schließlich, wie kompliziert sich beispielsweise die Versorgung mit Lebensmitteln gestaltete, wie schwierig es also war, ein umfangreiches Buffet anzubieten. Das Hotel lag auf einem Berg, der Blick war atemberaubend. Wir bezogen kurz unser Zimmer, sprangen dann in den Pool, aßen ein Eis und ließen den Tag gemütlich ausklingen. Es war viel los: Wie auch in dem Hotel in Trinidad, auf dessen Gelände wir die Höhle besichtigt hatten, war der Pool auch für Nicht-Hotelgäste geöffnet. Sie zahlten ein kleines Eintrittsgeld und gerade am Wochenende war es dadurch ziemlich voll. Vom Restaurant des Hotels aus war der Blick ebenfalls toll und wir genossen beim Abendessen die Aussicht. Das Hotel war kaum gebucht. Am nächsten Tag sollte eine größere Gruppe einer geführten Rundreise eintreffen, heute aßen wir jedoch alleine. Wir waren schon daran gewöhnt, dass die Gerichte auf der Karte grundsätzlich erst auf ihre Verfügbarkeit geprüft wurden, satt wurden wir aber immer.

Am nächsten Morgen stiegen wir direkt vor dem Hotel in einen der Busse, die Touren durch das Tal fahren – ähnlich unserer geliebten Hop-on Hop-off-Busse. Auch von unten, aus der Nähe, war die Landschaft wunderschön. Rot, braun und grün dominierten, die Felsformationen sind besonders bemerkenswert. Wir sahen viele Tabakplantagen. Im Gegensatz zu der Atacama-Wüste war die Landschaft auch grün – eine bunte Mischung von Bäumen, Plantagen, roter Erde und den steil aufragenden, dunklen Felsen. Wir hielten an einer Felsmalerei, der „Mural de la Préhistoria", und fuhren anschließend weiter zu Tropfsteinhöhlen. Wir liefen hindurch, es war ziemlich voll und sehr eng an manchen Stellen. Vor der Stelle, an der wir uns von kleinen Booten über einen Höhlensee fahren lassen konnten, stockte es und eine lange Schlange bildete sich. Wir standen ziemlich eingepfercht in dem engen Höhlengang – zum Glück waren alle entspannt und gelassen. Das könnte besser geregelt werden, zum Beispiel mit einer Einlassbeschränkung vor dem Eingang der Höhle. Das Warten an der frischen Luft wäre uns definitiv lieber gewesen. Die Höhle war beeindruckend; besonders gut gefiel uns die Fahrt über den See aus der Höhle hinaus ins Freie. Wir liefen noch ein wenig umher, stiegen dann in den Bus und fuhren durch den kleinen Ort. Wir waren müde, stiegen also erst am Hotel wieder aus. Der Sonnenuntergang war spektakulär – so schöne, kräftige Farben! Das Abendessen war gut und reichhaltiger als am Vortag. Wir vermuteten, dass das mit der Anwesenheit der großen Reisegruppe zusammenhing.

Unseren nächsten Tag verbrachten wir so, wie wir es gerne machten: Wir liefen zu Fuß los und erkundeten das Tal auf eigene Faust. Es war warm, aber zum Glück bewölkt. Wir folgten den Empfehlungen des Hotelpersonals und machten uns auf, einen etwa vier Kilometer langen Weg hinunter in den Ort zu gehen. Laut Beschilderung schafften wir dabei ungefähr 500 Höhenmeter. Es war eine schöne Wanderung, wir genossen die Gegend und die Ruhe. Levi lief unheimlich viel, fand Steine und Stöcke. Die Trage hatten wir dabei, ab und an ruhte er sich darin aus. Auf den Fotos sehe ich, dass die Regenzeit noch bevorstand und ich erinnere mich an den sehr trockenen Staub. Als die Sonne rauskam, wurde es sehr, sehr heiß – zum Glück hatten wir genug Wasser dabei! Wir machten öfters mal eine kleine Pause, wenn wir irgendwo ein Fleckchen Schatten entdeckten. Unterwegs sahen wir nur einmal Einheimische aus der Ferne, die zwei Pferde mit Lasten vor sich hertrieben. Eins meiner Lieblingsfotos aus Viñales zeigt Levi, wie er barfuß und ganz in Gedanken versunken über die rote Erde lief – ein kleiner Mann in der großen weiten Welt. Die letzten Meter waren hart und wir waren froh, endlich im Ort anzukommen. Bei der ersten Gelegenheit kauften wir Wasser und setzten uns in den Schatten. Dann fuhren wir mit dem Taxi hoch zum Hotel und freuten uns über den kühlen Pool.

Am nächsten Morgen ging es weiter. Wir hatten eine Nacht Zwischenstopp geplant, bevor es zwei Tage später nach Miami gehen sollte. Wahnsinn, doch schon so bald! Die vier Wochen Kuba waren im Endeffekt verflogen. Wir hatten so viel erlebt, so viel gelernt und wussten unser unbeschwertes Leben in Deutschland noch etwas mehr zu schätzen. Trotz der vielen Warterei auf was auch immer, dem Schlange stehen, der vielen Zeit, die wir für die Erledigung von Kleinigkeiten brauchten und der so lange dauernden Transfers nahmen wir jede Menge neuer Eindrücke mit – oder vielleicht gerade deshalb. Wir wurden oft gezwungen abzuschalten, innezuhalten, zur Ruhe zu kommen. Sei es in der Schlange vor dem Laden mit den Internetkarten, sei es an der Bushaltestelle – wir warteten ohne Chance auf Zerstreuung, wir konnten unsere Handys nicht nutzen, es war sonst einfach nichts zu tun. Ganz oft zeigte Levi uns, wie man es macht. Er konnte sich mit allem beschäftigen: mit Stöcken, Steinen und Sand. Wir zählten Pferdekutschen und es machte auch nichts, wenn 20 Minuten mal keine vorbeikam. Wir unterhielten uns, ich weiß nicht mehr worüber, aber manchmal schwiegen wir auch einfach. Oft wunderten wir uns, dass wir nun schon eine Stunde auf den Bus warteten – trotz Nichtstun kam es uns gar nicht so lange vor.

Kuba war toll. Ganz anders als erwartet, viel spezieller und anstrengender. Ein sehr besonderes Reiseziel, wenn man wie wir auf eigene Faust nahe der kubanischen Bevölkerung reist. Im Hotel in Vinales trafen wir kurz vor Abreise noch ein älteres Ehepaar aus Deutschland – sie waren gestrandet. Ihr Mietwagen hatte keinen Sprit mehr und es gab nirgendwo welchen zu kaufen. Nicht im Ort an der Tankstelle und wohl auch nicht im weiteren Umkreis. Sie waren sehr gelassen, blieben nun ein paar Tage im Hotel und hofften auf Spritnachschub. Einen Mietwagen würde ich persönlich auf Kuba nicht empfehlen: Sie waren teuer und auch, wenn ich unheimlich gerne auf eigene Faust losfahre, bin ich sicher, dass wir viel Schönes niemals alleine gefunden hätten. Die Privattransfers von Unterkunft zu Unterkunft waren meiner Ansicht nach die bessere Wahl. In den Städten brauchten wir ohnehin kein Auto.

Jedenfalls lag am nächsten Morgen noch eine Nacht auf Kuba vor uns. Der Weg von Viñales bis zum Flughafen nach Havanna war uns zu weit für eine Nonstop-Fahrt. Wir hatten eine kleine Casa auf dem Land nahe Pinar del Río gebucht, kurz vor Havanna. Es war eine nette, überschaubare Anlage, auf der wir einen kleinen, freistehenden Einzimmer-Bungalow bezogen. Es gab einen großen Garten und in der Nähe sollten tolle Wasserfälle sein. Es war heiß und wir hatten Lust zu schwimmen, also zogen wir los. Unser Vermieter war nicht da und auf der kleinen Straße kam leider kein Taxi, also liefen wir. Und liefen und liefen. An einem Stand kauften wir leckeres frisches Obst. Endlich kamen wir an, es ging fast nur bergauf. Ein Schild wies uns den Weg zum Wasserfall. Wir freuten uns auf das kühle Nass – und wurden enttäuscht: Der Wasserfall war nur ein kümmerliches Rinnsal, die Becken waren so gut wie leer und das dort verbliebene Wasser sah nicht gerade einladend aus. Hier sahen wir ganz deutlich: Die Regenzeit stand noch bevor. Wir spazierten und kletterten ein wenig herum, kauften eine Trinkkokosnuss und schlenderten wieder zurück zur Unterkunft. Plötzlich ein Wolkenbruch! Jetzt wurden wir also doch noch nass, nur etwas anders als geplant. Das Abendessen war wieder sehr gut: Wir waren auf dem Land, die Familie hielt Tiere und baute jede Menge Obst und Gemüse an. Weil wir am nächsten Morgen früh aufstehen mussten gingen wir früh zu Bett. Wir waren ein wenig nervös – würde die Einreise in die USA gelingen? Wir hatten viel recherchiert und sogar eine E-Mail-Anfrage gestellt: Zusammengefasst erfuhren wir, dass die Entscheidung über eine Einreise in die USA letztendlich dem jeweiligen Grenzbeamten obliegt. Niemand schien endgültig dieses Durcheinander an Regeln betreffend der Einreise von Kuba in die USA zu durchblicken. Also Daumen drücken. Plan B? Vielleicht ein Abstecher nach Mexico und von dort aus erneuter Versuch der Einreise. Aber ob das dann gelingen würde? Der Aufenthalt auf Kuba war ja im Reisepass dokumentiert. Es nutzte nichts, sich Gedanken zu machen – wir versuchten es einfach. Noch ahnten wir nicht, dass nicht dieser Aufenthalt am Flughafen zur nervlichen Zerreißprobe werden würde, sondern ein späterer, als wir von Kanada zurück in die USA fliegen wollten.

Aussicht aus dem Habana Libre, Havanna

Links: Oldtimer und Levi, Havanna, Rechts: Straße in Cienfuegos

Strand in Varadero

Links: Levi und Wasserfall, Rechts: Bad am Wasserfall, Topes de Collantes

Links: Straße in Trinidad,
Rechts: Turm und Markt im Valle de los Ingenios, Trinidad

Links: Gedenkstätte Che Guevara, Santa Clara,
Rechts: Unterwegs mit dem Collectivo, Kuba

Links: Schriftzug, unterwegs auf Kuba,
Rechts: Wanderung durch das Tal, Vinales

Blick vom Hotelpool des Los Jazmines, Vinales

April bis Juni 2018 - USA und Kanada

Florida

Florida, der Sunshine State. Aufgrund des vielversprechenden Namens freute ich mich sehr auf unseren Aufenthalt dort. Außerdem wollten wir die Everglades besuchen, einige entspannte Strandtage verbringen und Mickey Mouse und Goofy in Orlando treffen. Aber zunächst einmal wollten wir – sofern mit der Einreise alles klappen sollte – die Metropolregion Miami mit ihren rund 5,5 Millionen Einwohnern erkunden. In der City of Miami lebten hiervon in etwa 460.000.

Mit dem Transfer am nächsten Morgen ging alles glatt: Wir waren pünktlich am Flughafen und passierten völlig unspektakulär die Kontrollen. Schon saßen wir im Flieger nach Miami. Kaum zu glauben, dass der Flug nur eine knappe Stunde dauerte, betraten wir danach gefühlt eine andere Welt. Auch die Einreise in die USA verlief total problemlos, wir wurden so wenig kontrolliert wie noch nie. Am Flughafen mieteten wir uns ein Auto und los ging es. Unsere Unterkunft lag in Surfside direkt am Strand, ein Stück entfernt von Miami Beach. Einchecken konnten wir erst nachmittags, also fuhren wir zu einem Einkaufszentrum, um etwas zu essen und Zeit totzuschlagen. Wir waren völlig überwältigt – die Straßen, die Häuser, die Autos: Alles neu, alles sauber und gepflegt! Die unfassbar große Auswahl im Shoppingcenter erschlug uns fast. Es war wieder so einfach: Wir nahmen, was wir brauchten – und vermutlich auch einiges andere mehr – aus dem Regal und bezahlten es. Auf Kuba in der Form unvorstellbar. Erschreckend schnell wurde dieses Gefühl wieder unser

Alltag. Konsum, wann immer und wo man wollte. Alles war greifbar, schnell und einfach verfügbar. Trotzdem schaffen wir es auch heute noch, immer mal wieder innezuhalten und uns zu fragen: Brauche ich das jetzt wirklich? Auf der Reise haben wir so wenig gebraucht und waren so glücklich. Es klappt ab und an, manchmal verzichten wir tatsächlich.

Am späten Nachmittag konnten wir einchecken und waren begeistert. Unser Appartement lag in einem großen Komplex in Surfside – direkte Strandlage mit seitlichem Meerblick. Es war gepflegt und gut ausgestattet. Ich freute mich schon sehr darauf, den Kühlschrank zu füllen. Am ersten Abend aßen wir eine Kleinigkeit in einem Restaurant auf der Geschäftsstraße. Endlich, endlich konnte ich mich wieder auf Englisch verständigen, das tat gut! Wir schliefen sehr, sehr gut in dem riesigen Bett – und es war ruhig. Die nächsten Tage verbrachten wir viel Zeit am Strand, der wirklich sehr schön war. Die Sonne schien, das Meer war warm, richtig Urlaub. Marius und ich wechselten uns ein wenig ab, damit jeder etwas Zeit für sich hatte. Wir joggten beispielsweise abwechselnd am Strand entlang oder gingen mal alleine einkaufen. Wir lernten zwei einheimische Familien mit Kindern in Levis Alter kennen, sie hatten viel Spaß gemeinsam am Strand. Zur Appartementanlage gehörte auch ein Pool, den wir fleißig nutzten. Alles war so einfach, so unkompliziert: Fortbewegung, Einkaufen, Essen gehen, die Verständigung, die Internetverbindung – alles wieder selbstverständlich. Wir waren wieder unabhängig. Wir verbrachten Zeit auf Spielplätzen in der Umgebung und gingen zum Baseball in den Marlins Park, schlenderten durch den kleinen Ort nahe unserer Unterkunft und fuhren mit dem Auto nach Miami Beach. Wir waren froh, in Surfside zu wohnen – der Strand von Miami Beach war genauso schön, aber bei uns an der Unterkunft war viel weniger los. Schließlich mussten wir Pläne schmieden und uns überlegen, wie wir weitermachen würden. Fix war unser Aufenthalt in San Diego in etwa zweieinhalb Wochen, mittlerweile war Ende April. Wahnsinn, wo war die Zeit geblieben? Wir bogen bald auf die Zielgerade ein. Aber noch dachten wir nicht so viel an Deutschland und genossen unsere Auszeit. Somit fiel uns die Entscheidung ziemlich leicht: Wir blieben noch ein wenig in Florida. Das Auto war flexibel gemietet, wir vereinbarten nun eine Abgabe in Orlando, von wo aus wir dann weiterfliegen wollten. Nach fünf schönen, unglaublich erholsamen Tagen in Surfside setzten wir uns in den Mietwagen und fuhren los, in die Everglades. Da ein Aufenthalt in Florida ursprünglich nicht oder nur für kurze Zeit geplant war, waren wir wenig vorbereitet und ließen einfach alles auf uns zukommen. Wir fühlten uns ausgeruht und waren bereit, wieder etwas zu entdecken, zu erleben. Die Wäsche war gewaschen, alles sortiert und neu gepackt, einiges ausgemistet. Ich erinnere mich, dass ich das Gefühl, Koffer und Tasche komplett auspacken zu können sehr, sehr genossen habe. Ab und an brauchte ich das ganz dringend. Aus dem Koffer leben? Für einige Zeit ja, dann musste einfach mal alles an die Luft. Inzwischen schleppten wir, ähnlich wie in Australien oder Neuseeland, auch wieder vieles neben unseren Kleidungsstücken mit uns herum, zum Beispiel Alufolie, Gewürze und Dosen. Es war einfach zu schade, die Dinge immer wieder wegzuwerfen, um sie später neu zu kaufen. Von unseren Medikamenten hatten wir uns zwischenzeitlich fast vollständig getrennt. Zum einen, weil sie im Camper definitiv über den erlaubten 25 Grad gelagert wurden, zum anderen, weil ich auf eigene Faust dann eben doch kein Antibiotikum nehmen würde. Sollte es notwendig werden, würden wir eben zum Arzt gehen. Wir reisten nur noch mit sehr abgespeckter Reiseapotheke.

Am 1. Mai 2018 fuhren wir durch Miami Beach in Richtung Everglades. Wir waren gut drauf, freuten uns auf Neues und die restlichen Wochen. Die Sonne schien – ohnehin war das Wetter in Florida die ganze Zeit super: Kaum Regen, viel blauer Himmel. Wir fühlten uns gut und ausgeruht, körperlich fit. Levi schlief im Auto, also konnten wir durchfahren und kamen schon gegen Mittag in den Everglades an. Gleich am Eingang des Parks gab es ein Informationscenter, es gab Wegweiser und gedruckte Pläne – ein Traum und nach Kuba sehr ungewohnt. Dort hatten wir uns immer wieder durchfragen müssen oder ließen uns eben direkt von Einheimischen begleiten. Wir staunten immer wieder über diese einfache Art zu reisen. Meine Patentante Andrea und ihr Mann Jürgen sind begeisterte Floridaurlauber. Von ihnen haben wir jede Menge tolle Tipps bekommen. Zum Beispiel auch den, nicht noch unbedingt nach Key West zu fahren. Auch wenn zwei Wochen erst einmal lang klingen -Florida ist riesig, hat mehr als 20 Millionen Einwohner, die Entfernungen sind nicht zu unterschätzen. Wir entschieden uns also für eine kürzere Tour und fuhren damit genau richtig.

Zurück zu den Everglades. Mit dem Auto fahren wir in den Nationalpark hinein. Die verschiedenen Parkplätze mit anschließenden Rundwegen finden wir problemlos. Zugegeben: Bei der Vorstellung, mit einem Zweijährigen neben Alligatoren spazieren zu gehen, ist mir zunächst etwas mulmig. Aber alles klappt wunderbar. Natürlich lassen wir Levi keine Sekunde aus den Augen. Neben den Alligatoren gibt es noch hunderte andere Tierarten in den Everglades, von Reptilien über Vögel bis hin zu Insekten. Uns beeindrucken am meisten die Alligatoren, ihretwegen sind wir hier. Während wir über die Stege gehen, können wir die Reptilien im Wasser gut erkennen. Klein sind sie – hatte ich mir irgendwie größer vorgestellt. Und faul; die meisten liegen in der Sonne herum und bewegen sich nicht. Naja, es ist auch wirklich sehr warm, die Sonne knallt. Übrigens haben wir endlich mal Glück mit den Mücken und werden nicht ein einziges Mal gestochen. Das ist wohl häufig anders. Wir fahren zum nächsten Parkplatz – diesmal laufen wir höher, inmitten der Bäume. Alligatoren sehen wir nicht, dafür aber zahlreiche Vögel. Dann verlassen wir den Nationalpark für heute, trinken einen großen Milchshake bei „Robert is here" und halten uns eine Weile auf dem Gelände auf. Es gibt einen Spielplatz, einen netten Hofladen und einen alten Traktor. Anschließend machen wir uns auf den Weg zu unserer Unterkunft: Ein klassisches Motel an einer Hauptstraße mit Doppelzimmern, einem kleinen Spielplatz und einem Pool im Innenhof. Marius holt Abendessen und wir machen ein Picknick am Pool. Am nächsten Morgen frühstücken wir, dann geht es zeitig weiter. Wir fahren ein Stückchen in die Everglades, um dann mit einem Airboat zu fahren. Es macht Spaß, der Kapitän ist nett und witzig und wir lernen einiges über die Everglades. Erstaunt sind wir über die aus Asien eingeschleppte, größte Gefahr für die Alligatoren: Riesenwürgeschlangen. Vor denen scheint auch ein ausgewachsener Alligator nicht sicher. Mit dem Wissen bin ich froh, sicher im Boot zu sitzen. Die Alligatoren finde ich fast ein wenig niedlich, so einer Schlange möchte ich allerdings nicht begegnen. Wobei selbstverständlich auch Alligatoren niemals unterschätzt werden sollten, gerade von uns Eltern mit Kleinkind nicht. Dennoch, die Krokodile in Australien sind um einiges größer. Wir fahren durch die Sümpfe, dann geben wir Gas – wir fliegen gefühlt über das Schilf! Es macht Spaß, ist allerdings sehr laut – für Levi aber kein Problem. Wir sehen einige Alligatoren und noch mehr Fischreiher. Dann geht es weiter über die „Loop Road", eine Straße durch die Everglades. Zahlreiche Schilder warnen vor freilebenden Alligatoren und weisen auf das Naturschutzgebiet hin. Wir fahren ganz langsam, lassen uns Zeit und halten Ausschau nach Alligatoren. Die Zeit ist günstig, hatten wir gelernt: Der Wasserstand ist relativ niedrig, sodass die Tiere gut zu sehen sein sollten. Ein etwas schauriger Anblick ist der eines Alligatorenkadavers, der von Geiern zerpflückt wird. Naja, auch das gehört zum Leben dazu. Ab und zu halten wir an und steigen aus, um die Tiere aus sicherem Abstand zu beobachten. Levi schläft und wartet im Auto.

Wir hatten einen recht weiten Weg vor uns, wollten bis zu unserer Unterkunft nach Cape Coral fahren. Dort hatten wir einen privat angebotenen Bungalow gebucht. Wir waren auf den Geschmack gekommen: Das Appartement war schön, wir wollten weiterhin komfortabel wohnen und das Wetter genießen, richtig Urlaub eben. Das letzte Stück zog sich. Wir hatten die „Loop Road" längst verlassen, hielten zwischendurch an einem Outlet an, vertraten uns die Beine und aßen eine Kleinigkeit. Je näher wir kamen, desto schöner wurde die Gegend. Wir sahen traumhafte Strände und fuhren am Lovers Key State Park vorbei. Hier wollen wir noch einmal in Ruhe hin kommen. Schließlich hatten wir es geschafft! Wir durchquerten den kleinen Ort und kamen am Bungalow an. Er war toll, großzügig geschnitten, mit eigenem Pool, sehr sauber und es gab jede Menge Spielsachen, die Levi benutzen durfte. Wir kauften noch schnell etwas ein, packten aus und gingen früh schlafen. Die nächste Zeit verbrachten wir ganz ruhig. Spielten viel drinnen und draußen – Levi hatte eine Kugelbahn entdeckt und spielte stundenlang damit. Wir lagen viele Stunden im Pool – es gab auch jede Menge Poolspielzeug –, grillten auf unserer Terrasse und ließen die Seele baumeln. Levi fuhr auf der Straße vor dem Haus Roller, Marius und ich machten abwechselnd ein wenig Sport. Wir waren allerdings die einzigen Jogger weit und breit, nicht einmal Fußgänger sahen wir. Das war der Nachteil hier: Für alles brauchten wir ein Auto. Es war auch wirklich sehr warm – auf weite Fußmärsche hatten nicht einmal wir begeisterten Fußgänger Lust. Wir fuhren in den Key Lovers State Park – ein wunderschöner, weißer Sandstrand – und hatten dort einen tollen Tag. Autos mussten außerhalb am Parkplatz stehenbleiben; mit einer Bimmelbahn fuhren wir näher an den Strand heran. Der Strand war menschenleer, als wir da waren. Einer meiner Lieblingsstrände der gesamten Reise. Dummerweise hatten wir keinen Sonnenschirm dabei und es gab keinen natürlichen Schatten, daher blieben wir nicht allzu lange. Gelohnt hat es sich auf jeden Fall. Wir fuhren auch an den Strand von Fort Myers: Ebenfalls sehr schön, aber voller und direkt an einer Straße mit Geschäften, Hotels und Restaurants. Darauf hatte ich zu der Zeit keine große Lust – ich fühlte mich zu dritt in unserem Bungalow pudelwohl. An einem Tag fuhren wir in einen Wasserpark und hatten Glück: Levi war so gerade groß genug für einige der Rutschen. Und er wollte gar nicht mehr aufhören! Er war ein richtig großer Junge geworden, offen und selbstbewusst. Und er redete wie ein Wasserfall. An einem anderen Tag spielten wir Minigolf auf der Anlage mit der angeblich längsten Bahn weltweit (kann schon sein, sie war wirklich sehr, sehr lang) und verbrachten Zeit auf einem großen Spielplatz. Hierbei lernten wir eine deutsche Familie kennen, die wir einige

Tage später in ihrem Ferienhaus zum gemeinsamen Grillen besuchten. Sie flogen ein paar Tage später nach Deutschland zurück – dazu hatte ich in dem Moment gar keine Lust. Florida tat uns allen sehr gut. Eines unserer Highlights war eine Bootsfahrt in Abenddämmerung. Wir sahen Delfine, bewunderten die Landschaft und Levi durfte sogar ans Steuer. Die Zeit verging und schon hieß es Abschied nehmen. Wir hatten zwischenzeitlich um zwei Nächte verlängert, aber auch die waren nun vorbei. Wir mussten weiter, fuhren durch bis nach Orlando. Hier wollten wir zwei Nächte verbringen und dann nach Las Vegas fliegen. Ich war ein wenig traurig: Cape Coral war sehr schön. Kein Ort zum Wohnen für mich, aber um Urlaub zu machen definitiv. Nur dieses ständige „ins-Auto-setzen-müssen" hatte mich etwas gestört.

Die Fahrt zog sich, es war viel Verkehr. Levi machte das zum Glück wie immer super, blieb sehr geduldig. Wir hatten eins der zahlreichen Hotels gebucht – das „Double Tree by Hilton Orlando at SeaWorld" – und auch schon die Karten für den nächsten Tag online gekauft – wir gingen ins „Magic Kingdom", einen Vergnügungspark im „Walt Disney World Resort". Wir waren keine großen Fans oder Kenner, aber das wollten wir uns nicht entgehen lassen. Unser Hotel war verhältnismäßig günstig und dafür wirklich gut, das Zimmer groß und die gesamte Anlage und der Pool toll. Letzteren nutzten wir direkt, bevor wir gegen Abend noch einmal losgingen. Wir fuhren ins nahegelegene Disney Springs: Hier gab es zahlreiche Läden und Restaurants, verschiedene Attraktionen und gerade im Dunklen sah es toll aus. Es gab Livemusik und Bühnenshows und es war jede Menge los. Wir fuhren nicht zu spät zurück, schließlich wollten wir am nächsten Tag fit sein für Mickey Mouse und Co. „Magic Kingdom" hat von 9 bis 23

Uhr geöffnet: Wir wollten gegen 9 Uhr da sein, um am Eingang nicht zu lange warten zu müssen. Ich fragte mich, wer denn wohl bis 23 Uhr durchhält – öhm, wir, ehrlich gesagt. Wir machten die 14 Stunden Freizeitpark voll. Wir starteten pünktlich und voller Vorfreude. Alles war riesengroß und super organisiert, vieles lief automatisiert ab und funktionierte reibungslos. Wir parkten und fuhren erst ein Stück mit dem Bus, anschließend mit einer Schwebebahn bis zum Parkeingang. Es war längst nicht so voll, wie befürchtet – wir waren begeistert! Und blieben es die nächsten 14 Stunden lang. Klar, es war teuer, definitiv. Sowohl der Eintritt als auch das Essen und die Getränke kosteten uns insgesamt mehrere hundert Euro. Einen Teil Verpflegung hatten wir mitgenommen aber natürlich kauften wir auch im Park noch etwas. Aber wir hatten einen tollen Tag, jede Menge Spaß und sahen und erlebten ganz, ganz viel. Levi entpuppte sich als begeisterter Achterbahnfahrer – auch hier hatten wir mit der Größe Glück, in ein paar Fahrgeschäften durfte er gerade so mitfahren. „Fluch der Karibik" war ihm ein wenig unheimlich, dafür fuhren beziehungsweise flogen wir zigmal mit Goofy und Dumbo. Es lohnte sich, immer wieder einmal online zu gucken, wie voll es gerade an welcher Attraktion war. Einige Male konnten wir auch kostenfrei reservieren, das machte total Sinn. Wir sahen auch die große Parade, aßen Waffeln im Mickey Mouse-Style und blieben bis nach dem großen Feuerwerk. Marius und Levi fuhren eine Art großen Autoscooter und wir sahen einen 3D-Film. Levi schlief zwischendurch kurz im Kinderwagen. Und plötzlich war kurz vor 23 Uhr – das ging schnell, wie im Rausch! Im Dunklen sah alles noch viel toller aus, Cinderellas Schloss strahlte. Wir fielen total erledigt ins Bett, wohlwissend, dass der nächste Tag anstrengend werden würde.

Gegen Mittag mussten wir aus dem Hotel auschecken und den Mietwagen zurückgeben, unser Flug ging aber erst in einigen Stunden. Wir verbrachten Zeit in einem Indoor-Spielplatz und am Flughafen. Als wir in Richtung Las Vegas starteten, war ich schon fix und fertig. Der gestrige Tag wirkte nach bei mir. Insgesamt war unsere Zeit in Florida richtig schön, ein toller Urlaub. Keine unerwarteten Ereignisse, nichts total Spektakuläres, aber eine gute Mischung aus Strand, Pool, Everglades und Magic Kingdom, Urlaub mit Wasserpark und Minigolf.

Jetzt waren wir gespannt – wie wird Las Vegas? Viele haben uns gefragt: Vegas mit Kleinkind, was wollt ihr denn da? Mal gucken eben. Die Hotels sind toll, es ist jede Menge los, warum nicht. Und Vegas besteht ja auch nicht nur aus Casinos, wir wollten in die umliegenden Nationalparks fahren. Und vielleicht mal shoppen gehen im Outlet. Levi schlief im Flugzeug sofort ein, Marius und ich kurz danach. Wir landeten gefühlt nachts, es war aber erst Abend in Las Vegas – noch einmal Zeitumstellung. Jetzt waren es nach langer Zeit wieder neun Stunden Differenz nach Deutschland.

Key Lovers State Parc, Florida

Eingang Everglades, Florida

Links: Bootsfahrt Cape Coral, Rechts: unterwegs auf der Loop Road, Florida

Levi vor Cinderellas Schloss, Magic Kingdom, Orlando

Las Vegas

Las Vegas ist die größte Stadt im Bundesstaat Nevada und natürlich hauptsächlich für die Casinos bekannt. Im Zentrum von Las Vegas leben in etwa 650.000 Menschen, in der gesamten Umgebung ungefähr zwei Millionen. Im Jahr 2018, unserem Reisejahr, reisten über 40 Millionen Menschen in die Zocker-Hauptstadt.

Aus dem Flugzeug sahen wir jede Menge Wüste und Felsen in der Dämmerung. Erst kurz vor der Landung kamen Gebäude, alles blitzte und leuchtete. Schon im Flughafen bestand kein Zweifel daran, wo wir gelandet waren: Alles war voller Glücksspielautomaten. Wir waren eigentlich total müde und geschafft, wurden dann aber schnell wieder munter. Mit dem Taxi fuhren wir zu unserem Hotel in einer Seitenstraße, fußläufig zum Zentrum mit dem bekannten Luxushotel „Bellagio". Das online-Hotelangebot war wahnsinnig groß. Ich hatte mit zwei Freundinnen Kontakt, die bereits in Vegas gewesen waren, und wir entschieden uns schließlich für ein mittelgroßes und -teures Hotel in – sozusagen – mittelzentraler Lage: Das „Polo Towers by Diamond". Mitten rein ins Getümmel wollten wir nicht, aber gerne zu Fuß dorthin gehen. Wir fuhren mit dem Taxi über den Strip – das ist die Kurzform für den „Las Vegas Strip", einem Abschnitt des Boulevards – und waren positiv überrascht. Es war voll, aber nicht zu voll. Es war sehr sauber und gepflegt, alles lief ruhig und gesittet ab – da kannte ich andere Szenen spätabends in den Partymeilen von größeren Städten. Wir checkten ein, packten etwas aus, dann gingen Levi und ich schlafen. Das Zimmer war großzügig geschnitten und das Hotel machte insgesamt einen guten Eindruck. Marius zog noch los, schickte mir

Fotos vom „Bellagio" und dem „Eiffelturm". Am nächsten Morgen schliefen wir lange, frühstückten in unserem Hotelzimmer und gingen dann zu Fuß los. Die Sonne schien, der Himmel war strahlend blau. Und auch im Hellen war alles sehr sauber und gepflegt. Die Menschen waren gut drauf, wir fühlten uns direkt wohl. Schlenderten herum und erkannten viele Stellen aus Filmen wieder – fast, als wären wir schon einmal hier gewesen. So ging es mir auch, als ich das erste Mal in New York war. Wir liefen am „Bellagio" vorbei, sehen das „Caesars Palace", den „Eiffelturm" und das Hotel „New York-New York". Wir gingen durch die Casinos – das war auch mit Levi kein Problem, er durfte nur nicht spielen. Na gut. Alles blitzte und blinkte, es gab nirgendwo Uhren, es sah 24 Stunden am Tag gleich aus in dieser Automatenwelt. Im „Bellagio" gab es einiges zu sehen, dann zogen wir weiter, aßen und tranken eine Kleinigkeit. Nach einer Weile gingen wir zurück zum Hotel und kühlten uns im Pool ab, Levi schlief anschließend eine Runde. Der Pool befand sich auf dem Dach des Hotels. Von dort aus konnten wir Achterbahnen und das Riesenrad sehen. Unten, im Innenhof, gab es außerdem noch einen Wasserspielplatz und einen Kinderpool. Abends zog ich mein einziges Kleid an und wir gingen als Erstes wieder zum „Bellagio" um den Wasserspielen zuzusehen, die regelmäßig im Brunnen vor dem Hotel stattfanden. Im Dunkeln war es noch viel schöner. Wir aßen etwas und Levi wischte seine Hände an meinem Kleid ab – da war ich seit Ewigkeiten mal halbwegs elegant gekleidet... Im Dunkeln war Las Vegas wirklich sehenswert, die Straßen füllten sich. Auf dem Rückweg kauften wir noch für das Frühstück ein und nahmen ein wenig Proviant mit, denn am nächsten Morgen wollten wir die Umgebung erkunden. Übrigens sahen wir tatsächlich kaum andere Kinder, aber das machte nichts. Wir fühlten uns wohl und sind bis heute der Meinung, dass Las Vegas auch mit Kleinkind eine Reise wert ist.

Am nächsten Morgen stiegen wir in den Wagen, den Marius am Vortag noch gemietet hatte. Hier hatte fast alles 24 Stunden geöffnet, also kein Problem. Das Wetter war wieder super – besser ging es nicht. Wir fuhren aus der Stadt heraus und waren erstaunt, wie klein Las Vegas war. Hinter den großen Hotels kamen einige Motels, doch schnell waren wir mitten in der Wüste. Das Panorama war toll: Heller Sand und Steine, etwas grün und die Berge waren rotbraun, dazu der strahlend blaue Himmel. Wir fuhren zum „Red Rock Canyon", einem Nationalpark in der Nähe. Eine Straße führte hindurch, es gab verschiedene Parkplätze mit Aussichtspunkten und Wanderrouten. Es sind tolle Bilder, die ich mir gerade gerne ansehe. Die Farben leuchten und der Kontrast zu der nur wenige Kilometer entfernten Spielstadt könnte nicht größer sein. Hier gab es nur Natur. Es war heiß und es wehte kein Wind, die Sonne knallte. Wir hatten viel Wasser eingepackt und brauchten das auch. Levi war happy, er konnte sich frei bewegen und – natürlich – Steine sammeln und werfen. Es war nicht viel los, wir blieben für uns und genossen die Aussicht. Wir folgten einem Wanderweg, kehrten aber nach einer Weile um – es war zu heiß. Wir fuhren weiter nach „Bonnie Springs", einer Art Ranch oder kleine Westernstadt. Hier gab es ein Restaurant mit einigen kleineren Attraktionen. Die Anlage nannte sich Old Nevada und es war ganz nett. Wir aßen und fuhren dann zurück zum Hotel. Levi schlief im Auto sofort ein und auch wir waren müde. Nachmittags verbrachten wir einige Zeit am Pool und stürzten uns dann wieder ins Nachtleben. Diesmal gingen wir durch das „New York" in Las Vegas, bald würden wir die echte Stadt an der Ostküste besuchen. Es gab viel zu sehen, dabei besuchten wir keine Shows oder Ähnliches.

Am nächsten Morgen fuhren wir wieder raus aus der Stadt, nach Boulder City zum „Hoover Damm", einem riesigen Staudamm. An einem Aussichtspunkt hielten wir und konnten den Stausee von oben betrachten. Er war wahnsinnig groß, es wurden sogar Schifffahrten darauf angeboten. Am Staudamm selbst überschritten wir eine Grenze innerhalb der USA und fanden uns für kurze Zeit in Arizona wieder. Die ganze Anlage war beeindruckend und es war wieder wahnsinnig heiß. Wir fuhren zurück ins Hotel, kühlten uns ab und ruhten etwas aus. Abends ging es diesmal in Richtung „Luxor Hotel und Casino", dann gingen wir in das Aquarium im Hotel „Mandalay Bay", das zwar relativ klein, aber toll angelegt war. Die Poollandschaft dieses Hotels war der Wahnsinn – hier möchte ich bei meinem nächsten Trip nach Las Vegas wohnen! Auf dem Rückweg warf ich halbherzig ein paar Münzen in einen Automaten, gewann aber nichts. Und das soll Spaß machen? Wir fuhren vom „Excalibur" mit einer Schwebebahn durch die Stadt, sahen das „Hard Rock Cafe" und das „MGM Grand Hotel". Schließlich gaben wir den Mietwagen ab, unsere letzte Nacht in Vegas brach an. Unser Flug nach San Diego ging am Vormittag, wir mussten also für unsere Vegas-Verhältnisse früh aufstehen. Mittlerweile war schon der 17. Mai – in vier Wochen sollten wir zurück nach Deutschland fliegen. Ich konnte es mir nicht vorstellen, war gerade wieder voll im Reisefieber. Aber wir freuten uns auch, sprachen wieder mehr von zu Hause, zeigten Levi Fotos und fingen an, ihn ein wenig darauf vorzubereiten. Er würde bald zweieinhalb Jahre und kannte nichts anderes, als zu reisen, immer wieder zu fliegen, woanders zu übernachten und neue Leute kennenzulernen. Wie würde er in Deutschland klarkommen? Für uns war es etwas Bekanntes, Gewohntes, für Levi würde es völlig neu sein. Naja, wir würden sehen, es lag noch eine tolle Zeit vor uns. Las Vegas jedenfalls war großartig; wir waren froh, den Abstecher gemacht zu haben. Jetzt verabschiedeten wir uns standesgemäß und fuhren mit einer Limousine zum Flughafen. Ein einfaches Taxi wäre nicht viel günstiger gewesen und so gönnten wir uns den Spaß.

Der Flug von Las Vegas nach San Diego dauerte nur etwa eine Stunde. Wir hatten überlegt, die Strecke mit dem Auto zu fahren und am liebsten noch einen Abstecher zum Grand Canyon zu machen, aber uns fehlte die Zeit, um das in Ruhe zu tun. Die Entfernungen waren riesig. Und im Grand Canyon wollten wir richtig wandern können und mit einem Helikopter fliegen. Keine Zeit, kein Geld mehr. Beim nächsten Mal. Ich dachte oft „beim nächsten Mal" – die Reise stillte mein neu aufgekommenes Fernweh nicht, sondern stachelte es an. An viele Orte möchte ich eines Tages zurückkehren und manches wiederholen oder anderes, beim ersten Mal Verpasstes erleben. Nicht zu vergessen die ganzen Orte, an denen wir nicht waren... Wir waren zu Reisefans geworden – wir, die bisher maximal 14 Tage am Stück in ein Hotel verreist waren, häufig eher weniger.

Bellagio, Las Vegas

Red Rocks Canyon, Nähe von Las Vegas

Kalifornien

Kalifornien ist flächenmäßig der drittgrößte und mit seinen fast 40 Millionen Einwohnern mit Abstand der bevölkerungsreichste Bundesstaat der USA. Wir starteten zunächst nahe der mexikanischen Grenze, in San Diego, um dann auf unserem Weg nach San Francisco unter anderem Palm Springs und Los Angeles zu besuchen.

Zuerst landeten wir in San Diego, holten unseren Mietwagen ab und fuhren auf dem Weg zu unserer Unterkunft zu einem Supermarkt um etwas einkaufen. Wir hatten für die nächsten Tage ein Appartement gemietet und schon bei der Auswahl festgestellt, dass San Diego ziemlich teuer war. Zumindest, wenn man wie wir eine etwas größere Unterkunft – am liebsten in Strandnähe –haben wollte. Das Appartement befand sich in einer Anlage, mit dem Auto in etwa fünf Minuten vom Zentrum und dem Strand entfernt. Als wir ankamen, waren wir schockiert. Es war dreckig – sehr, sehr dreckig! Mein erster Gedanke? Es wurde nach dem letzten Mieter einfach vergessen, zu putzen. Oder den letzten, Plural. Um es kurz machen: Es war wirklich richtig eklig und fies. Das erste Mal, dass wir richtig auf die Nase fielen mit einer Unterkunft – musste vermutlich irgendwann passieren. Wir kommunizierten über WhatsApp mit der Vermieterin, das brachte uns aber nicht weiter. Inzwischen war Abend; uns blieb nichts anderes übrig, als in dem Drecksloch die Nacht zu verbringen. Wir legten unsere Handtücher über die schmutzige Bettwäsche und versuchten, das Beste daraus zu machen. Mit der Vermittlungsagentur war geklärt, dass wir am nächsten Tag ausziehen und das Geld fast vollständig erstattet bekommen würden. Bloß hatten wir noch keine neue Bleibe. Am nächsten Vormittag packten wir also alles zusammen und fuhren erst einmal zum Strand, wo wir meinen Schwager Lukas und seine Frau Mira beim Frühstück trafen. Wir freuten uns sehr über das Wiedersehen, hatten viel zu erzählen und Levi fremdelte kein bisschen. Das nutzten wir, ließen ihn nach dem Frühstück bei den Beiden am Strand und zogen los, um eine Unterkunft zu suchen. Wir stellten schnell fest, dass es in Strandgegend nichts gab: Alles ausgebucht oder wahnsinnig teuer. Wir sprechen hier von höheren dreistelligen Beträgen für eine Nacht ohne Verpflegung in einem mittelmäßig aussehenden Hotel. Im Endeffekt buchten wir ein Zimmer in einem Motel ein Stück entfernt. Schade, wir hatten uns auf ein schönes Appartement in einer Anlage mit Pool gefreut. In dem nun gebuchten Zimmer konnten wir uns nur zum Schlafen aufhalten, mehr gab es nicht her. Und selbst das kostete uns fast 500 Euro für drei Nächte...

Das Wetter machte unsere Strandpläne ein wenig zunichte. Es war kalt, keine 20 Grad, und ab und an regnete es. Zum Buddeln und Spazierengehen reichte es aber. Wir gingen mit Levi zum Frisör. Danach sah er – wie jedes Mal – ein Jahr älter aus, erschreckend! Hielt zum Glück nie lange, dieser Frischgeschnitten-Look. Der Strand war wunderschön, die Promenade hatte Charme. Keine großen Häuser, nicht viel Neues, dennoch im guten Zustand. Nicht zu vergleichen mit beispielsweise Miami Beach, wo sich Hochhaus an Hochhaus reihte. Abends aßen wir gemeinsam, am nächsten Tag sahen wir uns am Strand wieder. Marius, Levi und ich fuhren in den Belmont Park: Ein kleiner Freizeitpark, genau das Richtige für Levi. Tags darauf ging es für uns zum Hafen, wo wir eine Schiffrundfahrt unternahmen. Ich stellte fest, dass San Diego größer war, als ich auf den ersten Blick dachte. Es gab durchaus auch Ecken mit Hochhäusern und großen

Hotels. Da gefiel es mir bei uns am beschaulichen Strand aber deutlich besser. Wir liefen – von Lukas geführt, der vor ein paar Jahren sechs Monate in San Diego studiert hatte – durch die Straßen und machten Abstecher auf Spielplätze. Abends ging es früh ins Bett, am nächsten Tag stand ein Besuch im „SeaWorld" auf dem Programm. Wir hatten Tickets für zwei Tage gekauft. Den zweiten Tag gab es fast kostenlos dazu und den brauchten wir auch, weil es so viel zu sehen gab. Neben den Tieren und den Shows auch jede Menge Fahrgeschäfte. Levi war voll in seinem Element, knüpfte an den Tag im „Magic Kingdom" an und war von den Achterbahnen kaum runter zu bekommen. Wir hatten einen schönen ersten Tag – am zweiten verließen wir den Park am frühen Nachmittag und verabschiedeten uns in Richtung Palm Springs. San Diego war schön, leider stimmten nur die Unterkunft und das Wetter nicht so ganz, wobei das Wetter definitiv noch das kleinere Übel war. Wir hatten richtig schöne Ecken von San Diego gesehen, wobei mir die mit den kleineren, älteren Häuschen deutlich besser gefallen haben als der moderne Financial District. „SeaWorld" war super, wir hatten jede Menge Spaß. Vielleicht kommen wir eines Tages wieder, wer weiß…

Erst einmal war ich jedoch froh, weiterzukommen. Wir verabschiedeten uns von Lukas und Mira, wussten aber schon, dass wir uns in bereits vier Wochen wiedersehen würden. Eine vergleichsweise kurze Zeit. Dann ging es los, raus aus der Stadt und weg von der Küste.

Palm Springs gefiel uns richtig, richtig gut. Ein kleiner Ort mitten im Nichts, ganz ruhig, ganz beschaulich. In der Hauptsache gab es hier Motels und Restaurants, aber es war erstaunlich leer. Wir erfuhren, dass Mitte Mai schon keine Saison mehr war, es wird zu heiß. Und das wurde es tatsächlich. Erstaunlich, wir waren keine drei Stunden gefahren und der Temperaturunterschied betrug weit über zehn Grad. Die Sonne schien, der Himmel war blau – in Palm Springs fanden wir das Strandwetter für San Diego. Naja, Schwamm drüber. Unser sehr, sehr nettes Motel, das „Days Inn by Wyndham", hatte einen großen Pool und da blieben wir für den Rest des Nachmittags. Abends gingen wir ein wenig die Straße hinunter und aßen thailändisch, trinken Singha Bier und schwelgten in Erinnerungen. Thailand war schon ein halbes Jahr her. Schon und gleichzeitig erst.

Der Ort war wie ausgestorben; weder im Motel noch im Restaurant sahen wir viele Leute. Am nächsten Morgen frühstückten wir sehr gut und sehr reichhaltig, setzten uns dann in den Mietwagen und fuhren zum „Joshua Tree National Park". Dieser Nationalpark war einer meiner Lieblingsnationalparks überhaupt. Wir kamen gut gelaunt und fit dort an und hatten richtig schöne Stunden. Zunächst holten wir uns einige Infos am Schalter am Parkeingang, anschließend fuhren wir durch die wunderschöne Landschaft und hielten bei verschiedenen Aussichtspunkten. Wir liefen und kletterten herum, ausreichend Wasser und Sonnenschutz im Gepäck. Ich hätte nie gedacht, dass mir Wüsten so gut gefallen würden. Diese unendliche Weite, die Stille, die Einsamkeit, dazu die leuchtenden Farben – rot, braun, etwas grün und der strahlend blaue Himmel. Einfach schön! Wir gingen eine große Runde, vergaßen etwas die Zeit und waren dann doch froh, wieder am Auto zu sein. Die Hitze, die Höhe, das schwere Kleinkind auf dem Arm – es war schon auch anstrengend. Aber ich liebte diese Tage. Ich bin jemand der am besten in Bewegung entspannt: Beim Spazieren gehen, beim Joggen oder eben beim über-Steine-durch-die-

Wüste-Klettern. Hier bekomme ich den Kopf frei. Wir hielten ein weiteres Mal und gingen ein Stück; hier war es sandiger als vorhin, die Farben waren heller und weniger bunt. Auf dem Rückweg schlief Levi sofort im Auto ein und auch wir waren platt und verbrachten ein paar ruhige Stunden am Pool. Gut erholt fuhren wir am frühen Abend zur „Palm Springs Aerial Tramway" – endlich wieder eine Seilbahn. Die Gondeln waren rund und komplett verglast, der Blick war sagenhaft. Oben angekommen kletterten wir noch ein wenig höher auf einen Aussichtsturm und aßen dann im großen Restaurant. Es war kalt geworden, aber zum Glück hatten wir unsere Jacken mit. Der Unterschied war nicht ganz so krass wie in den Anden oder in der Atacama-Wüste, aber auch hier wurde es sehr schnell sehr viel kälter, wenn die Sonne unterging. Wir kamen spät und müde im Motel an, gingen sofort schlafen. Netterweise durften wir am nächsten Morgen später auschecken. Die gewonnene Zeit verbrachten wir noch einmal am Pool, wo sich Levi richtig austobte – gut so vor der langen Fahrt. Denn es ging zurück an die Küste, nach Los Angeles. Unsere Tour in Kalifornien hatten wir nach und nach geplant und gebucht. Durch den Mietwagen, dessen Rückgabe wir bei Abholung in San Diego fix für San Francisco vereinbart hatten, war zumindest klar, dass dort unser Endpunkt sein würde. Los Angeles wollten wir natürlich nicht verpassen. Die Unterkunft dort, ein Appartement, hatten wir einige Tage im Voraus gebucht, ebenso das Hotel in San Francisco und den Flug nach Toronto. Alle weiteren Unterkünfte buchten wir spontan und problemlos online. Es fand sich immer etwas, allerdings war es eine sehr teure Gegend. Und wir reisten generell zu einer teuren Zeit, die Saison an der Küste hatte begonnen. Auf dem Weg zurück an die Küste fuhren wir durch Cabazon, einen kleinen Ort, der für die riesigen, lebensgroßen Dinosaurierstatuen bekannt war. Es gab zwar auch einen Saurierpark, uns reichten aber die Dinos, die vor dem Park standen und für alle zugänglich waren. Nach einem kurzen Stopp ging es weiter, denn wir hatten einen Termin. Für den Nachmittag hatten wir eine Whale Watching-Tour gebucht. Je näher wir der Küste kamen, desto kühler und bewölkter wurde es. In New Port Beach gingen wir an Bord und sahen drei Wale und jede Menge Seehunde. Auf dem Wasser war es eiskalt. Wir hatten alles an, was der Koffer hergab, und froren trotzdem noch – ich zumindest. Der Blick vom Wasser aus auf das Festland war toll – hier gab es richtig nette Städtchen und tolle Häuser. Wieder an Land schlenderten wir die Promenade entlang: Hier gab es einen kleinen Vergnügungspark und Levi wollte Riesenrad fahren. Mir war immer noch kalt, also musste Marius mit in die Höhe.

    Dann ging es weiter nach Los Angeles. Weit war es nicht mehr, wir standen jedoch sofort im Stau und das ziemlich lange. In den nächsten Tagen würden wir Stau über Stau sehen und zum Teil auch drinstehen – Wahnsinn! So viel Verkehr wie hier hatten wir, glaube ich, nur in Bangkok erlebt. Diesmal hatten wir Glück mit der Unterkunft, das Appartement hielt, was es versprach. Zeit, noch einmal alles auszupacken und den Kühlschrank zu füllen. Am nächsten Tag erkundeten wir die Stadt. Das Hollywoodzeichen hatten wir gestern schon aus der Ferne bewundern können – heute liefen wir über den „Walk of fame" und starteten von dort aus mit einer Tour in einer Bimmelbahn. Die Sonne schien, es war warm und wir waren gut gelaunt. Wir fuhren den „Strip" hoch und runter, quer durch Hollywood und durch Beverly Hills, sahen die Häuser von Steven Spielberg und zig anderen Berühmtheiten, ein ehemaliges Anwesen von Michael

Jackson und jede Menge schöne Häuser mit hohen, blickundurchlässigen Zäunen. Promis sahen wir allerdings nicht, daher gab es auch keine Autogramme. Auch hier hatte ich ab und zu das Gefühl mich auszukennen – es sah so typisch amerikanisch aus wie wir es aus dem TV kannten. Eigentlich sollte die Tour noch etwas weiter gehen, wir hatten jedoch ewig und andauernd im Stau gestanden, sodass wir nach einer kleineren Runde zurückkehrten. War uns recht: Wir hatten genug gesehen und gesessen. Also liefen wir wieder ein Stück über den „Walk of fame" zurück zu unserer Unterkunft.

Nach einer langen Mittags- beziehungsweise Nachmittagspause fuhren wir mit unserem Mietwagen in den „Griffith Park", hoch zum „Griffith Observatory". Von einer Bekannten meines Bruders, einer Einheimischen, hatten wir diesen tollen Tipp bekommen. Wir standen im Stau, fanden lange keinen Parkplatz, aber das Warten lohnte sich. Wir waren mitten in den Hollywood Hills! Der Blick über die Stadt war sagenhaft und nur ein Stückchen höher sahen wir etwas entfernt das Hollywoodzeichen. Levi hatte eine kleine Oscarfigur bekommen und zeigte ihr alles. Wir verbrachten eine schöne Zeit hier oben. Auf dem Rückweg hielten wir mit dem Auto an einem riesengroßen, schönen Spielplatz. Nur leider war es schon wieder so kalt; ich war diese Temperaturen nicht mehr gewöhnt. Toll, dass es nur ein kleines Stück außerhalb der City so viel Grün und so viele, schöne Spielplätze gab. Es wurde dunkel, sonst wären wir sicherlich noch länger geblieben.

Am nächsten Morgen ging es für uns weiter, immer an der Küste entlang. Nach einem kurzen Stopp am Santa Monica Beach – ein sehr schöner, sehr breiter Strand – fuhren wir weiter durch Malibu, immer Richtung

San Francisco. Los Angeles hat uns gut gefallen, jetzt freuen wir uns auf das, was noch kommen sollte. Wir fuhren bis Santa Barbara, hatten dort ein Zimmer in einem Motel gebucht. Zwischenzeitlich hatten wir überlegt, diese Tour mit einem Camper zu fahren, uns dann aber dagegen entschieden – glücklicherweise, fand ich jetzt. In der australischen Natur ja, aber hier passte es für mich vom Gefühl her nicht. Santa Barbara am Abend war wunderschön: Ein malerisches kleines Städtchen. Am traumhaften Strand konnten wir auf einem langen Steg weit aufs Meer hinauslaufen. Wir sahen einen tollen Sonnenuntergang und gingen danach eine leckere Pizza essen. Ich möchte nicht verschweigen, dass Schönheit ihren Preis hatte – uns stockte immer wieder der Atem, sowohl bei der Bezahlung der Unterkünfte, als auch in Restaurants. Wir schliefen in einem einfachen Motel in einem sehr kleinen Zimmer und zahlten richtig, richtig viel Geld dafür – in diesem Fall waren es über 200 Euro die Nacht, ohne Frühstück. Und es war einige Straßen vom Strand entfernt.

Am nächsten Morgen schlenderten wir noch einmal durch den Ort, bevor wir weiterfuhren. Die Strecke war schön: Links das Meer, rechts ab und an Orte, ansonsten Landschaft. Wir waren allerdings bei weitem nicht die Einzigen, die unterwegs waren. Inzwischen hatten wir auch festgestellt, warum es so voll war: Es war ein langes Wochenende. Irgendein Feiertag mit Brückentag, dann Wochenende. Wir fuhren bis Carmel Beach, ebenfalls ein wunderschöner Ort mit ebenso wunderschönem Strand. Hier könnte ich leben, hier ließe es sich aushalten. Wir verbrachten hier ein paar schöne Stunden, dann ging es noch ein Stückchen weiter. Über Nacht blieben wir in einem Motel im Wald in der Nähe von Carmel. Es war der 28. Mai und wir guckten abends Basketball – ich meine, es war das Halbfinale der Playoffs. Levi badete lange und ausgiebig – die Wanne war auch wirklich toll, genau das Richtige für die Wasserratte.

Unser weiterer Weg führte uns auf die Route 101 und diesmal fuhren wir bis San Francisco. Der erste Eindruck begeisterte uns sofort: Es war eine tolle Stadt. Wir checkten ein, hatten ein Hotel nahe des Piers ausgewählt: Das „Holiday Inn Fisherman´s Wharf". Wie meistens in den USA hatten wir nur die Übernachtung gebucht – um auswärts zu essen gab es genügend Möglichkeiten. Obwohl wir viel reisten, viele Kilometer gefahren waren, war es ein sehr erholsamer Teil unserer Reise. Für meinen Geschmack hätte es wärmer sein können – in Kalifornien war es so kalt, wie wir es gar nicht mehr kannten. Ich fror ganz fürchterlich und erinnere mich noch gut daran, meiner Freundin Diana – die wir später in New York besuchen würden - über WhatsApp mein Leid geklagt zu haben. Sie schickte daraufhin lachende Smileys und ein Zitat von Mark Twain: „The coldest winter I ever spent was a summer in San Francisco." Übersetzt also in etwa: „Der kälteste Winter meines Lebens war ein Sommer in San Francisco." Wir mussten sehr lachen, es passte einfach zu 100 Prozent! Zum ersten Mal seit vielen Monaten war es jetzt, Ende Mai, in Deutschland wärmer als hier bei uns.

Wir checkten ein, gingen dann zu Fuß los, am Wasser entlang. Von weitem sahen wir die Golden Gate Bridge in der Abenddämmerung. Am nächsten Morgen schliefen wir aus, Marius holte Frühstück und Levi und ich spielten gemütlich im Zimmer. Über Nacht war es noch kälter geworden. Zugegeben, wir redeten von 15 Grad, vielleicht sogar etwas mehr. Aber der Wind war kalt und ich fror und fror und fror. Wir zogen alles übereinander an, was der Koffer hergab, und gingen dann in eine Seitenstraße um Fahrräder auszuleihen. Der Start war etwas holprig: Nach wenigen Metern stellten wir fest, dass der Kindersitz nicht richtig befestigt war. Also umkehren und nachbessern lassen. San Francisco war sehr, sehr bergig. Und ich war anscheinend nicht so gut in Form, wie ich dachte. Dazu der Wind, der irgendwie immer von vorne kam – wir wurden ziemlich gefordert und kamen dann doch noch ganz schön ins Schwitzen! Levi fand es toll im Fahrradsitz und deshalb beschlossen wir, in Deutschland auch einen zu kaufen. Wir fuhren ein wenig durch die Einkaufsstraßen, dann runter zum Wasser. Es war eine tolle Strecke am Meer entlang mit Blick auf die Golden Gate Bridge. Es war wahnsinnig windig, fast stürmisch, aber da mussten wir jetzt durch. Mein Bruder Jan hatte an dem Tag übrigens Geburtstag, wir hatten ihm schon gratuliert. Wahnsinn: In weniger als zwei Wochen würden wir uns wiedersehen. Zum Geburtstag meines Schwiegervaters in gut zwei Wochen würden wir wieder in Deutschland sein. Wir fuhren noch ein Stück und hielten dann an einem Café direkt am Meer, um etwas zu essen und zu trinken. Dann kam nochmal ein ziemlicher Anstieg und plötzlich liegt sie vor uns – die Golden Gate Bridge! Wir fahren über diese bekannte Brücke: Der Rad- und Fußweg ist sehr breit und es ist wenig los, alles sehr entspannt. Immer wieder halten wir an und machen Fotos, genießen die Aussicht. Hatte ich erwähnt, dass es kalt und windig ist? Allerdings scheint die Sonne, der Himmel ist strahlend blau. Von der Golden Gate Bridge haben wir einen tollen Blick über die Stadt und auf die andere Seite. Dort halten wir und machen noch einmal eine kleine Pause. Dann fahren wir mit dem Fahrrad bergab nach Sausalito, einem sehr netten, kleinen Ort. Leider haben wir nicht allzu viel Zeit – wir wollen mit dem Schiff zurück und das fährt bald ab. Also gehen wir an Bord, sehen Alcatraz aus der Nähe und steuern dann die bekannte „Fisherman's Wharf" an. Vom Boot aus sehen wir hunderte Seehunde. Wir schlendern noch ein wenig umher, beobachten die Tiere, Levi und Marius essen eine Muschelsuppe und dann ist der Tag auch schon zu Ende. Wir bringen die Fahrräder zurück und sind uns einig – das war ein toller Ausflug! Wir sind rechtschaffen müde und kaputt, gehen früh ins Bett und schlafen gut.

Das Hotel war toll, die Lage war super, das Zimmer groß und ruhig. Am nächsten Tag brachen wir zu Fuß auf und sahen zahlreiche der berühmten „Cable Cars" – das sind Kabelstraßenbahnen, also Bahnen auf Schienen, die sich an ein ständig umlaufendes Seil koppeln und von diesem gezogen werden. Außerdem liefen wir durch Chinatown und fanden tolle Spielplätze und Grünflächen. Nachmittags shoppten wir ein wenig: Levi brauchte neue T-Shirts, aus den alten war er mittlerweile herausgewachsen. Wir kehrten zurück zum Meer, kamen am Pier 39 an und gingen zurück bis zu unserem Hotel nahe Fisherman´s Wharf. Das war ein ganzes Stück, es gab aber genug zu gucken und Levi tat die Pause im Kinderwagen gut. Wir ließen den Abend ausklingen, aßen eine große Pizza und verbrachten Zeit am Wasser. Es war viel los, Livemusik wurde gespielt. Hier waren jede Menge kleine Geschäfte, alles wirkte sehr touristisch. San Francisco gefiel uns trotz der Kälte gut: Die Stadt war vielseitig und die Stimmung gut, irgendwie unbeschwert. Sausalito war ein toller Ort und nicht so überlaufen wie die Touristenhotspots am anderen Ufer.

Joshua Tree National Park, Kalifornien

Blick vom Berg, Palm Springs, Kalifornien

Dinosaurier auf dem Weg von Palm Springs an die Küste, Kalifornien

Blick vom Griffith Observatory, Los Angeles, Kalifornien

Strand in Santa Monica, Kalifornien

Unterwegs in San Francisco, Blick auf die Golden Gate Bridge

Niagarafälle, Kanada

Am nächsten Morgen ging es weiter. Es war der 1. Juni 2018 und wir flogen nach Toronto, Kanada. Der Flug hatte etwas Verspätung und in Toronto angekommen dauerte es ewig, bis wir unseren Mietwagen erhielten. Dazu kamen wiederum drei Stunden Zeitverschiebung – als wir nach etwa zweistündiger Autofahrt an den Niagarafällen ankamen, war es sehr spät. Wir hatten ein Hotel gebucht, in dem ich vor einigen Jahren schon einmal gewesen bin, „The Oakes Hotel Overlooking the Falls". Alles war wie gewohnt: Die gute Lage kannte ich schon, die Zimmer waren sehr groß und wir hatten einen tollen Blick auf die Wasserfälle.

Die Niagarafälle liegen, ebenso wie die Iguazú-Wasserfälle, an der Grenze zweier Staaten – in diesem Fall an der US-amerikanischen und der kanadischen Grenze. Der Niagara River verbindet den Eriesee mit dem Ontariosee. In dem Ort Niagara Falls – den gibt es sowohl auf der amerikanischen als auch auf der kanadischen Seite, aber wir bevorzugen die kanadische Seite – stürzen die Wassermassen 57 Meter in die Tiefe. Die amerikanischen Wasserfälle haben eine Breite von rund 260 Metern, die kanadischen „Horseshoe Falls" (Hufeisen, wegen ihrer Form) sind mit etwa 670 Metern fast dreimal so breit. Und auf diese „Horseshoe Falls" haben wir einen fantastischen Blick aus unserem Hotelzimmer. In der Dunkelheit, werden sie wunderschön angestrahlt. Sie haben schon etwas, diese Niagarafälle. Ganz anders als Iguazú sind sie trotzdem sehr besonders.

Wir aßen eine Kleinigkeit im „Applebees" Restaurant neben dem Hotel und gingen dann schlafen – der Tag war lang und anstrengend. Die nächsten Tage wurden deutlich entspannter, obwohl wir viel unternahmen. Aber ich kannte mich aus – ein großer Vorteil. Das Wetter war gut: Trocken, leicht bewölkt und wärmer als in Kalifornien – ich war begeistert. Mit einer kleinen Seilbahn fuhren wir hinunter zum Aussichtspunkt, liefen ein wenig am Ufer umher und schauten uns die Wassermassen an. Ich muss ehrlich gestehen, dass mir die Niagarafälle im Vergleich zu Iguazú dann doch eher klein und unspektakulär vorkamen. Die ganze Atmosphäre in Argentinien und auf der brasilianischen Seite war einfach viel schöner, meiner Meinung nach. Enttäuscht waren wir dennoch nicht, denn das hatten wir ja erwartet – es war einfach nicht vergleichbar. Beeindruckend war es trotzdem. Wir gingen ein Stück am Wasser entlang und entschieden uns für eine Bootstour auf dem Niagara. Es war viel weniger los als bei meinem ersten Besuch, sehr angenehm. Die Schiffe der Flotte „Maid of the Mist" fuhren sehr nah an die Wasserfälle heran: Wir wurden pitschnass, hatten allerdings Regencapes bekommen. Wir hatten Spaß – diese Bootsfahrt lohnte sich auf jeden Fall. Wieder an Land machten wir eine kleine Pause und aßen etwas, bevor wir weiterzogen. In dem Ort war viel los: Jede Menge Hotels, Restaurants, Casinos und verschiedene Attraktionen. Marius und Levi fuhren Riesenrad, anschließend spielten wir eine Runde Minigolf. Zum Abendessen gingen wir erneut zu „Applebees" und dann früh ins Bett. Levi hatte keinen Mittagsschlaf gehabt und war dementsprechend müde. Wir genossen die Ruhe, als er früh schlief. Marius ging eine Runde in den Fitnessraum. Am nächsten Morgen waren wir wieder zu Fuß unterwegs – dieses Mal liefen wir in die andere Richtung, den Fluss vor den Wasserfällen entlang. Unser Hotel hatte einen schönen Indoorpool in dem wir auch noch einige Zeit verbrachten. Wir ließen den

Tag gemütlich ausklingen und packten zusammen. Am nächsten Morgen mussten wir ziemlich früh los, zurück nach Toronto zum Flughafen – wir wollten nach New York weiterfliegen. Niagara Falls bot noch einiges mehr an Touristenattraktionen – beispielsweise die „Journey behind the Falls Tour", während der man hinter die „Horseshoe Falls" läuft, an der Abbruchkante entlang. Ebenso soll der historische Ort Niagara sehenswert sein. Das schafften wir aber nicht mehr – der letzte Flug vor dem Heimflug nach Düsseldorf stand an. Es war ein komisches Gefühl: Schon bald sollten wir wieder in Deutschland sein. Ich hatte zwischenzeitlich ein paar kleinere Hänger gehabt, aber nun wäre ich gerne noch weitergereist. Allerdings freuten wir uns auch auf zu Hause. Wir hatten überlegt, doch noch nach Island zu fliegen und dort eine Rundreise zu machen, aber das hätte finanziell noch einmal ganz schön zu Buche schlagen. Und irgendwie waren wir doch reisemüde geworden. Wir hatten so viel gesehen und erlebt – irgendwann war es genug. Ich genoss die Dreisamkeit nach wie vor sehr, die Freiheit und die Freizeit. Aber mein Kopf war voll, ich musste noch vieles verarbeiten. Wir hatten ebenfalls überlegt, noch eine Woche Strandurlaub in Europa anzuhängen, aber unser Wunsch, nach Hause zu kommen, überwog. Zu unseren Familien und Freunden, in unsere Wohnung. Wir wollten uns Zeit nehmen, gut und in Ruhe anzukommen. Jetzt aber freuten wir uns auf New York. Ich war schon dort gewesen, Marius und Levi noch nicht. Wir durften bei einer befreundeten Familie wohnen, in deren großem Stadthaus in super Lage in Brooklyn. Ich war froh, nicht wieder in ein Hotelzimmer zu müssen, sondern mehr Platz zur Verfügung zu haben.

Am nächsten Morgen geben wir in Toronto am Flughafen den Mietwagen ab, dann checken wir ein. Bereits bei der ersten Kontrolle scheint etwas nicht zu stimmen: Marius wird sehr, sehr gründlich kontrolliert, sein Pass lange angesehen und das Gepäck zwei oder dreimal durchsucht. Wir kommen ins Grübeln: Es ist eine Wiedereinreise nach dem kurzen Aufenthalt in Kanada. Haben wir etwas angestellt? War etwas mit einer Hotelbuchung, einem Mietwagen, wurden wir etwa geblitzt? Wir wissen es nicht und niemand sagt uns etwas. Levi und ich bekommen Bordkarten, Marius nicht. Ob er nicht fliegen könne, fragen wir, erhalten aber keine Antwort. Wir werden langsam nervös, die Startzeit rückt näher. Wir werden immer weiter vertröstet, Marius erhält nach wie vor keine Bordkarte. Ein Mitreisender versucht zu helfen, spricht mit den Flughafenmitarbeitern – vergeblich. Er vermutet, dass Marius stichprobenartig ausgewählt wurde und nun verschärft kontrolliert wird. Wir wissen es nicht, unser Flug wird aufgerufen. Wir diskutieren ob Levi und ich alleine fliegen sollen, und entscheiden uns schließlich dafür. Ganz knapp, vor dem letzten Aufruf, erhält Marius sein Ticket und darf mit. Einfach so. Wir werden nie erfahren, was los war. Wir zittern noch ein wenig vor der Kontrolle in New York, aber hier geht alles glatt und läuft unkompliziert. Zum Glück.

Horseshoe Falls, Niagara, Kanada

Bootsfahrt an den Horseshoe Falls, Kanada

New York

New York City ist mit rund 8,5 Millionen Einwohnern die größte Stadt der USA und gleichzeitig auch unserer Reise. In der Metropolregion leben knapp 20 Millionen Menschen – mit einer Einwohnerdichte von über 10.000 Einwohnern pro km² ist New York City noch dichter besiedelt als Singapur und schlägt auch Bangkok knapp in Sachen Einwohner. Wir werden demnach vermutlich nicht alleine sein.

Am Flughafen wurden wir erwartet – was für ein schönes Gefühl! Die Ankünfte an den Flughäfen dieser Welt gehörten zu meinen Heimwehmomenten – diese strahlenden Menschen, die auf ihre Liebsten warten... Nur auf uns wartete nur ein einziges Mal der uns bis dahin unbekannte Alessandro in Cordoba, bis heute. Wir fuhren zum Haus und freuten uns sehr über das Wiedersehen. Vielen Dank an meine Freundin Diana und ihre Eltern für ihre tolle Gastfreundschaft. Es war ein gelungener Abschluss unserer Reise, ein bisschen wie ein kleines „nach-Hause-Kommen" vor dem großen.

Diana hatten wir zuletzt vor vier Jahren gesehen, als sie in Deutschland Gast unserer Hochzeit war. Mein Besuch in New York lag wiederum einige Jahre zurück, es waren sicherlich sieben oder acht. Levi fühlte sich wie immer und überall direkt zu Hause. Wir aßen zu Abend und spazierten danach zu einem Spielplatz, von dem aus wir eine sensationelle Aussicht hatten – die Skyline New Yorks im Sonnenuntergang. Die nächsten Tage erkundeten wir New York auf eigene Faust: Meine Freundin arbeitete, ihre Eltern waren in New Jersey am Strand. Dorthin würden wir auch noch fahren. Wir liefen durch den Brooklyn Bridge Park und über die Brooklyn

Bridge nach Manhattan. An vieles erinnerte ich mich, einiges hatte sich allerdings verändert, es wurde viel gebaut. Von der Brooklyn Bridge aus hatten wir einen tollen Blick: Der Himmel war klar, wir sahen die Freiheitsstatue. Es war ein bisschen unwirklich: Wir drei waren tatsächlich in New York.

Der Endspurt unserer Reise, die letzten zweieinhalb Wochen waren voll mit tollen Städten gewesen – von Las Vegas über San Diego, dann nach Los Angeles, San Francisco und nun New York. Das allein hätte schon eine komplette Reise sehr gut füllen können. Es war während der Reise ganz oft so, dass ich mich kaum noch an Dinge erinnerte, die nur wenige Wochen her waren. Geschweige denn an den Beginn der Reise. Thailand, Mauritius, selbst Kuba und Südamerika waren gefühlt weit, weit weg. Die Erinnerungen sollten nach und nach wiederkommen, in Deutschland, wenn wir davon erzählten und Fotos guckten. Oder wenn in den Nachrichten die ein oder andere Stadt oder Gegend auftauchte, die wir bereist hatten. Und jetzt, inzwischen Mitte Oktober 2020, erinnere ich mich an vieles glasklar. Ich sehe mir die Fotos an und bin gefühlt wieder da. Ich tauche richtig ab, werde manchmal abrupt von Levis kleinem Bruder geweckt und staune, wo ich mich befinde. Ist das alles erst zweieinhalb Jahre her? Unvorstellbar! Es fühlt sich an wie ein anderes Leben. Sind das wir auf den Fotos? Das Schreiben tut mir gut, wirbelt aber auch vieles ein wenig durcheinander. Marius und ich sprechen so viel wie lange nicht über die Reise. Levi hat einer Erzieherin im Kindergarten vom Baden mit den Elefanten erzählt, nachdem ich ihm vor kurzem Fotos gezeigt hatte. Es regnet schon wieder, ich befinde mich aber gedanklich im sonnigen New York. Dass wir die Reise tatsächlich gemacht haben, dass wir das erlebt haben, was wir uns so niemals ausgemalt hätten – für mich ist das immer noch ein kleines Wunder!

Aber zurück nach New York für die letzten paar Tage. Wir liefen durch Manhattan, sahen das Memorial 9/11, die Wallstreet, den Times Square. Es war voll und hektisch, laut und irgendwie ungemütlich. Hier herrschte eine andere Stimmung als in Kalifornien. In dem Gedränge fühlten wir uns nicht besonders wohl, der „Central Park" hingegen war toll. Wir spazierten herum, aßen eine Kleinigkeit und fanden einen tollen Spielplatz. Es war warm und die Sonne schien. Später fuhren wir zum Haus zurück – für den Rückweg nahmen wir die U-Bahn. Wir gingen ein wenig einkaufen, kochten abends und genossen die Stille. Nach der Ruhe der vergangenen Wochen empfanden wir New York City als anstrengend.

Am nächsten Tag ist unser Hochzeitstag: Vier Jahre sind wir jetzt verheiratet. Wer hätte am Tag unserer Hochzeit gedacht, dass wir nur wenige Jahre später mit unserem Zweieinhalbjährigen zum Abschluss einer Weltreise in New York Burger bei „Five Guys" zur Feier des Tages essen würden? Ganz sicher niemand. Das war auch nicht unser Traum, überhaupt nicht. Das Thema Reise kam tatsächlich erst viel später auf, nach Levis erstem Geburtstag.

Wir fuhren mit dem Boot nach „Governors Island", einer kleinen, autofreien Insel mit vielen Grünflächen, Platz zum Spielen und super Sicht auf die Freiheitsstatue. Diese Auszeit tat gut, auch wenn wir erst seit kurzem in der Stadt waren. Später am Tag fuhren wir doch noch einmal mitten rein ins Getümmel, liefen über den Times Square und fuhren im „Rockefeller Center" mit dem Aufzug bis zur Aussichtsplattform. Von hier hatten wir einen tollen Blick über New York und sahen das „Empire State Building" aus recht kurzer Distanz. Auf dem Rückweg schlenderten wir noch ein wenig durch die Geschäftsstraße in der Nähe des Hauses und gingen dann – mal wieder – Burger essen. Lecker!

Am nächsten Morgen wollten uns Dianas Eltern mit in ihr Strandhaus nehmen – wir freuten uns. Ich war Großstädte leid, muss ich zugeben, und freute mich auf frische Luft und die nette Gesellschaft.

Das Wiedersehen mit Dianas gesamter Familie erinnerte mich so sehr an meine Eltern und meinen Bruder, ähnlich, wie damals auf der Farm in Cordoba. Nur noch fünf Tage, weniger als eine Woche. Inzwischen wussten unsere Eltern Bescheid wann wir ankommen sollten und wollten uns am Flughafen abholen. Ich freute mich, malte mir diesen Moment aus, wenn endlich, endlich einmal die strahlenden Menschen unseretwegen da waren, auf uns warteten.

Aber zuerst ging es nach Long Beach Haven. Wir fuhren aus der Stadt hinaus und kamen gut im Strandhaus an. Schnell ein paar Eimer und Schaufeln geschnappt und los ging es. Wir verbrachten zwei tolle Tage am Strand und wurden lieb umsorgt. Das erste Mal, dass nicht wir uns um alles kümmerten und die Pläne schmiedeten – das tat gut. Wir waren viel am Strand und nahmen Abschied vom Meer. Spielten Minigolf, aßen Eis, machten die Spielplätze unsicher. Die Gegend war sehr schön: Tolle Häuser direkt am Meer, ein schöner, feiner Sandstrand, nette kleine Restaurants und Geschäfte. Es war ruhig und entspannt. Wir genossen, dass Levi von Dianas Eltern Cara und Brian unterhalten wurde – die unterschiedlichen Sprachen waren dabei überhaupt kein Problem. Am 9. Juni ging es für uns zurück in das Stadthaus in Brooklyn. Es war warm. Wir gingen zu einem Wasserspielplatz im Brooklyn Park, hatten keine große Lust mehr auf die große Stadt. Ich war mit meinen Gedanken zu Hause, wollte am liebsten sofort in das Flugzeug nach Deutschland steigen, konnte es kaum erwarten. Wir verbrachten einen sehr schönen Abend bei Diana und ihrem Mann, aßen zusammen und Levi spielte begeistert mit ihrer Katze. Am nächsten Tag, dem Tag vor dem Abflug, besuchten wir ins das große Naturkundemuseum am „Central Park" und verbrachten hier viele Stunden. Das Museum war riesengroß, Levi schaute sich die vielen Tiere begeistert an. Unser Highlight war ein riesiger Wal, der in der Haupthalle ausgestellt wurde. Es gab einen tollen Spielbereich für Kinder, in dem wir uns lange aufhielten. Ich war froh über jedes Kind, das Levi traf und mit dem er spielen konnte. Bald sollte er in den Kindergarten kommen – umso besser, wenn er vorher schon Erfahrungen im Umgang mit anderen Kindern sammeln konnte. Wieder einmal sahen wir, dass die Sprache in der Verständigung von Kleinkindern untereinander kaum von Bedeutung war. Sie verstanden sich auch so. Oder eben nicht, daran hätte auch eine gemeinsame Sprache nichts geändert. Bis heute sagt er übrigens das spanische „Guten Appetit", also „Aproveche", und er spricht von „con" und „sin Gas", wenn es um Sprudel- oder stilles Wasser geht. Was er aus dem Englischen mitgenommen hat kann ich gar nicht so genau sagen. Er ist inzwischen mit fast fünf Jahren sehr an der englischen Sprache interessiert und zählt bis zehn, kann einige andere Worte. Das hängt aber eher nicht mit der Reise zusammen.

Jedenfalls spielten die Kinder schön. Wir tranken anschließend im Restaurant einen Kaffee und aßen ein Stück Kuchen. Auch darauf freute ich mich so sehr: Einen eigenen Kühlschrank für unbestimmte, erst einmal unendliche Zeit, und Lebensmittel, die ich kannte und von denen ich wusste, wo ich sie kaufen konnte. Auch wenn wir zwischendurch immer wieder eine Küche hatten, machten wir selten einen echten Großeinkauf. Immer mussten wir überlegen, ob es sich lohnte, so viel einzukaufen, mussten genau planen, wann wir weiterziehen würden, um nicht zu viel wegwerfen zu müssen. Und ich freute mich auf Levis Gesicht, wenn er sein eigenes Zimmer, seine Spielsachen wiedersah. Im ständigen Austausch mit anderen Müttern, meinen Freundinnen, wusste ich, womit ihre Gleichaltrigen in Deutschland spielten. Levi hatte das meiste noch nicht, er war nach wie vor Autofan und las gerne seine wenigen Bücher. Nach dem Museum liefen wir erneut durch den „Central Park". Wir waren ruhig, hingen unseren Gedanken nach. Ich hatte totales Chaos im Kopf: Vergangenheit, Gegenwart und Zukunft wirbelten durcheinander. Ich schlief schlecht in der letzten Nacht vor dem Heimflug, kam nicht zur Ruhe. Am Morgen frühstückten wir, räumten auf, packten zusammen. Anschließend machten wir ein paar letzte Besorgungen, gingen noch einmal hinunter zum Wasser, aßen ein Eis.

Dann heißt es Abschied nehmen. Es ist so viel mehr als ein Abschied von New York. Es ist der Abschied von einem Lebensabschnitt. Wir sind angespannt, nervös. Levi haben wir erzählt, dass wir nach Hause fliegen, nach Deutschland. Wir haben ihm in den letzten Tagen Fotos gezeigt und viel von zu Hause gesprochen. Stück für Stück haben wir uns somit auf das Ende der Reise vorbereitet. Die Fragen nach Pool und Meer mussten wir leider verneinen, immerhin kommen wir aber in einer Schönwetterperiode im deutschen Sommer an. Ich bin traurig, glücklich, stolz und erstaunt. Wir haben es durchgezogen, es wirklich gemacht! Das letzte Foto unserer Reise zeigt uns auf den Stufen vor dem Haus in Brooklyn. Dort warten wir auf den Flughafentransfer. Levi guckt sehr kritisch – wie immer, wenn jemand Fremdes ein Foto macht und somit Papas Handy in der Hand hält. Das mag der kleine Mann gar nicht, ist schließlich Papas. Wir fahren nachmittags zum Flughafen, unser Flug geht in den frühen Abendstunden. Alles geht glatt. Es ist eigentlich ein kleines Wunder, dass wir nie einen Flug verpasst haben und kein einziges Gepäckstück verloren ging. Am Flughafen sehen wir einen Bericht, in dem Sentosa Island gezeigt wird. Da waren wir auch, damals, in Singapur. Kommt mir vor, als wäre es eine Ewigkeit her.

Blick über den Central Parc, New York City

Skyline von Manhattan, New York City

Blick von Governors Island auf die Freiheitsstatue, New York

Levi mit Empire State Building, auf dem Rockefeller Center, New York City

Juni 2018 - Düsseldorf und Leverkusen

Levi war mit deutlichem Abstand der Entspannteste von uns, für ihn war es nur ein weiterer Flug – für uns die Heimkehr. Der kleine Mann brauchte lange, bis er im Flugzeug einschlief. Als wir nach einigen Stunden – um etwa 11:30 deutscher Zeit – landen, schläft er allerdings tief und fest. Und wird auch nicht wach, als wir das Gepäck holen und ihn in den Kinderwagen legen. Vielleicht gar nicht so schlecht, so kann er später in Ruhe ankommen. Es ist soweit: Wir verlassen den gesicherten Bereich und da stehen sie – unsere Eltern. Und sie strahlen, unseretwegen. Das Wiedersehen ist wunderschön! Und sofort ist es so, als wären wir gar nicht so lange weggewesen. Sie alle sehen aus wie immer. Der Flughafen auch. Wir stehen inmitten anderer Reisender – wie früher, wenn wir von zehn Tagen Mallorca Urlaub zurückkamen. Das Gefühl vom Tag des Aufbruchs stellt sich wieder ein, die Frage: Müsste es nicht irgendwie anders sein, sich anders anfühlen? Alles ist wie immer, wie vor neun Monaten. Nein, müsste es nicht. Das macht ein Zuhause aus: Es ist da, es ist verlässlich, konstant und es heißt uns willkommen. Levi kneift die Augen zusammen. Ich glaube, er möchte nicht wach werden, spürt insgeheim, dass etwas anders ist. Wir verteilen uns auf die Autos – Marius, Levi und ich fahren zusammen. Auf der Autobahn, auf dem Weg von Düsseldorf nach Leverkusen, macht Levi schließlich die Augen auf. „Wir sind gleich zu Hause", erklären wir ihm. Okay, sagt er. Nimmt es, wie es ist.

Gegen 13:30 Uhr erreichen wir unsere Wohnung. Unsere Wohnung – ich bin überglücklich! Alles ist sauber, Blumen sind in den Vasen, Kuchen steht bereit und unsere Lieben haben für uns eingekauft. Ich bin die ganze

Zeit unheimlich nah am Wasser gebaut. Jemand hat sich um uns gekümmert. Das Gefühl ist sagenhaft. Ich merke, wie eine Last von mir abfällt – die Last, die ich unterwegs mal mehr, mal weniger, meistens aber gar nicht gespürt habe. Die Last, alleine mit meinem Mann in der großen, weiten Welt für uns und vor allem für unseren Sohn verantwortlich zu sein. Niemanden zu haben, der im Notfall nach einem Anruf in ein paar Minuten da ist. Es tut gut, Entspannung anderer Art. An diesem ersten Nachmittag erzählen wir gar nicht so viel von der Reise. Wo auch anfangen? Wir reden über alltägliche Dinge und alle kümmern sich um Levi, der sein Zimmer und alles andere neu entdeckt. Ich glaube nicht, dass er sich erinnert, erinnern kann. Etwas später kommen Jan, Christoph und Lukas vorbei. Auch sie nimmt Levi ganz gelassen wahr. Es scheint für ihn keine große Sache die Großeltern und Onkel wiederzusehen.

Gegen Abend fahren alle, wir sind alleine. Und irgendwie doch nicht – nicht ganz. Alle sind in der Nähe, das ist schön. Beim Schreiben kommen mir schon wieder die Tränen. Ich bin so dankbar für unsere Familie und Freunde. Wir haben nahtlos da angeknüpft, wo wir vor vielen Monaten aufgehört hatten. Es ist kein großes Ding: Wir sind wieder da und alles ist beim Alten geblieben, alle sind die Alten. Wir räumen ein wenig herum, packen aus, spielen.

Am späten Abend deutscher Zeit geht Levi baden. Er hat sich die ganze Zeit so verhalten, als sei nichts. Während Marius Döner holt – da habe ich riesige Lust drauf –, ich im Badezimmer krame und Levi in der Wanne sitzt, fängt er plötzlich an zu weinen. Und hört nicht mehr auf. Er kann mir nicht sagen warum, weint, wie die ganzen letzten Monate nicht. Ich hole ihn aus der Wanne, packe ihn in ein Handtuch und nehme ihn fest in den Arm. Er beruhigt sich schließlich und schläft ein, total erschöpft. Auch er war sicherlich angespannt und hat unsere Anspannung gespürt. Jetzt schläft er tief und fest. Für heute lege ich ihn natürlich in unser Bett, er soll nicht alleine schlafen. Marius und ich gehen dann auch bald ins Bett. Wir sind der Meinung, nicht schlafen zu können, da in New York erst früher Abend ist. Aber es geht doch, besser als gedacht. Wir sind erschöpft und schlafen sehr, sehr gut in dieser ersten Nacht in unserem eigenen Bett. Zu Hause.

Juni 2018 bis heute

Die ersten Tage nach der Ankunft vergehen wie im Flug. Wir überwinden den Jetlag gewohnt schnell, indem wir ihn einfach machen lassen, schlafen, wenn wir müde sind und viel Zeit an der frischen Luft verbringen. Wir packen aus, holen nach und nach die bei unseren Eltern gelagerten Sachen ab, räumen ein und um. Unser Auto hatte meine Freundin schon vorbeigebracht – somit können wir bequem hin- und herfahren und endlich einen richtigen Großeinkauf machen. Wir spielen ganz, ganz viel mit Levi, der sich riesig über seine alten und neuen Spielsachen freut. Wir sind viel draußen unterwegs, auf Spielplätzen, in Parks und im nahegelegenen kleinen Tierpark. Wir sehen Freunde wieder und freuen uns riesig. Nach wenigen Minuten ist es wieder ganz normal, gemeinsam Zeit zu verbringen. Wir fügen uns nahtlos wieder ein – so soll es sein! Wir besuchen meine Eltern und Schwiegereltern. Bruno hat Geburtstag und feiert im Garten. Wir schaffen einige Dinge an – Laufrad, Kugelbahn – und Marius geht früher als geplant zurück zur Arbeit. Das ist in Ordnung, wir brauchen deutlich weniger Zeit zum Wiedereinleben, als wir dachten. Und finanziell kommt es uns natürlich zugute. Levi hat am Anfang etwas Schwierigkeiten seinen Papa gehen zu lassen. So viele Stunden getrennt von ihm, das kennt er nicht. Wir erklären ihm die Sache mit der Arbeitswelt und dass wir einen sehr, sehr langen Urlaub gemacht haben. Dann ist es in Ordnung. Er ist abgelenkt; für Levi ist alles neu. Das ist besonders in dieser Zeit: Während Marius und ich da weitermachen, wo wir aufgehört haben, Freunde, Nachbarn und Bekannte wiedersehen, ist für Levi alles neu. Es sind wildfremde Menschen. Die Großeltern und Onkel, die kennt er – wir hatten Kontakt, sie haben uns besucht, wir haben Levi Fotos gezeigt. Alle anderen, die uns freudestrahlend begrüßen, sind ihm fremd. Und ich merke, es verlangt ihm einiges ab. Bisher waren wir drei auf einem Level, alles war für alle neu. Jetzt haben Marius und ich einen riesigen Vorsprung. Das Wiederkommen ist für Levi definitiv eine größere Herausforderung als das Losreisen. Nach einiger Zeit gehen Levi und ich wieder zum Kinderturnen und haben genauso viel Spaß wie vor der Reise. Ich merke, dass Levi motorisch unheimlich fit und weit ist: Die neun Monate fast nur draußen und immer in Bewegung merke ich ihm an. Er ist ein lautes, aufgewecktes, fröhliches Kind. Sein Wortschatz, der ist etwas besonders. Levi spricht über Oldtimer, Limousinen und Geckos, erzählt ganz selbstverständlich vom Opernhaus – nach wie vor ist es für ihn das „Opahaus" – und der Golden Gate Bridge, vom Strand und vom Meer. Dafür kann er wenig mit dem Begriff „Kindergarten" anfangen, kennt viele Spielsachen noch nicht und findet es extrem doof, Schuhe anziehen zu müssen. Zum Glück ist Sommer, noch ist Barfußzeit. Als Marius wieder anfängt zu arbeiten, haben Levi und ich noch ein paar schöne Wochen zu zweit. Das Wetter ist meistens gut, wir machen mit dem neu angeschafften Fahrradkindersitz Ausflüge, besuchen Freunde, gehen schwimmen und sind viel an der frischen Luft. Levi bleibt sehr gerne und problemlos einige Zeit bei den Großeltern. Zeit für mich, Bewerbungen zu schreiben und Vorstellungstermine wahrzunehmen. Heute denke ich sehr gerne an diese Wochen nach der Rückkehr zurück: Es war eine schöne, ruhige Zeit. An den Wochenenden haben wir zu dritt viel unternommen. Levi geht am liebsten schwimmen: Auch heute noch ist er eine richtige kleine Wasserratte und hat schon mit vier Jahren sein Seepferdchen geschafft. Und er wirft mit Begeisterung Stöcke und Steine, immer und überall.

Wir lernen die Familie kennen, die in unserer Abwesenheit bei uns in der Wohnung gewohnt hat und finden sie sehr sympathisch. Schön, dass sie unsere Mieter waren. Ich merke, dass ich entspannter bin als vor der Reise, gelassener. Das hängt sicherlich auch mit Levis Alter zusammen, das ich längst nicht so anstrengend finde wie vor der Reise. Und ich bin körperlich fit und gesund, fühle mich richtig gut und erholt. Natürlich trägt auch dazu bei, dass Levi inzwischen endlich deutlich besser schläft. Aber die Reise hat mir auch physisch gut getan: Viel Bewegung, viel frische Luft, meistens eine vernünftige, ausgewogene Ernährung.

Ich glaube, unterwegs so viele Hürden gemeistert zu haben hilft uns dabei, unsere kleineren „Hürdchen" im neuen und gleichzeitig zum Teil bekannten Alltag problemlos zu überwinden.

Dann steht die Kindergarteneingewöhnung an. Mir ist mulmig zumute. Wie wird Levi reagieren? So geht es sicherlich allen Müttern von Neu-Kindergartenkindern, ich bin aber zusätzlich verunsichert. Wir waren die letzten Monate rund um die Uhr zusammen – jetzt soll Levi bald allein bei wildfremden Leuten bleiben. Ich habe einen neuen Job, den ich aber erst in einigen Wochen antreten werde. Wir lassen uns viel Zeit mit der Eingewöhnung. Und dann läuft es großartig. Besser geht es nicht! Levi ist unheimlich selbstbewusst mit seinen gut zweieinhalb Jahren, offen für alles und er lässt mich ohne Probleme gehen. Ich bin baff. Eine gute Freundin formuliert es in etwa so, dass wir unsere Eltern-Kind-Bindung durch diese intensive Zeit so sehr gefestigt haben, dass Levi ganz beruhigt loslassen kann. Er weiß, wir kommen wieder. Wir sind immer für ihn da, in jeder

Situation. Levi ist sehr flexibel. Und er ist sprachlich unheimlich weit. Ein richtig großer, selbstständiger Junge.

Es läuft also. Überraschend schnell und unkompliziert. Marius im alten Job, ich im neuen, Levi im Kindergarten. Marius ist einige Male über Nacht beruflich unterwegs, aber auch das klappt gut. Wir sind angekommen. Manchmal geht es mir zu schnell. Aber uns geht es gut. Wir sind gleichberechtigter, auch ich gehe arbeiten, wenngleich in Teilzeit. Levi ist älter, alles ist etwas einfacher.

Im November fahren wir zu dritt ein paar Tage in einen Kurzurlaub: Eine kleine Pause vom neuen Alltag, wieder nur wir drei. Wie genießen Levis Geburtstag und die Vorweihnachtszeit: Der kleine Mann bekommt seinen ersten Adventskalender, der Nikolaus kommt vorbei, wir besuchen den Weihnachtsmarkt und dekorieren unsere Wohnung. Weihnachten feiern wir diesmal mit vollem Programm: Drei Tage lang mit der Familie. Über Silvester geht es für uns dann in die Sonne, nach Ägypten. Unser erster längerer Urlaub nach der Reise. Es ist schön, wir genießen die Wärme, halten uns allerdings nur im Hotel auf und stellen fest: das ist nicht mehr unsere Art zu reisen. Wir sind keine klassischen Pauschal- / All inclusive-Urlauber mehr. Für die paar Tage ist es in Ordnung, in Zukunft aber möchten wir anderen Urlaub machen: Individuell – mehr reisen, weniger Hotel. Wir träumen, überlegen, ob wir gerne weiterfliegen würden. Nein, würden wir nicht. Im Moment nicht.

Das Jahr 2018 geht zu Ende. Wir kaufen ein Haus, fast zeitgleich werde ich schwanger. Wir freuen uns sehr! Und steuern so mit großen Schritten auf das zu, was wir uns für die Zukunft gewünscht hatten: ein Geschwisterkind für Levi und ein Haus mit Garten. Das Jahr 2019 wird anstrengend.

Wir sind es selber schuld, aber wir schaffen es. In den letzten Monaten meiner Schwangerschaft sind wir irre viel mit dem Haus beschäftigt und ziehen erst drei Wochen vor der Geburt um. Levi macht alles großartig! Er geht nach wie vor sehr gerne in den Kindergarten und weiterhin turnen, sieht regelmäßig die Großeltern und so oft es geht seine Onkel. Wir erhalten so viel Unterstützung – ohne die wäre es nicht möglich gewesen. Und dann, gut 14 Monate nach unserer Rückkehr, kommt Levis Bruder Toni Ende August 2019 auf die Welt. Tonis erstes Lebensjahr ist sehr voll. Wir sind noch viel am und im Haus beschäftigt und zum Jahresende sowie im neuen Jahr sind wir alle immer mal wieder krank. Das gab es unterwegs nicht, andererseits gab es da auch kein solches Schmuddelwetter. Auch in diesem Winter fliegen wir nach Ägypten – flüchten in die Sonne. Eine andere Reise wäre mit dem erst drei Monate alten Toni zu aufwendig geworden. Der Urlaub tut gut.

Als wir uns gerade in unserem neuen Alltag zu viert eingelebt haben, kommt Corona. Wir werden ausgebremst. Levi ist lange Zeit zu Hause, Marius arbeitet aus dem Homeoffice und meistens läuft es gut. Uns geht es gut, das machen wir uns immer wieder bewusst. Wir sind gesund, haben einander und sowohl im Haus als auch im Garten sehr viel Platz. Wir denken jetzt oft an die Reise zurück, stellen uns eine Ausgangssperre beispielsweise in Havanna furchtbar vor und sind uns einig, dass Abstand zu halten in Bangkok extrem schwierig ist – geschweige denn auf dem Markt in Laos… Wir suchen Kontakt zu unseren Gastgebern in Argentinien; ihnen geht es glücklicherweise gut. In New York geht es drunter und drüber, aber Diana und ihre Familie sind wohlauf. In dieser Zeit wissen wir unsere Heimat noch ein wenig mehr zu schätzen. Natürlich ist der Alltag anstrengend: Durch die Schließung des Kindergartens ist Levi nicht ausgelastet, mir fehlt es ein wenig, Zeit nur mit Toni verbringen zu können. Dafür sind die Jungs und ich in diesem sonnigen Frühjahr viel draußen unterwegs. Als die Spielplätze gesperrt werden, wirft Levi wieder Stöcke und Steine. Der heute 14 Monate alte Toni ist inzwischen ein begeisterter Mitwerfer.

Das Jahr 2020 ist eine Zeit, in der ich viel an die Reise denke, träume und schließlich mit dem Schreiben beginne. Unser Alltag vor Corona war voll: Kindergarten, arbeiten, turnen, schwimmen, Familie und Freunde treffen, Haushalt – wir alle kennen das. Plötzlich ein Stopp durch die Pandemie – Zeit zum Nachdenken, zum Innehalten. Und zum Träumen von fernen Ländern, in die momentan nicht gereist werden kann. Corona ist schlimm, gar keine Frage! Nichtsdestotrotz sehe ich auch Chancen für uns. Wir haben schöne Momente, Levi und Toni wachsen richtig zusammen. Marius ist mehr zu Hause, erlebt und versteht unseren Alltag dadurch anders. Wir entspannen, haben eine Zeit lang keine Termine. Ich bin dankbar für unsere Situation, denn ich bekomme ja mit, wie andere rotieren. Nicht jeder ist in Elternzeit, so wie ich.

Die Zeit ist auch anstrengend und nervenaufreibend, keine Frage. Wir werden zu Flexibilität gezwungen und nach einer Weile schaffe ich es, gelassener zu werden. Es ist, wie es ist. Wir vier wachsen zusammen, zu einer richtigen Familie. Marius ist viel, viel mehr da, als in Levis erstem Lebensjahr. Es geht uns besser. Ich höre sehr häufig, dass das zweite Kind nicht so anstrengend sei. Glaube ich sofort, liegt aber sicherlich auch an den Eltern und nicht nur an dem Kind. Ich bin nicht so überrascht und überfahren, komme nicht aus „100 Prozent Job" zu „100 Prozent Baby", sprich die Umstellung ist für mich nicht so groß.

Jetzt ist Mitte Oktober: Levi ist fast fünf Jahre, Toni bald 14 Monate. Ich schreibe die letzten Seiten dieses ersten Entwurfs meines Buches. In den nächsten Wochen werde ich noch Korrekturen vornehmen, Fotos einfügen, das eine oder andere ergänzen – und ich frage mich, was ich danach machen werde. Die letzten Wochen habe ich beinahe jede freie Minute geschrieben, wie eine Sucht. Sobald Toni mittags schlief, setzte ich mich an den Laptop, oft auch noch abends. Träumte mich weg. Jetzt bin ich wieder hier. Und das ist gut so. Toni ist da, und wir wollen ihn selbstverständlich nicht mehr missen. Dennoch, ich habe in den letzten Wochen ein zweites Mal die Welt umrundet, diesmal gedanklich. Und es war wunderschön! Das Nachhausekommen aber auch. Wenn nicht sogar noch schöner.

Finanzen

Im Nachgang zu meiner chronologischen Erzählung folgt nun ein kleiner, vermutlich etwas trockener Teil zum Thema Finanzen. Ich halte ihn aber für enorm wichtig: Wir wurden so oft mit großen, erstaunten Augen gefragt, wie wir all das denn bezahlen konnten. Seid ihr so reich? Was hat die gesamte Reise überhaupt gekostet? Habt ihr einen Kredit aufgenommen?

Nein, reich sind wir nicht. Wir haben jahrelang sehr viel in gut bezahlten Jobs gearbeitet. Wir haben jeder eine kaufmännische Ausbildung, ein Studium und die eine oder andere Weiterbildungs-Maßnahme absolviert. Zusätzlich lebten wir lange Zeit sparsam. Nicht wirklich absichtlich, sondern weil neben Arbeit und Abend- bzw. Fernstudium kaum Zeit zum Geldausgeben blieb. Als Levi geboren wurde, änderte sich das ein wenig. Trotzdem hatten wir noch immer keine besonders hohen Fixkosten. Urlaub machten wir, wie beschrieben, bis zu unserer Weltreise recht sparsam und kurz. Wir haben keine teuren Hobbies und brauchen keine teuren Markenartikel. Das, was wir für und mit Levi mehr ausgaben, sparten wir dadurch ein, dass wir nun Abends nicht mehr Essen oder ins Kino gingen. Okay, vermutlich nicht ganz, aber die Ausgaben für ein Kind kamen in unserem Fall nicht zu 100 Prozent obendrauf, einiges verschob sich. Wir hatten also ein gutes, finanzielles Polster, als wir mit der Planung begannen.

Soviel zu unserer Ausgangslage. Wir recherchierten viel im Internet, aber natürlich gibt es nicht die Antwort auf die Frage, was eine solche Reise kostet. Ich gebe aber gerne einige Tipps an euch weiter: Zuerst einmal ist es gut, wenn zwischen eurem Reiseentschluss und dem eigentlichen Start ein wenig Zeit liegt, während der ihr euch ein finanzielles Polster ansparen könnt. Es lohnt sich total, einmal alle laufenden Verträge wie Versicherungen, Telefon, Internet, Handy und Fitnessstudio zu prüfen. Und zwar zum einen daraufhin ob es günstigere Alternativen gibt und zum anderen, ob sie für die Reisedauer pausieren können. Sollte das nicht der Fall sein, lohnt sich oftmals eine Kündigung, auch wenn ihr den Vertrag nach der Reise erneut abschließt und eventuell eine Bearbeitungsgebühr zahlt – so war es beispielsweise bei meinem Fitnessstudio. Sobald der Entschluss steht, ist es ratsam, mit dem Arbeitgeber zu sprechen. Es macht Sinn, frühzeitig auf Gehalt zu verzichten und oft lässt sich so ein freies Jahr tatsächlich ganz gut finanzieren. Verzichtet man beispielsweise vier Jahre im Voraus auf 20 Prozent Bruttogehalt im Jahr, hat man im Reisejahr immerhin 80 Prozent Bruttogehalt zur Verfügung. Und so viel weniger ist das gar nicht, wenn ihr – wie zuvor beschrieben – einige andere Dinge optimiert. Selbstverständlich müsst ihr hierfür das Glück haben, dass der Arbeitgeber einverstanden ist und die Reisepläne unterstützt. Falls nicht, kann eine Auszeit und die Wiederkehr nach einer Reise auch ein beruflicher Neuanfang sein – das ist finanziell gesehen natürlich deutlich riskanter als in den alten Job zurückkehren zu können.

Vielleicht nutzt ihr die Gelegenheit auch, um euch von überflüssigen Gegenständen zu trennen – wir haben ausgemistet und einiges online verkauft. Wir bekamen dadurch keine riesigen Summen zusammen, aber Kleinvieh macht auch Mist. Außerdem tut Ausmisten ja auch gut! Sobald der Entschluss steht, solltet ihr euch vor jeder weiteren Anschaffung überlegen, ob und wie dringend sie getätigt werden muss. Wir konnten auf einiges verzichten, und mit der Aussicht auf unsere tolle Reise fiel uns das wirklich leicht. Marius und ich haben uns gegenseitig keine Weihnachts- und Geburtstagsgeschenke gekauft und haben uns von Familie und Freunden Dinge für die Reise gewünscht. Auf Urlaub könnt ihr in der Zwischenzeit vielleicht verzichten – oder ihr findet eventuell günstigere Alternativen. Falls ihr es einrichten könnt, ist ein Nebenjob natürlich eine super Möglichkeit, um an Reisekapital zu kommen. Auch der Autoverkauf bringt Geld, oder vielleicht läuft der Leasingvertrag sowieso aus. Unser größter Geldbringer während der Reise war die Vermietung unserer Wohnung. Etwas ärgerlich, dass wir uns so spät dazu entschlossen haben –hier haben wir die finanziellen Möglichkeiten definitiv nicht ausgeschöpft.

Und dann müsst ihr euch im Endeffekt einfach trauen. Wir hatten vorher eine grobe Ahnung davon, was die Reise kosten würde. Die bekommt ihr ganz gut, sobald eure Route feststeht. Begonnen haben wir mit den Flügen: Wir haben online Flugpreise herausgesucht und mit ihnen kalkuliert. Auch Mietwagen und der Camper ließen sich auf diese Art gut einpreisen. Für die Unterkunftskosten bekommt ihr mit der Zeit ein ungefähres Gefühl – es lohnt sich, auch einmal im Reisebüro nachzufragen, oder sich bei jemandem umzuhören, der das eine oder andere Land schon bereist hat. Schwierig zu kalkulieren sind die sonstigen Kosten: Kosten für Lebensmittel, Kleidung, Wäsche waschen, Frisör, Aktivitäten und Infrastruktur. Uns hat es geholfen, erst einmal festzustellen, was wir denn in Deutschland im Schnitt dafür ausgeben. Und dann haben wir geschätzt, dass Länder wie Mauritius, Thailand und Südamerika günstiger, Australien, Neuseeland und die USA dagegen teurer sein dürften. Das kam im Großen und Ganzen gut hin. Wir haben eine Excel-Datei mit unserem Kapital erstellt und dem Geld, das während der Reise hinzukommen würde. Einnahmen in Form von Gehalt, Kindergeld und der Vermietung unserer Wohnung. Somit kamen wir auf eine Summe, die uns die Reise kosten durfte. Wie weit ihr hier gehen möchtet, bleibt euch selbst überlassen. Wir waren in der komfortablen Situation zu wissen, dass Marius nach der Reise in seinen Job zurückkehren konnte, wir ab diesem Zeitpunkt also wieder einen Überschuss erwirtschaften würden. Dementsprechend waren wir bereit, nahezu alles Ersparte plus unsere Einnahmen aus dem Reisezeitraum zu investieren. Die zur Verfügung stehende Summe haben wir unterteilt in die Punkte Flüge, Unterkünfte, Mietwagen / Camper und Leben. Der eine Punkt ist besser, der andere schlechter zu kalkulieren. Sobald wir eine Buchung tätigten, wurde der geschätzte durch den tatsächlichen Preis ersetzt. Im Laufe der gesamten Reise, nach jeder Buchung, haben wir die Datei gewissenhaft aktualisiert. Wir hatten außerdem einen Betrag für sonstige, außergewöhnliche Ereignisse geplant, beispielsweise für eine notwendig gewordene Flugumbuchung oder einen Unterkunftswechsel, bei dem die Kosten für die alte Unterkunft nicht erstattet werden. Zuletzt müssen auch Kosten für die Auslands-Reisekrankenversicherung berücksichtigt werden: Unsere kostete in etwa 1.000 Euro für drei Personen während der neun Monate. Und, ganz wichtig: Wir hatten immer einen Puffer für unsere Heimflüge. Egal von wo. Diese Datei lebte natürlich – je näher die Reise rückte, desto genauer wurde sie.

Schon während der Kalkulation waren wir überrascht, dass die Flüge weniger Budget ausmachten, als wir gedacht hatten. Wir sind 21 Mal geflogen. Fünfmal davon zahlte Levi nicht, da er unter zwei Jahren alt war.

Insgesamt haben wir rund 11.000 Euro für die Flüge ausgegeben, inklusive aller Steuern und Gebühren und inklusive Gepäck. Das waren im Schnitt nur etwas mehr als 500 Euro pro Flug, für drei Personen. Flexibilität zahlt sich aus, auch in der Route. Ein anderer Wochentag konnte einige hunderte Euro Ersparnis bedeuten, ebenso ein Flughafen, der vielleicht nur wenige Autostunden entfernt ist. Unser Vorteil: Wir hatten Zeit. Wir konnten fleißig Preise vergleichen und waren kompromissbereit. Die Flugkosten reichten von 84 Euro für einen thailändischen Inlandsflug bis hin zu knapp 2.000 Euro für den Flug von Auckland nach Buenos Aires. Das war mit Abstand der teuerste Flug, aber auch die weiteste Strecke. Und wir haben nicht die günstigste Klasse genommen, genau wie beim Flug von Köln nach Mauritius, um es während der zwölf Stunden Flugzeit möglichst komfortabel zu haben.

Teurer als zunächst gedacht waren der Camper in Australien mit über 2.500 Euro und der Mietwagen in Neuseeland mit sage und schreibe 2.700 Euro für etwa vier Wochen, also knapp 100 Euro am Tag – der Inselwechsel treibt hier unter anderem den Mietpreis ziemlich in die Höhe.

Die Mietwagenpreise in Thailand, Südamerika und in den USA waren deutlich geringer – hier haben wir für 65 Tage Mietwagen insgesamt 2.500 Euro bezahlt, also im Schnitt unter 40 Euro am Tag. Die Fährfahrten von Buenos Aires nach Uruguay hin und zurück sowie „one way" von der Süd- auf die neuseeländische Nordinsel und die Fahrt mit dem Zug von Christchurch nach Greymouth beliefen sich auf etwas mehr als 500 Euro.

Schwieriger zu kalkulieren ist das Thema Unterkunft. Nichts gekostet haben uns der Aufenthalt auf der Farm in Argentinien, der Besuch in New York und das Wildcampen in Australien. Auch das ist übrigens ein guter

Tipp: Vielleicht kennt ihr jemanden, der an einem eurer Reiseziele wohnt und bei dem ihr unterkommen könnt. Oder ihr kennt jemanden, der jemanden kennt. Ansonsten empfiehlt es sich definitiv, sich Tipps von Einheimischen zu holen. Zum einen haben wir dadurch gute Ratschläge zur Lage der jeweiligen Unterkunft erhalten, zum anderen aber auch bares Geld gespart. Es lohnt sich auf Feiertage und Ferien zu achten: Als Welt- oder Langzeitreisende(r) ist man flexibel, kann die teure Hauptsaison also umgehen. Den niedrigsten Preis pro Nacht haben wir in Chiang Mai gezahlt: Eine Übernachtung kostete uns rund 15 Euro. Überhaupt war Thailand in den Preisen für Unterkünfte unschlagbar günstig. Hochpreisig dagegen waren die Appartements in Sydney und Miami und viele Unterkünfte in Kalifornien. Hier lagen wir auch mal bei über 200 Euro pro Nacht für ein einfaches Motelzimmer ohne Verpflegung – und das nach gründlicher Recherche. Es gab einfach nichts Günstigeres. Wir haben festgestellt, dass sich auch hier Flexibilität auszahlte. Neben dem Reisezeitpunkt lohnte es sich auch definitiv, eine Unterkunft nur ein paar Kilometer weiter zu wählen: Gerade in Küstenregionen bringen ein paar Querstraßen weg vom Strand eine deutliche Ersparnis mit sich. Oft haben wir privat gebucht und konnten die Preise manchmal nachverhandeln. Mehr Nächte waren im Schnitt günstiger als wenige. Wir haben auf Reinigung verzichtet, wo es ging, und stattdessen selbst geputzt. Das ging in den großen Hotelketten natürlich nicht, aber private Vermieter oder Inhaber kleinerer Hotels waren diesbezüglich flexibel. Neben der Miete für den Camper mussten wir auch die Kosten für Stellplätze einkalkulieren: Im Schnitt haben wir dafür etwa 35 Euro pro Nacht gezahlt.

Zusammenfassend lässt sich sagen: Reisezeitraum und Lage, Lage, Lage sind entscheidend. Uns hat beispielsweise Carmel an der Westküste der USA sehr, sehr gut gefallen, die Unterkünfte waren aber unbezahlbar. Zwanzig Autominuten weiter haben wir für die Hälfte übernachtet. Kompromissbereitschaft, Flexibilität und Zeit machten es aus: Zeit zum gründlichen Recherchieren vor der Buchung, zum Preisevergleichen, Handeln und der Auswahl eines abgelegenen Übernachtungsortes. Jeder sollte überlegen was ihm zu dem betroffenen Zeitpunkt der Reise besonders wichtig ist: Ist es die Größe der Unterkunft oder ihre Lage? Muss es am Strand sein, braucht ihr einen Pool oder seid ihr sowieso nur unterwegs? Seid ihr nur ein, zwei Tage oder länger dort? In letzterem Fall könntet ihr etwas außerhalb wohnen – es bleibt trotzdem genug Zeit, um die Stadt zu erkunden. Die Prioritäten wechseln dabei natürlich und hängen von der momentanen Stimmung und dem Reiseziel ab.

Insgesamt haben wir in neun Monaten für Unterkünfte in etwa 21.000 Euro gezahlt. Zum Teil nur für die Übernachtung, manchmal mit Frühstück oder Halbpension, in Varadero „All inclusive". Die Kosten für den Camper sind hiervon ausgenommen, mit eingerechnet sind die für die Stellplätze.

Zuletzt die Kosten für den Alltag, das Leben und Erleben. Mit Abstand am günstigsten haben wir auf Mauritius gelebt. Dort sind wir mit gerade einmal 36 Euro am Tag für drei Personen hingekommen. Ja, Levi war noch klein und aß vergleichsweise wenig, brauchte dafür aber beispielsweise Windeln. Auch Kuba war sehr günstig, obwohl wir bekocht wurden. Viel Geld ausgegeben haben wir dafür in den Großstädten: Dort war es teurer, weil wir in Hotels wohnten und somit auswärts essen mussten. Außerdem haben wir dort viel Geld für Attraktionen bezahlt. Da lagen wir im Schnitt auch schon einmal bei über 150 Euro am Tag. In die Höhe getrieben wurden diese Ausgaben beispielsweise durch Besuche im „Magic Kingdom" und „SeaWorld" oder den Helikopterflug in Neuseeland. In Varadero hingegen haben wir acht Tage lang fast überhaupt kein Geld ausgegeben, weil wir das „All inclusive"-Angebot nutzten. Auch der Aufenthalt auf der Farm in Cordoba war sehr günstig. Ich habe nicht mehr alles im Detail vorliegen, ein Teil ist Schätzung. Auf die neun Monate heruntergerechnet haben wir im Schnitt etwa 75 Euro pro Tag ausgegeben – inklusive aller Ausflüge und Anschaffungen. Das macht 22.500 Euro. Ist das nun viel Geld? Ja, aber auch in Deutschland hätten wir gelebt. Und vermutlich nicht viel günstiger, das dürft ihr nicht vergessen. Natürlich sind auch Benzinkosten für unsere Mietwagen angefallen. Hierzu fällt mir eine witzige Anekdote ein: Bei unserem ersten Tankstopp in den USA traf uns fast der Schlag: Ein Preis von fast 4 US-Dollar! Das würde uns arm machen. Nach einer Schreckenssekunde stellten wir erleichtert fest, dass wir Gallonen statt Liter tankten, der Literpreis also in etwa ein Viertel des angeschlagenen Preises entsprach und somit richtig günstig war. Puh, Glück gehabt!

Während der Reise haben wir kein Geld für Urlaub ausgegeben, den wir normalerweise gemacht hätten. Außerdem sparten wir das Geld für Geschenke zu Weihnachten, Ostern und Geburtstagen. Wir hatten keine Strom- und Heizkosten und keinen TV-Anschluss zu zahlen. Keine Putzmittel, wenig Waschmittel. Lebensmittel und Kleidung hätten wir genauso kaufen müssen, von letzterem wäre es definitiv mehr gewesen. Kurzum: Hier kann sich jeder überlegen, was er im Schnitt am Tag in Deutschland ausgibt – bitte Tagesausflüge, Weihnachten, Urlaub und ähnliches berücksichtigen. Wir haben Kindergartenkosten oder andere Fremdbetreuungskosten gespart – Levis Kindergartenplatz hätte zu der Zeit mehrere hundert Euro im Monat gekostet. Wir zahlten auch nichts fürs Fitnessstudio und waren definitiv seltener beim Frisör, als wir es in Deutschland gewesen wären.

Ich möchte hier nichts schönrechnen: Natürlich hat die Reise Geld gekostet und ohne Kapital geht es schlicht nicht. Viele Ausgaben fielen dafür nicht an und das muss fairerweise dagegen gerechnet werden.

Einige Zeit vor der Reise habe ich einen Bericht über eine Frau gelesen, die eine große Summe Geld gewann und sich den Traum einer Weltreise erfüllte. Zurück in Deutschland gab sie an, kaum etwas von dem Gewinn ausgegeben zu haben. Sie hatte kostengünstig gelebt, hätte den Gewinn zum Reisen also nicht gebraucht. Als Sicherheit, für das gute Gefühl, aber nicht für die Reisekasse. Was ich damit sagen möchte: Reisen ist oft nicht so teuer, wie man glaubt. Und längeres Reisen wird im Verhältnis günstiger. Ich bin nicht so naiv zu denken, jeder könne eine Weltreise machen. Aber wenn alle, die vom Reisen träumen, ihre Einnahmen und Ausgaben optimieren, sparen und ein wenig Mut mitbringen, ist die eine oder andere Reise zu einem Traumziel mit Sicherheit möglich. Es kommt natürlich auf die aktuellen Lebensumstände an. Mit unseren heutigen Fixkosten, die durch das Haus und den vier-Personen-Haushalt um einiges höher sind als vor ein paar Jahren, könnten wir keine Weltreise machen. Oder zumindest nicht mal eben so.

Fazit und persönliche Highlights

Die Weltreise war die beste Zeit meines Lebens! Im Grunde reicht das schon für mein persönliches Fazit. Ja, ja und ja – es war die richtige Entscheidung. Ich bin sehr, sehr froh, diese Reise, all das erlebt haben zu dürfen. Die Reise an sich war toll und die Erinnerungen daran sind heute noch unbezahlbar. Beim Fotos ansehen, Erzählen, beim Schreiben – ich bin glücklich und erinnere mich sehr gerne. Das ist sicherlich teilweise durch die rosarote Brille geblickt. Wir hatten auch Phasen, in denen wir schlecht drauf waren. In denen uns alles genervt hat und wir nach Hause wollten. Aber alles andere wäre auch unnatürlich bei einer so langen Reisezeit. Wir hatten so viele gute Tage – viel, viel mehr als schlechte. Haben die Zeit genossen. Und zehren noch heute davon.

War es denn so, wie erwartet? Mal ja, mal nein. Australien, insbesondere Sydney, hatte ich mir genauso vorgestellt und wurde zum Glück nicht enttäuscht. Überrascht und begeistert haben mich Argentinien und Chile. Ich hatte bei mir mit mehr Heimweh gerechnet und damit, dass wir uns gegenseitig häufiger auf die Nerven gehen würden, mehr Abstand bräuchten. Auf engem Raum so lange zusammen hat tatsächlich sehr gut geklappt. Wir sind mehr gereist als gedacht. Hatten ein gemütlicheres Tempo mit weniger Stationen innerhalb eines Landes oder einer Gegend geplant. Aber dann waren wir da und wurden neugierig, wollten mehr erleben, haben ganz oft gedacht: „wenn wir schon mal hier sind..." und so zogen wir häufiger um, als geplant. Es passte für uns alle, war von daher genau richtig.

Sind unsere Wünsche während der Reise in Erfüllung gegangen? Die meisten und die wichtigsten. Die Dreisamkeit war sehr ausgeprägt, Zweisamkeit und Zeit für jeden allein weniger. Das ist aber in Ordnung so. Menschen, Kulturen, Landschaften und Tiere haben wir reichlich kennengelernt und erlebt. Das Wetter war weitgehend gut, wir hatten einen wunderbar warmen und sonnigen Winter. Unsere Horizonte sind definitiv erweitert worden und Erinnerungen haben wir so viele und so wunderschöne. Der Ausbruch aus dem Alltag ist hervorragend gelungen, das von mir gewünschte Heimatgefühl stellte sich beispielsweise in Sydney ein. Ich verzichtete auf den Wunsch immer ein eigenes Bad zu haben, Marius konnte nicht so oft Sport treiben wie gewünscht. Im Endeffekt sind das aber Kleinigkeiten – wir haben so viel gewonnen unterwegs.

Und die Wünsche für die Zeit nach der Reise? Ja. Ganz offensichtlich Toni und das Haus. Levis Kindergartenstart lief super und unsere Wiedereingewöhnung ebenfalls. Marius ging früher als geplant wieder arbeiten und alles lief gut. Manchmal wünschte ich mir, das Reisegefühl ein weniger länger halten zu können. Aber wer kennt das nicht – vor dem Urlaub ist nach dem Urlaub: Nach drei Tagen zu Hause ist es oft so, als wären wir gar nicht verreist gewesen. So krass war es nicht, aber der Alltag kam schon sehr schnell zurück. Wobei das nicht negativ ist – wir mögen unseren Alltag. Wir gestalten ihn schließlich auch selbst. Sollte er uns nicht gefallen, haben wir es in der Hand, etwas zu ändern. Wir haben mehr Zeit füreinander, auch heute noch, gut zwei Jahre nach der Rückkehr. Wir achten mehr aufeinander, meistens jedenfalls. Und wenn nicht, erinnern wir uns gegenseitig daran.

War es der richtige Zeitpunkt? Klares Ja! Die Wohnung war nicht so wahnsinnig teuer im Unterhalt und gut zu vermieten – das wäre mit dem Haus nicht mehr so einfach möglich. Levi war genau im richtigen Alter. Und mit einem Kind ist es einfacher als mit zweien, ganz klar.

Würden wir etwas anders machen? Jein. Ein Haar in der Suppe findet sich immer. Wenn wir richtig gründlich suchen, auch eines in unserer leckeren, bunten Weltreisesuppe. Wir haben ein wenig mit der Route gehadert. Überall die perfekte Reisezeit zu erwischen hat nicht geklappt: In Thailand schlitterten wir in die Regenzeit, in Australien und Kalifornien in die Hochsaison. Da wir aber das Hin- und Herfliegen vermeiden wollten, war das nicht anders möglich. Die Rundreise mit dem Camper in Australien und kurz danach die Mietwagenrundreise in Neuseeland waren nicht optimal, so dicht nacheinander. Da hätte uns ein längerer Aufenthalt nach dem Camper gutgetan. War aber von den Flugverbindungen nicht so einfach umzusetzen. Aber dennoch: Ja, das würde ich beim nächsten Mal anders machen. Auch den Abstecher nach Montevideo hätten wir uns sparen können: Es passte zu dem Zeitpunkt einfach nicht, war ziemlich teuer und wir wären lieber in Buenos Aires geblieben.

Zuletzt die Buchung und Stornierung der Kreuzfahrt – außer Ärger und Kosten hat uns das nichts gebracht. Dennoch, auf neun Monate gesehen sind das Kleinigkeiten und wir können sehr gut damit leben.

Gibt es ein nächstes Mal? Hoffentlich! Eine so große und lange Reise aber frühestens im Rentenalter. Levi kommt in knapp zwei Jahren in die Schule, dann sind wir endgültig gebunden. Und ich würde meine Kinder ab Grundschulalter ungern aus ihrem Alltag und ihrem Zuhause reißen. Ein 21 Monate altes Kind ja, vielleicht auch ein drei- oder vierjähriges Kind.

Aber Levi mit seinen fast fünf Jahren braucht nicht nur seine Eltern und den Bruder, er braucht seine Großeltern und Onkel, seine Freundinnen und Freunde, den Kindergarten, den Sportverein, seine gewohnte Umgebung. Er ist alt genug, all das zu vermissen, und das möchte ich ihm nicht zumuten. Urlaub? Ja, selbstverständlich! Bitte viel und lang und weit weg – sobald Corona das wieder zulässt. Ich hoffe, dass wir übernächsten Winter, dem letzten Winter vor der Einschulung, eine größere Reise machen können. Das wäre schön.

Was hat es denn nun gebracht? Eine glückliche Zeit. Erinnerungen über Erinnerungen. Wunderschöne Momente. Und nachhaltig: Gelassenheit, mehr Ruhe. Eine größere Wertschätzung all dessen, was wir haben, mehr Gefühl dafür, wie gut es uns geht. Uns als Familie, aber auch vielen anderen, die in Deutschland leben.

Haben wir uns verändert? Vielleicht. Aber nicht zu sehr, denn wir konnten uns nahtlos wieder einfügen. Geprägt hat uns die Reise, aber nicht zu anderen Menschen gemacht. Und Levi? Schwer zu sagen. Viele sagen, er sei so aufgeschlossen, kontaktfreudig, flexibel und selbstbewusst, weil wir die Reise unternommen haben, immer wieder neue Situationen erlebten, auf fremde Menschen zugingen und uns neu einlebten. Kann sein, muss aber nicht. Wir werden es nie erfahren. Hauptsache, er ist der, der er ist: Ein ganz, ganz toller Junge, auf den ich unfassbar stolz bin. Wir werden sehen, wie Toni sich entwickelt. Er wird diese Erfahrungen nicht machen, dafür aber viele andere. Es wird nie vergleichbar sein: Toni hat in Levi einen tollen großen Bruder, den Levi nicht hatte. Und er hat zwei entspannte, erfahrenere Eltern. Davon abgesehen ist er ein anderer kleiner Mensch mit einem eigenen Charakter. Und das ist gut so!

Was war am schönsten? Das lässt sich nicht pauschal beantworten, nie und nimmer! Emotional war vieles so unglaublich schön: Angefangen bei Gastfreundlichkeit, Hilfsbereitschaft und Kinderfreundlichkeit über sensationelle Landschaften und tolle Städte bis zu den ganz, ganz vielen kleinen, schönen Momenten.

Dennoch, hier unsere kleine Auswahl:

Die schönsten Strände

Hier kommt es natürlich darauf an, was ihr möchtet: Surfen oder mit Kindern planschen? Eure Ruhe haben oder nett essen gehen? Im Sand liegen oder auf einer Liege bedient werden? Mit dem Auto bis zum Strand heranfahren oder kilometerweise laufen müssen? Stein oder Sand? Schwimmen oder liegen, Sport treiben oder spielen? Wir haben diese Strände aus dem Bauch heraus gewählt – eine emotionale, persönliche Auswahl, denn mit jedem von ihnen verbinden wir tolle Erinnerungen.

- Mont Choisy, Mauritius – der Strand an unserer zweiten Unterkunft, Marius 31. Geburtstag, der 60. meines Vaters. Eine tolle Zeit, ein gelungener Start unserer Reise
- Zahlreiche Strände an der Ostküste Australiens, deren Namen ich zum Teil nicht kenne und auf die wir oft durch Zufall oder lokale Empfehlungen gestoßen sind. Australien, mein Lieblingsziel!
- Die Strände im Norden der Südinsel, Naturschutzgebiet Abel Tasman National Park in Neuseeland. Die tolle Unterkunft mit Garten und einem riesigen, weißen Hund. Eine Bootsfahrt mit Blick auf wunderschöne Buchten.

- Lovers Key State Park, Florida, USA – ein wunderschöner Nationalpark nahe Cape Coral, wo wir in unserem tollen Bungalow Urlaub vom Reisen machten.
- Long Beach, Ko Lanta, Thailand – leider fast nur im Regen erlebt. Nichtsdestotrotz sehr schön und unglaublich charmant durch die kleinen Restaurants und Geschäfte im Sand.
- Diverse Strände entlang der Route 101, Kalifornien, USA – schöne Strände, tolle Städtchen. Eine nette Zeit gegen Reiseende, leider oft sehr teuer.

Landschaften, Naturschauspiele
- Atacama-Wüste, Chile – unsere gefühlte Mondlandung, Wahnsinn.
- Die Iguazú-Wasserfälle, Argentinien – einzigartig und sehr, sehr beeindruckend
- Die Anden, Region Mendoza – eine unendliche Weite und Ruhe, eine tolle Unterkunft in einem alten, restaurierten Bahnhof. Sagenhafte Blicke auf den Aconcagua.
- Die Wasserfälle auf Kuba, mitten im Wald – eine wunderbare Überraschung auf dem Weg von einer zur nächsten Unterkunft, nur gefunden mit unserem einheimischen Fahrer.
- Nationalparks in Nevada, zum Beispiel der Joshua Tree Nationalpark, USA – diese Ausflüge waren toll, immer genau richtig als Kontrast zu den vielen Städten. Beim nächsten Mal sehen wir gerne mehr davon.
- die Everglades, Florida, USA – so viele Alligatoren haben wir nie zuvor gesehen und in freier Wildbahn schon gar nicht.

Tierische Begegnungen

- Baden mit und füttern von Elefanten, Chiang Mai, Thailand – ein einmaliges Erlebnis, wir sprechen oft davon und sehen uns die Fotos an.
- Kängurus in freier Wildbahn, Ostküste Australien – ein besonderer Moment auf dem Rückweg zu unserem Campingplatz.
- Nächtliche Begegnung mit dem Riesenwaran, Phuket, Thailand – ich habe mich selten so sehr erschrocken...
- Wale in Kalifornien, USA – ... und selten so sehr gefroren.
- Riesenschildkröten auf Mauritius – gleich zu Beginn der Reise etwas sage und schreibe GROßartiges.
- Und nicht zu vergessen die Tiere, die wir am allermeisten gesehen, gehört, gespürt und verflucht haben: Mücken, überall.

Die schönsten Städte

Wir hatten nie die Absicht, aus der Reise eine Städtereise zu machen. Die Aufenthalte in den Großstädten ergaben sich meistens zwangsläufig durch die Flughäfen.

- Meine klare Nummer 1 ist Sydney, ohne Wenn und Aber.
- Sehr gut gefallen hat uns auch Buenos Aires, aber wohnen möchten wir dort nicht – zu groß, zu laut, zu viel los auf Dauer.
- Einige nette Orte in Neuseeland haben mich positiv überrascht; nicht Wellington oder Christchurch, eher beispielsweise Picton oder Nelson und Umgebung.

- Die Küstenstädtchen in Kalifornien sind wunderschön, Carmel beispielsweise oder Santa Barbara. San Francisco auch, abgesehen vom Wetter, da bin ich empfindlich...

Besondere Feierlichkeiten
- Hindufest auf Mauritius – so viel buntes Treiben am Strand
- Loi Krathong in Chiang Mai – genau zum richtigen Zeitpunkt am richtigen Ort, unbedingt in der Reiseplanung berücksichtigen, es lohnt sich!
- Trauertage in Bangkok – wir haben keinen Vergleich, vermuten aber, dass wir Bangkok unter normalen Umständen anders kennengelernt hätten. Besonders war es in jedem Fall
- Weihnachten, Geburtstage, Silvester, Ostern – anders als sonst, trotzdem schön

Und jetzt ist es soweit: Ich beende dieses Buch. Höre auf mit der Reise in die Vergangenheit, quer durch meine Erinnerungen. Beziehungsweise unsere, denn ich habe Marius oft gefragt, ob er dieses oder jenes noch weiß und auch, was ihm besonders gut oder weniger gut gefallen hat. Ich bin glücklich und froh über die nun endlich zu Papier gebrachten Erinnerungen. Frage mich allerdings auch, worauf ich mich ersatzweise stürzen kann in den gewonnenen freien Stunden. Vielleicht auf Planungen für die nächste Reise. Träumen darf man ja...

Danksagung

Danke an meinen Mann Marius, für die Reise und vor allem für das Davor und Danach. Danke an Levi und Toni dafür, dass ihr da seid.

Danke an meine Eltern Bärbel und Roland, meinen Schwager Christoph und meinen Bruder Jan für Eure Hilfe rund um die Erstellung dieses Buches.

Danke an alle, die uns während unserer Reise(planung) Mut zugesprochen, aber auch Dinge kritisch hinterfragt haben. Und danke, dass ihr uns habt gehen lassen und uns wieder aufgenommen habt als wären wir nie weggewesen. Denn das ist Heimat.